产教融合背景下高校"双师双能型"师资队伍建设的探索与实践

杨春林　著

北京工业大学出版社

图书在版编目（CIP）数据

　　产教融合背景下高校"双师双能型"师资队伍建设的
探索与实践 / 杨春林著 . — 北京 ：北京工业大学出版
社，2021.4（2022.10 重印）
　　ISBN 978-7-5639-7926-4

　　Ⅰ．①产… Ⅱ．①杨… Ⅲ．①高等学校－师资队伍建
设－研究 Ⅳ．① G645.12

　　中国版本图书馆 CIP 数据核字（2021）第 081816 号

产教融合背景下高校"双师双能型"师资队伍建设的探索与实践

CHANJIAO RONGHE BEIJING XIA GAOXIAO "SHUANGSHI SHUANGNENG XING" SHIZI DUIWU JIANSHE DE TANSUO YU SHIJIAN

著　　者：杨春林

责任编辑：李倩倩

封面设计：知更壹点

出版发行：北京工业大学出版社

　　　　　（北京市朝阳区平乐园 100 号　邮编：100124）

　　　　　010-67391722（传真）　bgdcbs@sina.com

经销单位：全国各地新华书店

承印单位：三河市元兴印务有限公司

开　　本：710 毫米 ×1000 毫米　1/16

印　　张：12.75

字　　数：255 千字

版　　次：2021 年 4 月第 1 版

印　　次：2022 年 10 月第 2 次印刷

标准书号：ISBN 978-7-5639-7926-4

定　　价：80.00 元

作
者
简
介

杨春林，男，汉族，1983年3月生，江苏涟水人，硕士研究生，助理研究员，淮阴工学院党委教师工作部人事处（教师发展中心）人事科（档案室）科长。研究方向：高等学校管理、人事师资、大学生就业创业。

前　言

近年来，在国家的大力支持和院校自身的不断探索与完善下，我国"双师双能型"师资队伍建设取得了不小的成绩，高校"双师双能型"教师比例逐年提高。以产教融合为背景，从企业需求出发，探寻"双师双能型"教师的时代内涵，构建校企合作的"双师双能型"师资队伍培育机制，是新形势下构建与完善"双师双能型"教师师资队伍的重要突破点，有利于提升"双师双能型"教师的素质，优化"双师双能型"师资队伍的结构，制定"双师双能型"教师标准，推动高等教育质量的整体提升。

本书基于校企合作、产教融合，从探讨与分析高等院校"双师双能型"师资队伍建设的必要性与可行性着手，明确政府、行业、企业、高等院校在人才培养过程中的权责利，从而找寻多条保障校企合作培养"双师双能型"师资队伍的有效路径，为广大高等院校与企业在合作培养师资道路上提供了建设性思路，也为国家制定有关"双师双能型"教师政策提供了理论支撑。

全书共六章。第一章为产教融合背景下高校"双师双能型"师资队伍建设的理论依据，主要包括产教融合概述、相关概念、基本理论、"双师双能型"教师标准与培养途径等内容。第二章为高校"双师双能型"师资队伍建设的必要性与可行性分析，主要包括"双师双能型"师资队伍建设的必要性、"双师双能型"师资队伍建设的可行性等内容。第三章为高校"双师双能型"师资队伍建设的现状与问题，主要包括"双师双能型"师资队伍建设的现状、"双师双能型"师资队伍建设存在的问题、解决"双师双能型"师资队伍建设问题的对策等内容。第四章为高校"双师双能型"师资队伍建设的途径和保障条件，主要包括高校"双师双能型"师资队伍建设的途径、高校"双师双能型"师资队伍建设的保障条件等内容。第五章为高校"双师双能型"师资队伍建设内容，主要包括制度建设、教学团队建设、职业道德建设等内容。第六章为高校"双师双能型"师资队伍建设的长效机制，主要包括"双师双能型"师资队伍建设激励机制、"双师双能型"师资队伍建设教学改革机制、"双师双能型"师资队伍建设科研激励机制等内容。

为了保证内容的丰富性与研究的多样性，笔者在撰写的过程中参考了大量的文献，在此谨向相关文献的作者表示衷心的感谢。

最后，由于笔者水平有限，书中难免存在不足之处，在此恳请广大读者批评指正。

目　录

第一章 产教融合背景下高校"双师双能型"师资队伍建设的理论依据

第一节 产教融合概述

校企合作、产教融合是我国应用型高等教育体系的主要发展方向，也是办好应用型高等教育的基本模式和关键所在。2017 年，国务院办公厅印发的《关于深化产教融合的若干意见》强调，要明确产教融合发展要求，将教育优先、人才先行融入各项政策，加强产教融合师资队伍建设。因此，在产教融合这样一个大的背景下，建设一支"双师双能型"师资队伍，是加强高校师资队伍建设，进一步深化产教融合、推进教育改革，培育适应产业转型升级要求和实现高质量发展需求的高素质、高技能人才的根本要求和有效途径。

产教融合的概念可从宏观和微观上来界定。从宏观来看，产教融合指教育与产业系统的融合；从微观来看，产教融合是将学校教学活动与企业生产活动相融合。大部分学者将产教融合的内涵总结为"产教融合指高等教育教学与企业生产活动的融合，主要表现在校企双方通过合作办学、协同育人，形成教育与生产的一体化，从而实现高等教学、生产技术、社会服务、学生实践能力等方面的有效衔接"。笔者认为产教融合是高校办学过程中的一种发展战略，教育部门（主要是院校）与除教育之外的产业部门（行业、企业）依托各自特有的优势与资源互相渗透、互相融合，以校企合作为主线，学生通过在校的学习和在企业生产中的锻炼，掌握与岗位需要相匹配的科学文化知识和专业的操作技能。产教融合不仅为学生日后职业综合素养的形成奠定基础，也有利于缓解高校人才培养供给侧和市场需求侧之间的矛盾。

随着经济、社会和高等教育的不断发展，产业与教育的融合被赋予了全新的、鲜明的职业教育特色，也就是所谓的产教融合。目前，产教融合对高等教育的发展提出了一些要求，具体包括以下三个方面的内容。①高等教育的发展要符合社会发展的长远规划，遵循与区域经济的发展相适应，相互促进、相互扶持的共赢原则。②高校和行业部门相互配合。高等教育人才培养目标和课程的设置，应以企业各部门的人才需求和工作要求为依据。③从学校自身发展的角度看，高校的教育教学活动对培养高技能人才具有重要意义，要实现学校专业教育（专业设置、课程内容、毕业证书、职业教育）与社会实践（产业需要、专业标准、生产工艺、职业资格证书）的对接，就要从以下四个方面把握产教融合的内涵。第一，高校的办学模式和发展路线要与社会经济相适应。也就是说，从事高等教育的各类学校要坚持为本地区经济发展服务的方向，发挥经济、社会、产业结构的优势，为本地区经济发展服务。合理设定人才培养目标，明确办学形式，完善专业设置，构建课程体系。第二，由于产业的发展与高校的办学紧密相关，所以各企业、产业部门要积极参与高校的办学活动，从而实现资源共享、优势互补。第三，高校还应加强与教育行政部门、企业、产业部门的交流，使学校教育向社会和行业开放，在政策范围内采用新的办学方式，依靠产业界办学。第四，高校在开展教学工作时，应注重生产、经营、社会服务和技术推广相结合。高校应该努力把课程理论与生产实践相结合。高校在发展职业教育的同时，也要积极开展以专业为支撑的产业建设工作，并不断拓宽实践教学思路，在校园内外建设实践培训基地，以满足日常教学需要。

第二节　相关概念

一、"双师双能型"教师

自 20 世纪 90 年代提出"双师双能型"教师这一概念以来，"双师双能型"教师逐渐成为我国职业教育教师的专属名词。不少学者对"双师双能型"教师的内涵进行了探讨与研究，但其研究角度一般不同，而且他们在认知理解上也存在一定的偏差。如把"双师双能型"教师等同于"双证书"教师、"双职称"教师、"双能力"教师、"双素质"教师等，虽然表述不一，但是他们所要表达的意思基本一致。他们基本都是从教师个体出发，对其进行要求与界定。

笔者认为，"双师双能型"教师既应是个体概念，又应是群体概念。从个体概念上讲，"双师双能型"教师指既能传授理论知识又能指导实践操作的"双素质"或"双能力"教师个体；而从群体概念上讲，考虑个体的学习能力、精力等各方面的不同，要求应用型高等院校专职教师个个都达到"双能力"或"双素质"，是一种十分理想的状态。因而合理借助外部力量，通过构建产教融合、校企合作的长效机制，聘用企业熟练操作职工或社会能工巧匠担任高等院校的专业课教师或实习指导教师，从师资队伍结构着手界定其内涵，更有益于"双师双能型"师资队伍的建设。

二、师资队伍建设

2018 年 1 月 20 日，中共中央、国务院印发了《关于全面深化新时代教师队伍建设改革的意见》，这是自中华人民共和国成立以来党中央出台的第一个专门面向教师队伍建设的里程碑式的政策文件，体现出了新时代、新背景下加强教师队伍建设的重要性。美国教育家毕柏说过："教育品质是教师品质的反映，没有好的教师，不会有好的教育。"一所学校师资队伍建设质量的好坏，直接影响着学校的发展前途。可见，教师对学校的发展起着举足轻重的作用，他们不仅是学校教育活动的实践者，承担着教书育人的一般性工作，更是学校科研、社会服务、文化传承的中坚力量，是学校办学特色的创造者。

本书所谈到的师资队伍建设重点指高校的师资队伍建设，并将师资界定为在应用型高校履行教学实践的专业人员。高校"双师双能型"师资队伍建设以培养教师社会服务与实践意识为基础，将加强教师技术技能水平的活动贯穿于教师的职业生涯中，以期提升教师将教学与生产实践相结合的能力。

三、校企合作

校企合作，是学校与企业之间建立的一种高效合作模式；是高等院校为适应市场需求，谋求自身发展，提高教育质量，进而寻求与企业合作的方式；是市场气候下一种注重质量建设，注重理论学习成效，注重学生参与企业实践过程，注重学校与企业信息共享，从而实现"双赢"的模式。校企合作目标明确，有的放矢，在此基础上高校可针对性地为企业培养适用人才，注重人才的实用性、高效性，做到适应社会，服务社会，与市场接轨，与企业零距离合作。校企合作诠释了理论与实践相结合的理念，此举不仅提高了应用型高等院校培养人才的力度和广度，也更加有利于企业的不断创新发展。

第三节　基本理论

高校进行师资队伍的建设最应注意的是教师实践能力与教学能力的融合，在一定激励措施的刺激下将教师社会实践能力的提升贯穿其教学职业生涯的每一个阶段，有利于高校产教融合进程的推进。本书以教师专业化理论、现代组织理论、教育生态理论、政府职能理论、公共产品理论、教师职业生涯发展阶段理论、双因素激励理论、人的全面发展理论、职业生涯管理理论作为研究的理论基础。

一、教师专业化理论

霍姆斯小组的报告中曾明确表示，教师职业专业化的实质是要使教师更能胜任教育教学工作、具有普通人所不具备的专业素质，要求教师要努力成长为专家型教师。那么到底何为专业化以及怎样才能成为专家型教师？在《教师专业化的理论与实践》一书中，详细介绍了"专业化"的概念。它将专业化置于社会范畴中，认为专业化是人们经过较长时间，掌握专业知识、专业技能和确立专业地位的过程。教师个体提高专业水平的过程和教师群体为争取教师职业的专业地位而进行努力的过程就是教师专业化。教师专业化指的是教师个人的专业化过程和教师群体的专业化过程的同时实现。

职业教育教师专业化发展既应遵循教师专业化发展规律，同时还应遵循职业教育的基本规律。与普通教育教师专业化不同，职业教育教师的专业化除了要求教师要掌握作为教师的基本技能之外，还要求教师要掌握与所授专业相关的专业实践技能，他们既要能讲还要能做。长期以来，从我国职业教育师资队伍来源来看，有相当一部分的专业课教师来自高校，他们从学校走向学校，虽然具有较为扎实的专业理论知识，但普遍缺乏实践经验，因而从严格意义上来说，他们与专业的职业教育教师还具有一定的差距。这样看来，职业教育教师个体的专业化过程指的是普通教师逐渐转化为既能讲授专业知识，又能指导实践操作的"双师双能型"教师的过程。"双师素质"作为我国职业教育教师的重要特征，也是其专业化发展的根本目标。我国许多政策性文件中都将培养一支高水平的"双师双能型"师资队伍作为高等院校优质发展的重要目标。从教师专业化理论视角出发，有利于我们进一步理解"双师双能型"教师的内涵。教师专业化理论为"双师双能型"教师资格认定标准的制定提供理论支撑，同时为我国高等院校师资队伍建设提供对策和建议。

（一）职业与专业

1. 职业

职业是社会分工的产物，是个人利用专门的知识和技能，为社会创造物质财富和精神财富，以获取合理报酬，作为物质生活来源，并满足精神需求的工作。社会分工是职业分类的依据。在分工体系的每一个环节，劳动对象、劳动工具及劳动的支出形式各有其特殊性，这种特殊性决定了各种职业之间的区别。职业是人类文明进步、社会经济发展、社会劳动分工的必然结果。

我国 2015 年出版的对职业进行科学分类的权威性文献《中华人民共和国职业分类大典》，将我国的职业归为 8 个大类、75 个中类、434 个小类、1481个职业。其中，将教学人员归入第二大类"专业技术人员"，定义为"从事各级各类教育教学工作的专业人员"，下分高等教育教师、中等职业教育教师、中学教育教师、小学教育教师、幼儿教育教师、特殊教育教师等小类。从职业分类可以看出，职业教育教师的分类并不细化，将职业教育教师与中等教育教师合二为一，职业教育教师的职业身份和地位并未明确，这也是我国职业教育教师社会认同度不高的原因之一。

2. 专业

第一次产业革命引发了人类的劳动分工，第二次产业革命（即工业革命）导致新的职业层出不穷。自 20 世纪 30 年代以来，随着工业化程度的提高，特别是工业化生产对科学技术和人才的依赖程度不断增强，职业的"专业化"引起人们的关注。法国著名社会学家涂尔干撰写的《社会分工论》专门研究社会分工和职业问题。从此，社会学家开始研究专业的形成和特性，以及专业与职业的评判标准。凯尔·桑德斯认为，专业指的是一群人在从事一种需要专门技术的职业，这种职业需要特殊的智力来支撑，其目的在于提供专门性的社会服务。

薛天祥教授对专业有自己的理解，他认为专业有广义与特指之分。广义的专业指的是知识的专门化领域。特指的专业指的是当专业与培养人的活动相联系时，其往往成为一种培养人才的基本单位，并演变为一种实体，这种实体形成的依据是学科分类和社会分工的需要，实体的任务是针对高深知识分门别类地开展教与学的活动。高深知识并不是杂乱无章随便拼凑起来的，而是围绕着一定目标有机组合起来的。专业是根据学科分类开展高深知识教与学活动的基本单位。

3. 职业与专业的关系

职业和专业既密切联系，又有着明显的区别。一种职业要被认可为专业，应具备三方面的基本特征：第一，专门职业具有不可或缺的社会功能，它不但对社会发展有促进作用，而且其促进作用更是整个社会继续存在及发展所不可缺少的，倘若专业服务不足或水准较低，则其会对社会构成严重的伤害；第二，专门职业具有完善的专业理论和成熟的专业技能，完善的专业理论和成熟的专业技能是一种职业能够被认可为专业的理论依据和技能保障，专门职业对于专业知识和技能的要求决定了从业人员只有经过长期的专门教育和专业训练，才能掌握其专业知识、工作方法，从而胜任专业工作；第三，专门职业具有高度的专业自主权和权威性，高度的专业自主权和权威性是专业实践的内在要求。所有公认的专业都有一个强大的专业组织，专业组织往往具有三大作用，即保证专业权限、制定专业标准以保证专业水平、提升专业地位。

（二）教师专业化

1. 关于教师专业化的认识

教师专业化发展是教师教育改革的必然趋势。世界各国在长期的教师教育实践中不断探索，并进行理论研究和实践总结，形成当今教师专业化的重要性及其基本含义的共识。长期以来，各国学者讨论的基本问题是，教师职业是否可与医生、律师职业相提并论？教师的专业化程度究竟如何判断？教师作为一个职业是社会经济发展的产物，现代教师职业是一种要求从业者具有较高专业知识、技能和修养的专业。教师专业化经历了一个漫长的历史发展过程。

1681 年法国创办了世界第一所教师培训机构，开创了教师职业专业化发展的先河。如今，教师培训制度已经在世界许多国家实施，高等师范教育已经成为许多国家大学教育的一个重要组成部分。1966 年联合国教科文组织和国际劳工组织提出《关于教师地位的建议》，首次以官方文件的形式对教师职业进行了明确界定，提出"应把教育工作视为专门的职业，这种职业要求教师经过持续的学习，获得并保持专门的知识和特别的技术"。1996 年联合国教科文组织在日内瓦召开的第 45 届国际教育大会上通过了 9 项建议，其中第 7 项建议就是教师职业专业化，教师职业专业化是提高教师专业水平，改善教师地位、工作条件和社会形象的一项重要策略。

随着世界范围经济竞争和科技竞争的加剧，各国都把教育摆到了社会发展的重要战略地位。美国政府在日本和德国经济腾飞的压力下，重新审视本国的教育状况，提出国家处于危机中，教育改革势在必行。在世界范围的教育改革浪潮下，人们越来越认识到，教育改革的成败在教师，只有教师专业水平不断提高，才能造就高质量的人才。因此20世纪80年代后，人们对过去忽视教师专业发展和教学技能提高的做法给予了强烈的批评，教师教育目标的重心开始转向教师的专业发展。

近年来，随着信息技术的高速发展，经济全球化的进程日益加快，社会对教师工作质量的要求也日益提高。在这一社会背景下，进行以教师专业化为核心的教师教育改革，已成为世界教育与教师发展的共同特征。

2. 教师专业化的内涵

教师专业化包含了教师个体专业水平提高的过程，以及教师群体为争取职业的专业地位而进行努力的过程，也就是由教师个体专业化和教师职业专业化两者构成。教师个体专业化指的是教师在整个专业生涯中，依托专业组织，通过终身专业训练，习得教育专业知识技能，实现专业自主，表现专业道德，逐步提高自身从教素质，成为一个良好的教育专业工作者的专业成长过程。总之，教师个体专业化是教师不断接受新知识，增长专业能力的过程。教师专业化是职业专业化的一种类型，指的是教师个人成为教学专业的成员并且在教学中发挥越来越重要的作用的一个转变过程。职教教师专业化过程指的是通过对职教教师专业意识和专业素养的培养来促进其职业地位提升与教学能力提高的过程。

教师应有自己的理想追求，有自身的理论武装，有自觉的职业规范和高度成熟的技能技巧，应具有不可替代的独立特征。教师不仅是知识的传递者，而且是道德的引导者，思想的启迪者，心灵世界的开拓者，正确信念的树立者；教师不仅需要知道传授什么知识、怎样传授知识，而且需要知道针对不同的学生采取不同的教学策略和方法。教师职业专业化就是教师职业训练专门化、从教过程艺术化，使教师职业活动能够高质量、高效率地进行。表现在教师身上，一名专业化的教师应具备三大方面的专业素质：能够自觉遵守本工作领域的伦理纲领；具有系统而明确的专业知识结构；具有经长期专门训练而形成的娴熟的专业技能和教学能力。

职教教师专业化期待职教教师专业素质或职业素养有一个现实的改善，在这样的背景下，双师双能型教师成为新型职教师资的培养目标。双师双能型教师可以概括为"一责""二师""三能""四证"。"一责"指的是职教教师在整个教育教学过程中应具有教书育人、关注学生成长的职责；"二师"指的是职教教师既能从事理论课的讲授，又能从事专业实践教学，这也是职教教师"双师素质"的特色；"三能"指的是职教教师应具有专业理论教育教学能力、专业技能训练指导能力和教学研究与课程开发能力；"四证"是从基本条件、任职资格、实践能力、专业动态四个角度阐明职教教师应具有的学历证书、以工程师或技师为代表的行业技术（技能）职务证书、教师资格证书和继续教育培训证书。

（三）"双师双能型"教师专业化

影响教师专业化发展的因素是多方面的，这些因素在影响教师的职业生涯时具有不同的结构性功能，使其凸显多因性、多样性与多变性的特征。因此，教师专业化必须放在整个社会背景中考虑，争取社会各界的支持和认可，使之成为整个社会的职责。

1. "双师双能型"教师专业化的社会基础

（1）物质待遇是教师专业化的经济保障

吸引那些拥有教师必备能力的人进入教师行业的决定性因素是较高的社会地位和物质待遇。世界各国普遍认为教师的社会地位不高，特别是职教教师。教师物质待遇偏低的直接后果是学校难以留住高水平教师。这不仅影响了师资队伍的稳定，也影响了教师后备军的培养。鉴于这种情况，国际教育组织指出"如果不解决教师工资和社会地位下降的问题，教育改革就只能是空谈。教师工资低于全国平均工资水平是不公正的。我们节省的不是别的，而是国家的未来"。

（2）教师组织是教师专业化的政治支持

教师组织是由教师和其他教育工作者组成的具有专业性、服务性、互利性的专业群体。从功能上来说，教师组织是承担教育专业责任的教师专业组织，也是保护教师权益的教师权益组织，更是整合教师意见、仲裁教师争议、代表教师发言的教师自治组织。最后，它还是推动教育改革的公益组织。教师组织及其活动与政治是紧密相连的，这是因为教师组织要处理教师与国家和当地政府在物质资源分配方面的事宜，包括获取薪水、退休金等。此外，教师组织也要为教师的专业权利、控制及自主等问题进行争取。所有的教师组织之所以都是政治组织，在于它们与上述的权利之争是密不可分的。

（3）资格证书制度是教师专业化的法律保证

资格证书制度起源于工业革命以后，是各行业协会推行的行业技术资格证书和技术职称制度。西方各国实施教师资格证书制度，是教师职业专业化的结果，也是择优录用从业人员的一种手段。随着教师职业的专业化要求越来越高，尤其是"开放型"教师教育体制确立后，世界上许多国家为了确保教师培养的专业化水平和教师的教育专业素质，提出了一系列的教师教育认可制度，建立了多层级的教师资格证书制度。在许多国家，学校只能聘任持有有效证书的教师，否则就要负法律责任。人们必须持有有效证书才能任教，否则也要负法律责任。我国 1993 年 10 月通过的《中华人民共和国教师法》中规定"教师是履行教育教学职责的专业人员"，其第一次从法律角度确认了教师的专业地位。1995 年 12 月，国务院发布中华人民共和国国务院令，颁布《教师资格条例》。2000 年 9 月，教育部发布《教师资格条例》实施办法，教师资格制度在全国开始全面实施。2001 年 1 月，教育部召开全国教师资格制度实施工作会议，动员和部署全面实施教师资格制度工作。2001 年 4 月，教师资格认定工作全面实施，进入实际操作阶段。由此可见，要提高"双师双能型"教师的专业技能，就必须从经济、政治、法律等社会因素的变革入手，把社会的配套改革与教育系统自身的改革结合起来，共同推动教师专业化发展。

2.＂双师双能型＂教师专业化的教育基础

（1）知识整合是教师专业化的课程基础

应用型高等院校的理论教学分为文化基础课教学、专业基础课教学和专业课教学。三者既有极为密切的联系，又有不同的教学目标。这就要求教师不仅要具备广博的科学文化知识、系统的学科专业知识、坚实的教育专业知识，还要具备将学术课程与职业课程进行整合的能力。学校既要保证文化基础课的适当比重，保证专业基础课的"必需"与"够用"，还要保证专业课教学的服务作用。在课程组合上，文化基础课应以"社会人"为目标，为学生建造一个既可满足上岗"必需"与"够用"，又在今后有进一步发展可能的知识平台。专业课和实践课则以"职业人"为目标，使学生毕业后能立即或很快上岗操作，创造物质财富。

（2）专业发展是教师专业化的实践基础

专业发展是教师技能更新的手段，随着企业技术的不断变化，教师的技能也需要不断地发展。教与学的新方法正在要求教师扮演辅导者、监护者，以及使学生的学习处于真实工作场所的情景中。教师必须会使用新技术，这些新技术不断地改变着人们的生活、工作、学习方式。为了对这些经常变化的角色与职责做出反应，教师需要一个有效的专业发展计划以帮助他们通过当前最新的途径（方式）提高实践能力。

3."双师双能型"教师专业化的个人基础

（1）反思性教学是教师专业化的研究基础

反思性教学思潮是 20 世纪 80 年代从美国等西方国家兴起的，他们从杜威那里找到了理论源头，并从认知心理学、批判理论、后现代主义等思想流派里吸收丰富的营养，充分发展为新的教学思潮。反思性教学，即教师借助行动研究，不断研究与解决自身、教学目标及教学工具等方面的问题，将"学会教学"与"学会学习"有机结合起来，按照"教育问题—计划—行动—反思"的步骤开展研究，以提高教育理论与教育实践的合理性与针对性。反思性教学通过教师研究自己的情况，促进教师意识到了解自己行为的原因与结果的重要性。"反思性实践""反思型教师"已经成为衡量优秀教师的当代标准。在这一背景下，"反思型教师"自然也成为理想的职教教师类型。

（2）终身学习是教师专业化的生长基础

教师职业是一个特别需要学习的职业，通过持续不断的学习以改变自己的知识结构和从教能力是教师工作与生活的重要组成部分。应该把教师的职前教育和在职教育整合起来，这有利于终生学习理论和回归教育的发展。而职业教育与经济发展的联系非常密切，社会需求经常变化，这必然会引发以社会需求为基础的职业结构和职业特征的变化。这就要求职教教师必须根据各种职业的发展状况，及时调整教学内容、教学过程和教学方法，不断根据社会产业的变化更新自身的专业技术知识。教师只有不断地学习现代科学技术知识，把握科学技术发展的脉络，才能始终站在知识创新的前沿，为学生提供真正理解信息社会的钥匙，学校才能成为更能吸引学生的场所。

二、现代组织理论

传统组织理论通常把组织看作一个封闭的系统，强调在组织内部进行合理有序的分工，认为应当"为自己关上一扇门"。但是，管理学家赫伯特·西蒙带领他的团队提出的现代组织理论，提倡人们为自己和他人"打开所有的窗"。现代组织理论将组织定义为"为了实现共同目标而协作的人群活动系统"。它不仅关注单个组织内部的交流与分工，更关注组织与组织之间以及组织与外部环境的交互与协作。随着科学技术的发展，传统行业产业的边界逐渐模糊，组织体之间的边界被打破，为了生存，原本相互独立的组织体开始从自身所处环境中寻求其他组织的支持与合作，建立新型的组织体以获取自身无法生产却又十分必要的资源。利益共生与共同目标是现代组织构建的出发点与落脚点。

当前，以智能制造为主导的新一轮科技革命和产业革命从蓄势待发阶段不断向群体进发阶段前进，产业结构调整与区域经济转型升级问题日益突出，高素质技术技能人才作为校企合作的利益共生点，既是企业适应科学技术的不断进步、生产方式的不断变革以及社会公共服务需要的关键，也是高等院校办学质量的核心体现。现代组织理论能为职业教育的校企合作与产教融合提供理论依据，帮助其突破组织边界，从而推动高等院校"双师双能型"师资队伍的建设。

三、教育生态理论

劳伦斯·克雷明在1976年出版的《公共教育》一书中深入探讨了教育生态学的问题，并在书中提出："生态学的概念是有用的，因为它强调了联系的观点。"他提出了一种研究教育生态学的方法——通过把不同的教育机构与结构彼此联系起来，在与维持它们并受它们影响的更广泛的社会之间的联系中对其加以审视。劳伦斯·克雷明指出，教育生态学应该把教育视作一个统一的、复杂的、有机的系统，系统的生态因素之间是紧密联系、相互协调、共荣共生的，且以平衡与不平衡、矛盾与统一的形式动态显现。他认为，运用教育生态学思考教育问题，须坚持全面的、联系的和公开的思考方式。

高等教育作为我国国民教育生态系统的重要组成部分，与我国经济社会发展联系密切，承担着培养应用型、复合型、创新型人才的重要使命。高等教育办学的好坏决定了我国经济社会是否能够健康平稳发展。而师资队伍作为影响高校办学质量的重要指标，其队伍结构、师资素质与教育教学水平等直接影响着高等院校的办学水平。随着经济社会的不断发展，高等教育与我国经济社会发展之间的联系将变得愈发密切，也愈发复杂。因此，我们更应该从生态学视角出发，用系统、整体、生态的观点正确看待教育的发展与发展中所产生的种种问题。以教育生态理论为基础，有利于我们以整体联动思维去分析解决高校师资队伍问题，有利于我们正确看待高等教育与教育以及与社会整体的关系，更有利于产教融合、校企合作人才培养模式的推进。

四、政府职能理论

国家行政部门根据相关法律法规管理公共事务，处理公共关系和社会问题，管理期间所履行的职责和所具有的职能称为政府职能，或叫作行政职能。公共行政内容及活动方向可以通过政府职能体现出来，即公共行政的本质展现。政府职能理论，一方面用于指导政府科学设置职能，另一方面用于约束和规范政府履行职能。

大多数高等院校都是由政府主导办学的，政府发挥其行政职能，政府的职责是科学、合理、有效地引导高等院校发展。随着社会的发展与进步，政府的教育管理职能会有所变化，不同的时期要求有所不同，其具有动态性，但总的来说政府应该以引导为主。

政府对产教融合、校企合作的职能主要体现在四个方面，即"经济调节""市场监管""社会管理""公共服务"。

①经济调节。保证高等院校人才培养的目标和过程与产业需求相对接，确保学校和企业在合作过程中的利益均衡，促进校企深度合作。

②市场监管。通过制定和完善相关法律法规，确保校企合作中学校和企业的权利、责任，构建一个良好的育人环境。

③社会管理。政府部门引入第三部门，使其参与校企合作人才培养的各个环节，以此来支持产教融合的发展，其目的是保障各方利益均衡，巩固校企合作。

④公共服务。政府部门遵循"服务型"政府的理念，通过为校企合作的各方主体提供相应的公共服务，推动产教融合人才培养。如提供财政支持、提供市场供需信息、完善基础设施等。

五、公共产品理论

公共产品指的是政府部门提供的用来满足社会公共需要的产品或服务。它具有三个基本特征，即非竞争性、非排他性以及效用的不可分割。非竞争性指的是某人对该物品的享用不会影响到他人对该物品的享用，也不会减少他人使用该物品的数量；非排他性指的是某人享用了该物品，其他人不会因此而被排除在外；效用的不可分割指的是公共产品的效用作为一个整体，不能将其分割为若干部分，分属于其他人享有，而是每个人共同享有整个效用。根据公共产品的性质，可以将其分为纯公共产品和准公共产品，纯公共产品具有以上三个特征，而准公共产品具有一定程度的非排他性和非竞争性，处于私人产品和纯公共产品之间，所以准公共产品应该由政府和市场共同承担。

根据高等教育的性质，我们可以把高等教育视为准公共产品。首先，高等教育是在为社会培养和输送优秀的人才，其具有很强的公共性。高等教育在为社会培养人才的同时，在一定程度上促进了我国经济的发展，因此其也具有一定的外部性。其次，高等院校在招生的过程中，由于招生有条件限制，这就意味着并不是所有人都能够享受高等教育，因此，高等教育不具有完全的非竞争性。再次，高等教育作为我国基础教育的延伸，在一定程度上会受经济发展水平的制约。由于与义务教育不同，高等教育通常由政府和市场共同承担，它对社会的生产力的贡献是很明显的，具有高效、直接、实用的特点，所以政府有必要承担发展高等教育的责任。

六、教师职业生涯发展阶段理论

埃里克森的人格发展八段论把人一生的心理发展过程分为八个阶段，每一阶段的人会表现出不同的心理特征，同样，教师作为一种社会职业，教师职业生涯的发展也存在着不同的阶段，每一阶段的教师呈现出不同的特点。教师职业生涯发展阶段理论旨在揭示教师整个职业生涯发展过程中所呈现出来的阶段性特征和发展规律，是在充分考虑人的生命周期和职业周期的基础上得出的一种理论。

不同学者对教师职业生涯发展阶段持不同看法。最早对其进行研究的是美国学者富勒，他提出教师关注阶段论，认为教师关注的事物不是一成不变的，应遵循一定的规律：首先是职前关注阶段，处于此阶段的教师关注的是自身能否适应并很好地生存于这份新工作中；其次是教学情境关注阶段，处于此阶段的教师已经适应了新的工作环境，他们把关注的重点转移到了课堂教学表现、学生成绩是否有提高的相关问题上；最后是学生关注阶段，进入该阶段说明教师顺利通过了前面两个阶段，已经拥有稳定的生存环境，取得了优异的教学成果，此时他们开始关注学生个体之间的差异。富勒的三阶段论为教师职业生涯发展阶段理论的研究打开了突破口。休伯曼根据教师工作的工龄，将教师职业生涯划分为五个阶段：入职初期、平稳期、能力建构期、关系平缓疏离期、离职期。在此基础上，费斯勒认为教师的职业生涯是动态发展的，1985年他提出了教师职业生涯发展循环理论，将教师的职业生涯分为八个阶段：职前教育阶段、引导阶段、探索转变阶段、热心和成长阶段、生涯挫折阶段、平静和疏离阶段、生涯低落阶段、生涯退出阶段。与前人的研究相比，费斯勒提出的理论更加科学和完整。

通过对教师职业生涯发展阶段理论的梳理，笔者认为，高校在建设师资队伍时，不仅要符合自身的办学特色，更应遵循教师职业生涯发展的规律。教师教学能力和实践能力的培养不是一蹴而就的，高校需要结合教师的职业生涯发展规律对其进行逐步提升，如在教师招聘阶段，他们处于求职的过程中，希望拥有一份满意的工作，这时学校更应重视教师的社会实践经验，看他们是否有过企业工作经历。在人才引进阶段，高校要通过多渠道来吸引优秀人才的加入，如知名学校、企业、科研机构等。在职前教育阶段，他们对教师这一职业的理解还处于想象阶段，此时加强教师产教融合的意识会得到较好的效果。在教师入职任用阶段，教师倾向于关心课堂教学和实践效果，希望得到认可。在在职进修阶段，他们已不满足于先前的教学和实践水平，对提升自我有更高的要求，学习欲望较强。总之，高校产教融合型师资队伍的建设不是一句口号，应体现在教师职业生涯发展的每一个阶段、每一个环节中。

七、双因素激励理论

双因素激励理论同时又叫作激励保健理论，它包含激励因素和保健因素，最早是于 20 世纪 50 年代末由美国心理学家赫茨伯格提出来的。在他看来，影响工作满意度的因素是多方面的，其中，能使员工感到自我价值的实现并能激发其工作热情的内在因素属于激励因素，比如工作上被赏识和认可、工作能给人成就感、有提升自我的机会、发展空间大等，如果员工认为工作中缺乏激励因素的话，那么他们工作的积极性会极大地降低。造成员工对工作不满的外在因素则属于保健因素，如薪资福利、人际关系、工作环境等，如果这些使员工对工作不满的保健因素得到了改善，那么员工对工作消极懈怠的心理也会得以缓解。所以，赫茨伯格认为，从本质上看，激励因素和保健因素都是使工作令人感到满足的关键因素，要想调动员工工作的热情和工作的积极性，就需要在双因素上下功夫，既要满足员工对工作的外部要求，同时又要满足他们对工作本身的要求。

师资队伍的建设需要重视双因素激励理论所起的作用。在激励因素方面，为发挥出师资队伍的内在整体能动性，高校必须设定明晰的队伍发展目标，队伍发展的共同目标越明确，队伍的内在整体能动性就越强。除此之外，高校有必要使教师提升自身各项能力，培养他们努力实现自我价值的意识，如通过科学合理的考核制度、晋升办法和职称评定制度等，刺激教师产生工作的动力，使教师感受到工作本身带来的成就感和荣誉感。在保健因素方面，高校应通过间接条件的满足以消除教师对工作的消极情绪，比如改善工作环境和氛围、加大科研经费投入、保障教师个人生活等，通过实施正确的薪酬制度，提升"双师双能型"教师的教学和实践能力，让教师从被动地接受产教培训转变为主动地进行产教学习。

八、人的全面发展理论

（一）马克思关于人的全面发展思想的基本内涵

马克思关于人的全面发展理论始终贯彻在马克思的全部学说中，是马克思主义整个理论体系的精华和核心。这一理论的基本内涵包括人的素质、能力、个性和社会关系的自由、全面、和谐发展。

1. 素质的全面发展

素质是构成人的基本要素的具体规定性，主要指人的整体质量和综合品质。它不仅包括人的生理素质和心理素质，而且包括人的思想道德素质、科学文化素质、审美素质和劳动实践素质等。不断提高人的综合素质，促进人的素质的全面发展，是达到人的全面发展的必由之路。

2. 能力的全面发展

能力是人的本质力量的体现，是由人的各方面能力所组成的能力体系。在这个体系中，人的体力和智力是非常重要的两个方面。除此之外，人的能力还包括从事物质生产的能力、从事精神生产的能力、社会交往能力、道德修养能力和审美能力，既包括现实能力，又包括潜在能力。马克思把人的能力的全面发展看成人的全面发展的核心，他指出，任何人的职责、使命和任务都是全面地发展自己的一切能力。

3. 个性的全面发展

个性指的是作为具有社会性的人的具体的、独特的主体性，即人的主体性的个体表现。个性的全面发展指的是人的个性在各个方面获得的最大限度的发展，它是人的全面发展的综合表现，是共产主义社会形态的最高象征。在共产主义社会，整个社会将是具有各种个性的自由人的联合体。马克思认为，人的发展在一定意义上就是在劳动能力和社会关系的基础上，与社会关系相适应、对社会关系有自主性的个人逐步代替与社会关系不相适应、没有自主性、处于被奴役地位的个人的过程。

4. 社会关系的全面发展

社会关系是人的现实本质的存在基础，人总是在一定的社会关系中生存和发展的。马克思指出，人的本质不是单个人所固有的抽象物，在其现实性上，它是一切社会关系的总和。这里的"社会关系"，指的是一定的生产方式所决定的生产关系的总和，社会关系如何，直接决定着人的本质如何，决定着一个人能够发展到什么程度。人的能力的发展离不开他的社会环境和社会交往，人的存在受具体的社会关系的制约，人的发展现实地表现在具体的社会关系的变革中。马克思所讲的人的素质、能力、个性及社会关系等方面的全面发展是一个相互联系、相互依赖、相互促进的统一体。因而，人在一定社会关系中通过劳动实践发挥其能力、提高其素质和表现其个性。同时，我们也应该看到，个体的全面发展，不是个人的所有素质和潜力都得到发展，而是人的全部才能的"自由发展"，是人作为主体的自觉、自主、自愿的发展，即每一个个体的人完全按照自己的意愿自由地发展自己想要发展的素质和能力。人的本质是人的个性，人的本质直接决定着人的全面发展的含义与内容。人的全面发展是社会进步的必然要求和具体体现，是马克思主义的一个重要理论观点。这一理论对我国当今的职业教育有一定的启示作用。

（二）马克思关于人的全面发展理论与职业教育发展的关系

1. 全面发展是职业教育的必然选择

教育是实现人的全面发展的重要途径，职业教育能够不断推进人的全面发展，实现教育事业全面协调可持续发展。马克思关于人的全面发展学说指出，教育的核心价值和意义在于促进人的全面发展。职业教育在促进人的全面发展、实现应用型高等院校大众化、开发人力资源、解决劳动就业等方面起着重要的作用。全面构建社会主义和谐社会，对职业教育提出了新的更高的要求。为加快转变经济发展方式、推动产业结构升级、走新型工业化道路，我们迫切需要培养大批技能型、应用型人才；为提升我国参与全球经济合作和竞争能力，我们迫切需要大力提高劳动者特别是在生产、服务和管理一线的劳动者的素质。

职业教育旨在培养适应生产、建设、管理、服务一线需要的德、智、体、美等全面发展的应用型专门人才。实施国家技能型人才培养培训工程，加快生产、服务一线急需的技能型人才的培养，特别是现代制造业、现代服务业紧缺的较高素质、较高技能专门人才的培养，成为当今职业教育的首要任务。如今职业教育面临着千载难逢的发展机遇。在新型工业化、城市化和现代化职业的发展进程中，各行各业都需要大批的高素质复合型实用人才，所以，大力发展职业教育是我国经济社会发展的重要支撑和时代前进的必然选择。

社会的发展不断地为人的全面发展拓展空间、创造条件，同时，也对人的全面发展提出了更高的要求。当前我国教育工作者对人的全面发展理论有了新的认识，即在受教育者是"未来的社会人"这个价值目标上，认为人不是负载某种空洞理念的工具，也不是承纳某些知识的容器。强调"人的全面发展"是现代文明对教育的呼唤与要求，也是职业教育的必然选择，然而要实现人的全面发展，绝非轻而易举之事。这种发展是人的身心各方面及其整体性结构与特征随着年龄的推移而不断变化的一个过程，发展不仅仅局限于某一特定的阶段，也贯穿人的一生。职业教育为学生创造了广阔的发展空间，铸造了以人的全面发展为核心的"育人工程"。

2. 培养"双师双能型"教师，推进人的全面发展

经济的发展、科技的进步，以及就业市场出现的新变化和新趋势，对职业教育造成多方面的挑战，使职业教育面临着日益复杂而艰巨的任务。我国对高技能人才的需求日益增大，国内的技术人才严重短缺，高级技工更是凤毛麟角，这对职业教育提出了更新更高的要求。为了适应时代的需求与社会的发展，我们需要培养一批技能型、应用型的社会主义现代化建设人才。我们要在马克思关于人的全面发展理论的指导下，针对职业教育在人才培养模式上的某些缺陷，对人才素质做出越来越全面的要求。在当代职教人才的培养中，应始终贯穿全面发展的思想和理念，促进职教人才的全面发展。职业院校要认真贯彻马克思的全面发展思想，把"学会认知、学会做事、学会共处和学会生存"作为教育的四个基本素质目标和评价职业教育的质量标准，培养全面发展的劳动者和接班人。

要培养和造就"手脑并用，全面发展"的现代化建设人才，不断推进人的全面发展，就必须大力发展职业教育，实现教育事业全面协调可持续发展。而大力发展职业教育，重中之重就是要建立一支双师素质的师资队伍，这也是推进我国走新型工业化道路、全面提高国民素质、满足人民终身学习需要、提升我国综合国力、构建和谐社会的重要途径。对职教师资队伍建设也相应地提出了新的要求。职教教师既要有丰富的理论知识，又要有动手操作和科技推广的能力，还要有经营能力和市场意识。只有这样，他们才能满足实践性教学和培养技能型人才的需要。"双师双能型"师资队伍建设是保证教学质量、培养应用型人才的核心，建设一支高水平、高素质的"双师双能型"师资队伍，既是我国职业教育事业发展的客观要求，也是职教教师自身业务提高的需要。

有一流的教师才会有一流的教育。教师的专业知识与技能是学生学习成败的关键，有效地提高教师的专业教学及实践能力是师资培养的主要内容，是为培养现代化建设的实用型人才做贡献，是为我国走向世界技能强国而发挥作用的重要一环。经过这些年的超常规发展，我国职业院校呈现蓬勃发展态势，而师资队伍建设相对滞后。师资结构不合理、实践能力偏弱、培养渠道相对贫乏等问题尚未从根本上得到解决，因此，建设一支"双师双能型"师资队伍已成为职业教育发展过程中的重要任务。

九、职业生涯管理理论

（一）职业生涯的概念与理论

1. 职业生涯的概念界定

（1）职业和生涯

对于什么是"职业"，不同的领域有着不同的解说，但无论是从社会学来看还是从经济学来看，职业必须满足三个最重要的特征：①经济特征，从个人角度来看，个体从事某种职业是为了获取一定的经济报酬，以满足个人生存和发展的需要；②社会特征，职业是社会分工的产物；③技术特征，任何一个职业岗位，都要求从业者具备特定的知识和技能。生涯就是人的一生中重要的生活、生计过程，这种过程不仅仅限于职业层面，还包括所有人生角色，如家庭、工作单位、社会兼职等，是一个人自我认知、自我了解、自我肯定、自我定位、自我发展、自我实现的全过程。

（2）职业生涯

职业生涯是个体终生性的职业获得和发展的过程，它包括个体终生职业活动中连续从事的职业、个体过去对自身职业生涯发展的计划和期望，以及个体对自己和他人所从事的职业的理解和评价。职业生涯是一个个体性的概念，它主要指的是个体的行为经历，而不是群体或组织的行为。同时，职业生涯是一个职业化的概念，其实质指的是个体的职业经历或历程，不包括个体的其他社会活动。职业生涯是动态发展的，这种动态发展包含着个体具体职业内容和职位的发展和变化，反映出职业工作实践具有阶段性和时间性。教师职业生涯指一个人从事教师职业的整个过程。

2. 职业生涯管理的特征

（1）职业生涯管理的组织性

职业生涯管理是组织为其员工设计的职业发展、援助计划，有别于员工个人制订的职业计划。职业计划以个体的价值实现和增值为目的，个人价值的实现和增值并不局限于特定组织内部。职业生涯管理则是从组织角度出发，将员工视为可开发、增值的资本，而非固定不变的资本，通过员工向职业目标的努力，谋求组织的持续发展。职业生涯管理带有一定的引导性和功利性。组织帮助员工完成自我定位，克服实现工作目标中遇到的困难挫折，鼓励员工将职业目标与组织发展目标紧密相连，尽可能多地给予他们机会。由于职业生涯管理是由组织发起的，通常由人力资源部门负责，所以其具有较强的专业性、系统性。

与之相比，职业计划没有那么正规和系统，或者说，只有在科学的职业生涯管理下，员工才可能制订规范的、系统的职业计划。

（2）职业生涯管理必须满足个人和组织的双重需要

与组织内部一般的奖惩制度不同，职业生涯管理着眼于帮助员工实现职业计划，即力求满足员工的职业发展需要。因此，要实行有效的职业生涯管理，就必须了解员工在实现职业目标的过程中会在哪些方面碰到问题，如何解决这些问题，员工的漫长职业生涯是否可以分为有明显特征的若干阶段，每个阶段的典型矛盾和困难是什么，以及如何加以解决和克服。组织只有在掌握这些知识之后，才可能制定相应的政策和措施，帮助员工找到内部增值的需要。一方面全体员工的职业技能的提高能够带动组织整体人力资源水平的提升；另一方面职业生涯管理中心的有意引导可使同组织目标方向一致的员工脱颖而出，为培养组织的高层管理人员或技术人员提供人才储备。提高人员整体竞争力和储备人才是组织的需要。对职业生涯管理的精力、财力投入和政策注入可以看成组织为达到上述目的而进行的较长期投资。组织需要是职业生涯管理的动力源泉，无法满足组织需要将导致职业生涯管理失去动力源而中止，最终导致职业生涯管理活动的失败。

（3）职业生涯管理形式多样、涉及面广

组织对员工职业活动的所有帮助，均可列入职业生涯管理中。其中，既包括针对员工个人的，如各类培训、咨询、讲座以及为员工自发提升技能、提高学历的学习给予便利等，也包括针对组织的诸多人事政策和措施，如规范职业评议制度、建立和执行有效的内部升迁制度等。职业生涯管理自招聘新员工进入组织开始，直至员工流向其他组织或因退休而离开组织的全过程一直存在。职业生涯管理同时涉及职业活动的各个方面。因此，建立一套系统的、有效的职业生涯管理制度是有一定难度的。

3. 职业生涯的主要理论

（1）职业兴趣理论

职业兴趣理论是由美国著名的职业指导专家霍兰德提出的，它源于人格心理学的概念和对大量职业咨询的研究。霍兰德从整个人格的角度来考察职业选择问题，他认为人的一生中，会面临许多选择，职业方面的选择是关系到人的一生幸福的重要内容之一，职业兴趣对职业选择具有极为重要的影响。根据霍兰德的观点，一个人的职业兴趣会极大地影响其职业的适宜度。当他从事的职业与其兴趣相吻合时，他就可能发挥最佳水平，易于做出成就；反之则可能感到极不适应或毫无兴趣，即使取得一定成绩也难以获得成就感。

①职业兴趣理论的基本内容。目前，作为职业选择的首选工具，霍兰德职业兴趣量表被国内外几乎所有的职业机构应用。霍兰德的职业兴趣理论，其核心在于四个假设：第一，大多数人的人格可以分为现实型、研究型、艺术型、社会型、企业型和常规型六种类型，人格是个人在与环境的相互作用中形成的，每一种特定人格类型的人会对相应的职业类型中的活动感兴趣；第二，人们所生活的职业环境也同样可以划分为上述六种类型，各种职业环境大致由同一种人格类型的人占据；第三，人们寻求的是能够充分施展自己的能力，能够充分表现、发展自己价值观的职业环境；第四，个人的行为是由个人的人格和其所处的环境共同决定的。

在上述假设之下，霍兰德提出：人格类型模式和职业类型模式应互相配合，人格与职业环境的匹配是形成职业满意度、成就感的基础。

②职业兴趣理论在职业生涯规划中的应用。在职业生涯规划中，人们通常倾向选择与自我兴趣类型匹配的职业环境，这样可以最好地发挥个人的潜能，但是在职业选择中，个体并非一定要选择与自己兴趣完全对应的职业环境。因为人通常有很多种兴趣，某一方面兴趣特别突出的人并不多，再加上影响职业选择的因素有很多，所以人在选择职业时不能完全依据兴趣类型，还要参照社会的职业需求及自身获得职业的现实可能性。但如果一个人进入的是与自我兴趣完全不同的职业环境，那么他对工作可能难以适应，或者难以从工作中找到快乐和成就感。在漫长的职业生涯中，一个人的职业兴趣并不是一成不变的。我们把职业兴趣理论应用到教师职业生涯规划中，往往突出的是个人对教师职业的选择，选择了教师这一职业，很少有人在自己的职业生涯中转换为其他职业。

（2）MBTI 人格理论

"人格"源于拉丁语，也叫作个性、性格。心理学中，人格指的是一个人在一定情况下的行为反应的特质，即人们在生活、工作中独特的行为表现，包括思考方式、决策方式等。世界上关于划分人格类型的理论有很多种，其中MBTI 人格理论是目前国际上最权威、最普遍使用的理论。MBTI 人格理论源自瑞士著名心理学家卡尔·荣格于1920年提出的心理类型理论，后经凯瑟琳·库克·布里格斯和伊莎贝尔·布里格斯·迈尔斯研究而得到发展，她们将其命名为"迈尔斯－布里格斯类型指标（MBTI）"。MBTI 是为了使卡尔·荣格的心理类型理论成为日常生活中人们能够懂又能够用的理论而设计的。

①MBTI 人格理论的基本内容。MBTI 人格理论认为一个人的人格类型分

为四个维度，每个维度有两个方向，共计八个方面。每个人的性格都在四个维度相应分界点的这边或那边，我们称之为"偏好"。也就是说，在现实生活中，每个维度的两个方面我们都会用到，只是其中的一个方面用得更频繁、更舒适。同样，每个人的人格类型就是自己用得最频繁、最熟练的那种。

②MBTI人格理论在职业生涯规划中的运用。MBTI人格理论揭示了一个人深层的"真实的我"，它揭示了不同类型的人有不同的思维、感觉、行为模式，同一种类型的人的思维、感觉、行为模式又很相似。它使我们明白为什么不同的人对不同的事物感兴趣，为什么不同的人擅长不同的工作，人们为什么不能相互理解、有效配合。人们通过了解自己和他人的性格倾向，可以更好地认识自己的优点、缺点，这样就更容易接受自己，以及理解和接受他人；通过了解为什么人与人之间在思维、行为、观念、表现等方面存在差异，从而更容易接受其他的观点，避免固执己见以及简单地判定某种做法的正确或错误。对于教师而言，他们在进行职业生涯规划时，除了参考职业兴趣之外，最重要的就是了解自己的MBTI类型，它不仅提供适合的岗位、工作环境等方面的参考，还根据个人的情况提出了系统的发展建议。

（3）职业锚理论

职业锚就是当一个人面临职业选择的时候，他无论如何都不会放弃的职业中至关重要的东西或价值观。正如"职业锚"这一名词中"锚"的含义一样，职业锚实际上就是人们选择和发展自己职业生涯时所围绕的中心，是企业和个人进行职业生涯决策时的核心因素，是判断人们是否达到职业成功的标准。职业锚理论产生于美国麻省理工学院施恩教授领导的专门研究小组，是在对该学院毕业生的职业生涯研究中演绎而成的。44名毕业生自愿形成一个小组，接受施恩教授长达12年的职业生涯研究，包括面谈、跟踪调查、公司调查、人才测评、问卷等多种方式，研究小组最终分析总结出了职业锚（又称职业定位）理论。

①基本类型。施恩教授在1978年提出了五种类型的职业锚，随后大量的学者对职业锚进行了广泛的研究，并在20世纪90年代将职业锚确定为八种类型：技术/职能型、管理型、自主/独立型、安全/稳定型、创业型、服务型、挑战型、生活型。经过数十年的发展，职业锚已经成为职业发展、职业生涯规划的必选工具。职业锚实际上是一个人内心个人能力、动机、需要、价值观和态度等相互作用和逐步整合的结果。在实际工作中，人们通过不断审视自我，逐步明确个人的需要与价值观，明确自己的擅长所在及今后发展的重点，最终在潜意识里找到自己长期稳定的职业定位，即职业锚。

②职业锚的作用。职业锚作为一种模式，在个人的职业生涯与工作生命周

期中，在个人与组织的事业发展过程中，都发挥着重要的作用。第一，为个人选择职业提供参考。职业锚是通过工作经验的积累产生并形成的，能够清楚反映个人的价值观与才干，也能反映个人进入成年期的潜在需求和动机。个人从事某一职业的工作过程，实际上就是个人自我真正认知的过程，认识自己具有什么样的能力、才干及需要什么。个人通过对职业锚的认识，找到自己长期稳定的职业贡献区，从而决定自己将来的主要生活与职业选择。第二，帮助个人确定职业生涯目标。职业锚清楚地反映出个人的职业生涯追求与抱负，同时，人们根据职业锚可以判断个人达到职业成功的标准。例如，对从事教学管理的教师来说，其职业成功在于升迁至更高的职位，获得更多的管理机会，而对从事教育教学的教师来说，其职业成功在于良好教学成果的获得。因此明确自己的职业锚，可以帮助人们确定自己职业成功的标准，以及职业成功要求的环境，从而使人们确定自己的职业目标及职业角色。第三，有助于提高个人的工作技能，提高自己的职业竞争力。职业锚是个人经过长期寻找所形成的对职业生涯的定位，是个人的长期贡献区。职业锚形成后，个人便会相对稳定地从事某种职业。这样人们必然累积一定的工作经验，随着个人工作经验的丰富和累积，个人知识的扩张，个人的职业技能将不断增强，个人职业竞争力也随之提高。

③职业锚理论对教师职业生涯规划的意义。职业锚是人们内心深处对自己的看法和自我定位，是人们选择和发展自己的职业时所围绕的中心，能指导、约束或稳定个人的职业生涯，它决定着个人职业生涯的方向，也决定着个人职业生涯规划的成败。教师职业生涯规划的重点内容是职业选择与职业适应。一般从事教师这个职业的大部分人都有传统的"一业定终身"的理念。施恩教授指出，制定职业生涯规划时，要想对职业锚提前进行准确预测是很困难的，这是因为一个人的职业锚是在不断发生着变化的，它实际上是一个不断进行职业目标探索、职业选择和职业适应的过程所产生的动态结果。

（4）职业生涯发展的阶段性理论

施恩依据个体在不同年龄阶段面临的生活问题和职业工作的主要任务，将职业生涯划分为九个阶段。美国管理学家萨柏把人的职业生涯划分为相对简单的五个阶段：一是职业准备期，指的是形成较为明确的职业意向后，开始职业相关的心理、知识、技能的准备及等待就业机会，每个择业者都有选择一份理想职业的愿望与要求，准备充分的能够很快地找到自己理想的职业，顺利地进入职业角色；二是职业选择期，这是实际选择职业的时期，也是由潜在的劳动者变为现实劳动者的关键时期，职业选择不仅仅是个人挑选职业的过程，也是社会挑选劳动者的过程，只有个人与社会成功结合、相互认可，职业选择才会成功；三是职业适应期，择业者刚刚踏上工作岗位，存在一个适应过程，要完成从一个择业者到一个职业工作者的角色转换，就要尽快适应新的角色、工作环境、工作方式、人际关系等；四是职业稳定期，这一时期，个人的职业活动能力最强，是创造业绩、成就事业的黄金时期，当然职业稳定是相对的，在科学技术发展迅速、人才流动加快的今天，就业单位与职业岗位发生变化是很正常的；五是职业结束期，由于年龄或身体状况，个人的职业活动能力逐渐减弱，职业兴趣逐渐下降，从而结束职业生涯。

（二）高校教师职业生涯规划

1. 职业生涯规划的含义

职业生涯规划也称为职业生涯设计，指的是组织或个体把个人发展与组织发展相结合，对决定个人职业生涯的个人因素、组织因素和社会因素等进行分析，制定有关个人事业发展的战略规划。华中科技大学管理学院博士后龙立荣认为：职业生涯规划指的是管理部门根据组织发展和人力资源规划的需要，在组织中制定与员工职业生涯整体规划相适应的职业发展规划，为员工提供适当的教育、培训和提升等发展机会，协助员工实现职业生涯发展目标。将职业生涯规划的制定、实施和调控纳入组织的人力资源规划体系中。职业生涯规划不仅对个体的发展和人生价值的实现具有重要意义，也有利于组织挖掘人才潜力，发挥人力资源的能动性，从而建立组织的共同愿景、实现组织的活动目标。

2. 职业生涯规划的基本阶段

教师的职业生涯包括职前准备阶段、引导阶段、能力建立阶段、热心与成长阶段、生涯挫折阶段、稳定但停滞阶段、生涯低落阶段及生涯结束阶段。作为教师，他们首先要接受一定的培养，为进入职业做准备；进入职业后就存在职业适应问题，个体需要适应教师职业新的角色要求和工作要求；通过努力实践和学习，教师具备了较高的工作能力，掌握了教学的实质和技能，并追求进一步的专业成长；教师到一定任期之后，会产生教学上的挫折感，他们往往被动行事，出现明显的职业倦怠，工作满意感下降；教师开始离开教师岗位，但个体的职业活动体验各异，职业生涯结束。

3. 职业生涯规划对高校教师的意义

高校教师的职业生涯规划既是个人的奋斗目标，又是学校本身建设发展的需要，具有十分重要的意义。人力资源历来被视为影响组织活动的关键因素。比尔·盖茨曾说过，如果把微软20%的优秀人才拿走，微软就一文不值了。

对于职业学校而言，教师的质量、数量及从事职业教育活动的动机和态度显得尤其重要。

第一，职业生涯规划是教师确立职业目标的需要。教师制定职业生涯规划，实际上是教师给自己确定职业目标，规定自己在教师职业生涯中要达到的境地，其作为检验自己职业状况的一面镜子，具有启示的作用。教师对自己要达到什么目标，通过几个阶段实现自己的目标，需要厘清思路确立方向，制定一个比较切合实际的教师职业生涯规划。没有职业生涯规划，就没有目标，就没有追求，做一天和尚撞一天钟，得过且过，那将一事无成。

第二，职业生涯规划是教师自身发展的需要。根据科学发展观的要求，一个教师在自己的职业生涯中需要全面、协调、可持续发展。所谓全面，包括教师的世界观、事业心，师德、师风，教风、学风，政治思想水平、教学科研水平，社会实践、社会服务，事业、家庭等。所谓协调，就是世界观与事业心协调、师德与师风协调、教风与学风协调、政治思想水平与教学科研水平协调、社会实践与社会服务协调、事业与家庭协调。要做到全面、协调、可持续发展，教师就必须制定一个科学的职业生涯规划。

第三，职业生涯规划是教师适应社会竞争的需要。随着社会经济的快速发展，教师面临的问题愈来愈多，所要处理的问题愈来愈多。教师不只是要面对学校内教学的问题，同时还要面对经济社会发展、科技发展带来的各种挑战，如教育事业的不断发展、学生结构和教学对象的不断变化、教师权威的重新认识、知识更新速度的加快、知识来源的多渠道化、从本土或地域性的学习转变为全球性的网络学习、多元智能理念的盛行等，使教育战线充满着激烈的社会竞争。教师要满足社会竞争的需要，就必须制定教师职业生涯规划。

第四，职业生涯规划是教师克服职业倦怠的需要。个别教师由于教学、科研水平一般，社会工作能力长期没有长进，没有成就感，发展意识淡漠，这样下去他们很快就会出现职业的倦怠和退缩。教师职业生涯发展并非一帆风顺，而有其危机与困惑，部分教师容易产生职业倦怠。为了帮助教师克服职业倦怠，学校有必要使教师树立职业生涯设计的意识，掌握职业生涯设计的方法，真正把自己的职业生涯置于理性的思考上。教师通过制定职业生涯规划，可在危机中保持清醒的头脑，在困惑中厘清思绪，重新扬起职业兴趣，增强信心，创造新的业绩，获得职业生涯快乐感。

第五，职业生涯规划是教师终身学习的需要。终身学习是教师在 21 世纪必须明确的一个生存概念。教师在自己的职业生涯中，要想生存和发展，只凭过去积累的知识和经验是不够的，还必须树立终身学习的观念。这就需要从事职业教育的教师与时俱进，不断进修，到现实社会去实践，到企业行业去锻炼，吸取各种经济、科技和文化知识，提升专业能力。这种专业能力的提升不是盲目的，也不是一蹴而就的，需要一个较长时期的学习规划作为保证。

第六，职业生涯规划是学校发展的需要。学校的发展以教师的发展为本，没有高水平的教师就没有高质量的教育。教育质量乃至整个学校工作的成败，从根本上讲，取决于师资队伍的素质。因此，学校要加强师资队伍的建设和管理，要提高师资队伍的素质。学校指导教师制定职业生涯规划，就是提高教师素质的重要途径之一。学校与教师个人应该为教师职业生涯的有效规划共同承担责任。学校不仅要增强教师的职业意识和规划意识，还要加强对教师职业生涯规划的管理，为教师实施自己的职业生涯规划提供良好的外部环境，为教师实现自己的职业生涯规划搭建平台。

4. 影响高校教师职业生涯规划的因素

职业生涯规划的影响因素包括个人因素和客观因素（组织环境和社会环境），个人因素决定了个人对职业的选择及职业发展的潜力，而个人能否在现实的职业道路上走得更远，潜在的能力能否被开发，能否取得职业的成功，主要取决于组织环境和社会环境是否为个人发展营造出支持性的环境。影响教师职业生涯规划的客观因素主要来自组织环境，组织环境对个人职业生涯规划的影响是最大的，有效的职业生涯规划需要员工和组织双方的共同努力与配合。组织应鼓励员工对自己的职业生涯进行规划和管理，使员工随着组织的发展而发展，帮助员工实现自我，最终达到员工个人发展及自我实现与组织长远发展的互动双赢效果。

（1）高校教师职业生涯规划个人影响因素

每个人的职业生涯都会受到多方因素的影响，概括地说，不外乎个人因素、组织环境因素和社会环境因素三类。我们可以分析出，个人因素是影响个人职业生涯的关键因素，而个人职业生涯规划的特点就是个性化，因此，教师的职业生涯规划首先必须使教师客观清楚地认识自己。

个人因素对教师个人的职业生涯规划产生影响，包括教师的认知发展水平、家庭支持情况、个人特质、兴趣与爱好、生活危机及个人所处的生命阶段等。在职业生涯规划中，个人影响因素主要包括家庭因素和个人自身因素。

①家庭因素。家庭因素对教师的职业生涯规划的影响非常大。父母及亲属一般认为公办高校的教师或行政人员、政府公务员等职业相比其他职业更稳定、福利待遇好、工资高，也有一定的社会地位。他们认为就业是一辈子的大事，

一次选择会定下终身，不愿意让自己的孩子去民营企业工作，希望他们能进入事业单位工作，这些家庭因素深深地影响着高校教师。

②个人因素。影响高校教师职业生涯规划的个人因素有很多，如个人的兴趣爱好、价值观、个人所处的生命阶段等，高校教师对职业生涯规划了解较少，了解途径单一，职业生涯规划知识欠缺，解决职业疑惑的方法缺乏科学性。首先，职业生涯规划引入我国的时间还很短。职业生涯规划起始于20世纪60年代的美国，在20世纪90年代中期才传入我国，虽然许多专家对其进行了理论上的初步探索和实践上的初步研究，但是仅限于企业领域，这一理论并没有引入我国的学校、行政事业单位。其次，教师对学校组织提供的各类职业生涯规划信息不了解、不重视。职业生涯规划需要教师和学校组织共同努力，信息不对称是导致教师个人发展目标与组织发展目标不一致的原因之一，如有的教师对学校的发展目标和前景、职称及岗位的晋升、学校提供的培训和发展途径等方面不了解，从而导致教师对职业生涯规划不清晰，规划意识淡薄。虽然部分教师采取了一定的职业生涯规划的措施，但他们往往凭借个人经验好恶，在实施过程中缺乏规范性和科学性。最后，教师对职业生涯规划的重要性认识不够。有的教师认为自己现在所在的是一所民办学校，是在给老板打工，计划赶不上变化，无法预料未来会发生什么，因此没必要做职业生涯规划，这是一个严重的误区。其实恰好相反，正因为对未来的不确定，才需要积极地做好各种规划，以应对未来的各种变化。

（2）高校教师职业生涯规划组织环境影响因素

教师职业生涯规划虽然具有明显的个人化特征，但是组织对教师的职业生涯规划管理也是非常重要的。组织对教师的职业生涯规划管理能够有效地调动教师的工作积极性和主动性，使其更好地为组织目标服务。高校是具有特殊性的组织，这个组织中的规章制度、管理方式、组织气氛和组织文化等对教师的职业生涯发展有重要影响。当组织环境适于个人发展时，个人更容易取得成功。因此，在制定职业生涯规划时，个人所在的组织环境也是我们必须考虑的重要因素。

①缺乏教师职业生涯管理体系。学校在应对人力资源竞争时，越来越多地采取薪酬设计来吸引激励教师，但此措施并未从根本上发挥激励作用从而留住教师（特别是高层次人才）；教师个体并不将高额的薪酬和良好的福利看作第一吸引力，他们常常感叹"英雄无用武之地"，苦恼自己该何去何从，如何发展自己，如何在工作中体会到乐趣和实现自我价值。

②忽视教学团队建设，队伍建设规划尚需推敲。现行的基层教学组织团队

的内部和外部存在明显的领导和被领导的关系，目标形成、任务分配、资源整合等均是通过上传下达的方式进行的；教学团队没有真正意义上的自主性和独立性，缺乏组织和推动教学改革的动力；成员间没有实际意义的融合性，缺少双向互动的机制；学校依然要求教师个体成为课程开发、改革和课堂教学操作的"多面手"，忽视个体的优势、专长和不可替代性；学校重专职轻兼职，兼职教师的遴选与聘任由各教学部门自行操作，兼职教师的管理基本处于无序状态；重理论轻实践，专业教师中具有企业、行业工作经历的教师比例偏低是许多学校共有的顽疾，难以满足培养应用型人才的实际需要；学校忽视团队实质作用，以群体等同于团队，缺少教师团队建设的整体规划，建设措施粗糙、生搬硬套，有敷衍应付情况存在。随着教育观、人才观、知识观的发展，教师应从知识的传授者这种单一角色向研究者、开发者、实践者等多重角色转变，这就要求我们应变革原有的教师组织体制，建设具有团队特征的，以及具有不同知识结构、思维方式、能力素质、认知风格的教师组织体制，使教师能够以互补、协作的方式完成教学任务，实现知识共享、人尽其才、才尽其用，切实发挥团队的整体优势。

（3）教师职业生涯规划的社会环境影响因素

在高校教师职业生涯规划的客观影响因素中，社会环境因素是影响教师职业生涯规划的重要因素。高校教师的职业生涯发展从规划到实现都是在一定的社会环境及组织中进行的，国家政策的变化、教育改革、社会的变迁、学校组织的发展前景及学校组织给教师提供的发展空间等都会对教师职业生涯产生影响。国家的政策对教师的职业生涯规划具有引导作用，教师为了得到聘用就必须按照国家政策来规划、发展自己的职业生涯，因为政治经济形势、社会文化与习俗、教师职业的社会评价等大环境因素决定着教师职业岗位的数量与结构，也决定了人们对教师职业是否认可。社会上一些不合理观念有意无意地影响了高校教师的职业认可感，加重了高校教师的心理自卑，甚至使其形成较大的心理压力。另外，在政府的保障和教师法制体系方面也缺乏具体措施来保障高校教师的合法权益。

5. 教师个人和组织职业生涯规划的主要任务

教师自我职业生涯规划的任务：①职业探索，进行自我认识与职业定位；②对职业生涯中的发展机会进行科学合理的评估；③确定职业生涯发展目标；④制定职业发展规划；⑤寻找合适的策略实施职业发展计划；⑥及时接收职业生涯发展的相关反馈，并进行适当的调整。

组织职业生涯规划的任务：①帮助员工进行科学的自我认识和职业探索；②帮助员工理解、认可组织文化；③帮助员工设定职业生涯规划目标；④构建完善的职业生涯规划系统；⑤向员工提供分层次、多形式的培训机会；⑥向员工提供及时的工作反馈；⑦指导、帮助员工根据情况变化，适当调整职业生涯发展策略和方法。

第四节　"双师双能型"教师标准与培养途径

教师资格制度是一种国家法定的职业许可制度。最早实施教师资格制度的是美国佛蒙特州，后来西方的一些国家也陆续确立了教师资格制度。20 世纪中叶，世界各国尤其是发达国家掀起一场声势浩大的教师专业化浪潮。中国公民在各级各类学校和其他教育机构中专门从事教育教学工作，必须依法取得教师资格。

为了满足应届非师范类高校毕业生投身于教育事业的迫切愿望，非师范高校毕业生也可参加教师资格考试，教师资格制度是一种国家法定的职业许可制度。

一、"双师双能型"教师标准

1990 年 12 月 5 日，王义澄最早提出"双师双能型"概念。他在《中国教育报》发表的《建设双师双能型专科师资队伍》一文中介绍了学校培养"双师双能型"教师的具体做法。1995 年，国家教育委员会最早在《关于开展建设示范性职业大学工作的通知》中将"双师双能型"教师概念上升到政策层面，并在"申请试点建设示范性职业大学的基本条件"中指出，学校应有一支专兼职结合、结构合理、素质较高的师资队伍，专业课教师和实习指导课教师应具有一定的专业实践能力。该通知还在师资队伍建设目标中要求："师资队伍建构合理，水平较高。专业课教师和实习指导教师基本达到'双师双能型'要求。"

当前，我国在职业教育师资培养上提出建立一支"双师双能型"队伍是非常有必要的。然而，对"双师双能型"教师的标准却一直没有定论。对其的研究和阐述也层出不穷，随之教育部标准、各大院校标准、学者标准等纷纷出现。

"双师双能型"教师是教育部界定的含义，指的是职业教育教师既是讲师，又是工程师、会计师。

"双师素质"教师也是教育部所提出的定义，具体指具有讲师（或以上）

教师职称，又具有下列重要条件的专任教师：①有本专业实际工作的中级（或以上）技术职称（含行业特许的资格证）；②近5年有2年以上（可累计计算）在企业一线本专业实际工作经历，或参加教育部组织的教师专业技能培训获得合格证书，能全面指导学生专业实践实训活动；③近5年主持（或主要参与）2项校内实践教学设施建设或提升技术水平的设计安装工作，使用效果好，在省内同类院校中居先进水平。

"一体化"教师是天津工程师范学院诠释的概念，指既能从事专业理论教学，又能指导技能的教师。具体标准为具有大学本科及以上学历，中级及以上专业技术职称，接受过系统教育理论的培养和培训。"双师双能型"和"一体化"的关系："一体化"是"双师双能型"的一部分，"双师双能型"教师要有实践经历，但不一定必须具备实践教学能力。

到目前为止，我国对"双师双能型"教师的标准还没有一个国家层面的定义，教育部门、各大院校、各专家学者也是根据社会、学校、企业需求情况制定相应的标准，没有形成较强的导向作用。"双师双能型"教师应具备以下能力。

1. 熟练的实践能力

实践能力指履行生产岗位职责的能力，是任职顶岗所必需的实用性职业技能、专业技术应用能力，包括熟悉技术工作的内容和操作流程、掌握职业技术规范、具有熟练的专业技术操作能力。为满足高等教育的职业技术要求，教师需要拥有较强的实践动手能力，以及现场操作、解决问题的能力。

2. 综合教育教学能力

职业教育通常采用以横向为主的模块式课程体系，要求教师具有知识、技能的横向联系和综合运用能力，具有能够胜任专业理论教学和实践教学的能力及教研能力。教师应既能在教学岗位完成教学任务，又能在生产岗位完成生产任务。教师是教学、教研行家，也是生产能手，应能将各种知识技能相互渗透、融合和转化。

3. 本专业一线的工作经历

工作经历和理论知识有着许多区别，只有拥有本专业一线的工作经历，才能获得本专业的操作技能和实践经验，才能深入了解企业一线的工作流程、可能会遇到的困难、应掌握的最新技能和工艺等。

高素质"双师双能型"教师应常关注行业企业的最新发展，主动深入企业顶岗实践，并确保企业顶岗实践有较长的时间，而不是短期的在企业走过场似的培训体验。高素质"双师双能型"教师不仅要非常熟悉企业生产工艺流程、岗位技术技能等，还应对本行业企业管理、企业文化等有较为深入的了解，通过"常关注""长经历""常实践"，实现自身的"高素质"。

二、"双师双能型"教师培养途径

"双师双能型"教师的培养是一项系统工程、长线工程。对教师进行培养前要研究行业、学校专业的现状与发展趋势以及教师的个体现状与发展的要求。通过调研，我们应确立以满足专业现状与发展、教师个体现状与发展的需要为出发点，以长线专业和重点专业师资培养为核心，以职业道德和教师基本素质培养为前提，以专业技能和综合职业能力培养为重点，以自我学习、校本培训、行业实践、进修学习为基本渠道的"双师双能型"师资队伍建设思路。在实际操作中，要做到：①突出导向性，重视职业道德和综合职业能力的培养；②突出实践性，重视教学实践能力和社会实践能力的培养；③突出层次性，重视名师、专业带头人的培养；④突出研究性，重视研究性教师的培养；⑤突出时代性，重视新理念、新知识、新工艺的运用；⑥突出示范性，重视辐射功能的发挥。

在厘清了"双师双能型"师资队伍建设的思路后，制定"双师双能型"教师培训对策时应遵循以下原则：①社会需求原则，即"双师双能型"教师培养应以社会经济发展需求为导向，以专业发展需求为准绳，提高教育资源的效益，讲求培养的实际效果；②主体需求原则，即"双师双能型"教师培养应根据教师个体特点和自身发展需求进行，培养形式、内容、途径、时间等必须尊重教师个人意愿和实际；③动态适应原则，即"双师双能型"教师的培养必须主动适应社会经济的发展及教师个体的发展，在不同时期、不同阶段确定相应的"双师双能型"教师培养的具体目标、内容和要求；④整体优化原则，即在"双师双能型"教师培养的过程中，应注意教师个体综合素质的全面提高与群体素质的优化。

教育部《关于全面提高高等职业教育教学质量的若干意见》指出，我们应注重教师队伍的"双师"结构，改革人事分配和管理制度，加强专兼结合的专业教学团队建设，增加专业教师中具有企业工作经历的教师的比例，安排专业教师到企业顶岗实践积累实际工作经验，提高实践教学能力。同时高校要大量聘请行业企业的专业人才和能工巧匠到学校担任兼职教师，逐步加大兼职教师的比例，逐步形成实践技能课程主要由具有相应高技能水平的兼职教师讲授的机制。重视教师的职业道德、工作学习经历和创新能力，引导教师为企业和社区服务。我们应逐步建立"双师双能型"教师资格认证体系，研究制定高等职业院校教师任职标准和准入制度。重视中青年教师的培养和教师的继续教育，提高教师的综合素质与教学能力。

有学者提出要真正培养建立一支名副其实的"双师双能型"师资队伍，必须从完善标准与认证制度入手，这是"双师双能型"师资队伍建设的核心与关键所在。还有学者认为高校教师存在缺乏实践锻炼和实践机会少的问题，为解决这些问题，我们应让教师多参加实践活动，大力推行科技服务与开发，鼓励教师参加"岗位定向"技术培训和进修。还有学者提出以"产学研"为导向来加强"双师双能型"师资队伍建设，是保证教育质量，实现培养目标，办出高校特色，提高师资队伍整体素质的有效途径。

从目前我国高等学校"双师双能型"教师的培养模式中可以看出，培训基本上还是以三四天的短期培训为主，很少有教师能得到质的提高，从长远看，不能有效解决问题。而且培训的主办方依旧以学校的专业协作组为主，基本没有企业参与，学科化严重，不能体现职业教育教师的实践能力的重要性，不利于"双师双能型"教师能力的提高。

产业结构调整的主体是企业，人才培养的源头在学校，加强企业与学校合作，促进产教深度融合，推动"双师双能型"师资队伍建设，能有效强化实践教学环节，解决实践教学"虚"化问题，有效提高人才培养质量，增强学校办学影响力。

（一）拓宽师资队伍建设渠道

随着国家深化产教融合政策的不断推进，学校应主动寻找企业合作，依托校企合作平台，坚持引培结合形式强化队伍建设，实施名师工程，引领教学团队发展。选聘行业企业技能大师、能工巧匠担任兼职教师，建立"技能大师工作室"；遴选在教学科研方面有较高知名度和行业影响力的教师，建立"名师工作室"，根据各专业带头人的技术领域和经验背景差异进行有针对性的培养，通过到海外研修，到重点行业企业挂职锻炼，广泛开展科研课题研究。"淬炼"成一支高水平、专业优势互补的专业带头人队伍。学校应根据专业特色和教师专业特长，确定每位教师专业领域的主攻方向，教师接受专业带头人传、帮、带，实现"青、蓝"对接。学校引进并分批选拔优秀教师，作为骨干教师培养对象，让他们每年参加企业顶岗实践，并将他们分批选送到境外参加交流学习，使他们成为专业改革发展的主力军，用来提升专业教学团队整体素质。

（二）健全教师绩效考核和激励机制

健全教师绩效考核和激励机制，采取定性考核与定量考核相结合的方法，以师德师风、教学工作、科研工作为考核内容，对教师进行分类评价，实施行政管理绩效考核，从月度重点工作、年度重点工作、协同及工作作风等方面采取扣分制的考核方式。同时，学校可设置柔性的特殊工作作为加减分项目，鼓励教师下企业开展技术服务，激发部门干部职工创新潜能，彻底打破原来"做与不做一个样，做多做少一个样"的工作格局。实施教学型、教学科研型和"双师双能型"的分类评价，加大师德师风的评分比重，在对师德师风及其教育教学和科研成果的量化评价条件中可新增扣分项的内容，针对不同情况给予相应的扣分，这样确保了教师的政治素质、道德水平、业务技能的全面提升，克服了原有评价体系重业务轻表现的不足。

（三）构建系统科学的教师培养体系

学校组建教师发展中心，根据专业方向成立教学团队，建立"一师一方针"教师成长培养机制，教师根据专业特色和个人特长制订三年职业规划。学校可定期邀请知名的职教专家到校开展职教讲座和培训，组织教师定期研讨教学方法、交流教学经验，使其树立先进的职教课改理念；制订课程设计能力和教学能力的考核测评与奖励办法，切实有效地提升师资队伍课程设计能力和教学能力；实施"六个一"行动计划，提高教师社会服务的主动性，让教师瞄准一个前沿技术方向，落实一家合作企业，确定一名企业导师，建设一门高水平专业课程，指导一个协会或社团，培养一批高技能学生。学校应健全角色互换的校企共培师资机制，采用"双导师"制，骨干教师指导企业技术员提升教学能力，企业技术员指导骨干教师提升实践能力。学校可构建分类型、多层次的培训机制。校本培训每年不少于两次，校外培训、交流每年不少于一次。学校还可以实施教师下企业实践计划，教师每年在企业生产实践岗锻炼一个月以上，并定点负责校外实习基地，作为企业的技术顾问或培训讲师，为企业提供技术服务。

（四）构建师资培养的政策体系

1."双师素质"教师培养与认定办法

建设一支具有"双师素质"的师资队伍是应用型高等院校师资队伍建设的方向，也是办好高等教育体现专业特色的重要保证，为了推动专业教师向"双师素质"教师的转化，提高"双师素质"教师队伍的整体水平，结合应用型高等院校实际，特制定本办法。

（1）选拔原则与范围

选拔"双师素质"教师，应确立理论与实践并重的思想，坚持科学、民主、公正的原则。选拔对象主要是承担专业基础课、专业课以及实践指导课的教师。

（2）选拔条件

①政治思想方面。热爱党、热爱社会主义祖国、热爱高等教育事业，具有优良的政治思想素质，具有敬业精神和良好的职业道德，具有现代高等教育的人才观、质量观和教学观，具有吃苦耐劳的精神以及较高的行业职业素养、经济素养，具有较强的适应能力和勇于实践的精神。

②业务条件。具有大学本科及以上学历，取得讲师及以上专业技术职称。结合专业课任教情况，"双师素质"教师应具备下列条件之一：

第一，通过国家组织的中级及以上专业技术职务的评审，并获得国家承认的中级及以上专业技术职务的任职资格（工程师、会计师、审计师、软件程序员等）；

第二，通过国家组织的各类职业资格考试，并取得中级及以上执业资格证书（律师、注册会计师、高级技工、电子商务师、物流师等），且具有考评员资格证书；

第三，参加教育部组织的教师专业技能培训，获得合格证书，能全面指导学生专业实践实训活动；

第四，近五年主持（或主要参与）两项校内实践教学设施建设或提升技术水平的设计安装工作，使用效果好，在省内同类院校中居先进水平；

第五，在企事业单位或科研院所从事工程技术研究工作三年以上，近三年主持（或主要参与）两项应用技术研究，成果已被企业采用，效益良好。

（3）"双师素质"教师资格的认定程序

①凡符合"双师素质"教师资格条件的教师，应在评审期间向各系提出书面申请，并提交相应的证明材料。

②各系在初评的基础上，向学院学术委员会提交有关证明材料。

③学院学术委员会每年组织评审一次，有效期为三年。

④已超出有效期的"双师素质"教师，应重新申报，学院学术委员会会根据本人在受聘期间的工作业绩续聘或解聘。

（4）"双师素质"教师的培养措施

"双师素质"教师的培养由人事处、教务处组织实施，主要内容如下：

①对"双师素质"教师实行滚动式培养方式，每两年评选一次；

②系（部）根据"双师素质"教师的岗位职责会同本人制订个人培养计划书；

③对确定为"双师素质"的教师，学院要创造条件组织他们参加国家举办的各类相关执业资格和执业技能的考试；

④安排教师到企业、科研单位进行实践锻炼，使他们了解本专业目前生产、技术、工艺、设备的现状和发展趋势；

⑤安排"双师素质"教师到教育部批准的职教培训基地培训，或聘请职教培训基地专家利用寒、暑假对符合条件的教师进行培训；

⑥学院提供资金保证，专门用于"双师素质"教师的培养。

（5）"双师素质"教师的奖励与有关待遇

①对取得"双师素质"资格的教师，学院发给"双师素质"资格证书，同时每年享受津贴 500 元，学院年度考核优秀者享受津贴 1000 元，不称职者取消"双师素质"教师的资格。

②教师在外培训期间享受与在校工作教师同等待遇。

③教师经过考试取证或经专业培训达到"双师素质"的，学院将按照培训费和差旅费之和的三分之一给予补助。

④学院在制定职称评审、骨干师资队伍建设的条件时，向"双师素质"教师倾斜，在同等条件下优先考虑"双师素质"教师。

⑤对"双师素质"教师，各系要优先安排其参与教材的开发和编写。

2."双师素质"师资队伍建设规划

（1）教师到企业实践规划

根据教学评估类指标"专业教师每两年必须有两个月到企业或生产服务一线实践"的要求，学院计划安排专业课教师利用教学任务较少的学期、课余时间和假期，到企业或到实习实训基地实践两个月。每个专业每年下企业实践的教师应不少于该专业教师的 40%。

（2）各类短期培训计划

为满足学院快速发展的需要，加大教师知识更新的力度，每学期、每个专业都要积极派教师参加各种培训班、讲座、报告会和研讨会等。

（3）岗前（上岗）培训计划

①配合人事处，对应届毕业生或调入学院首次承担教学任务的人员进行岗前培训。

②在应届毕业生走上岗位后，要为从事专业课教学的教师安排 1—2 个月的企业实践锻炼机会。

③根据学院的规定，要为每位新分配来的，首次承担教学任务的教师安排一名指导教师，对其进行教学指导，培养时间为 30 周。

3. "双师素质"教师的评价考核制度

对"双师素质"教师的培养，需要制订科学合理的考核办法。严格的考核制度是保证"双师素质"教师质量的关键。

（1）"双师素质"教师的岗位职责

①要承担与专业相关的实验、实习、实训、课程设计、毕业设计的组织与指导工作。

②聘期内每年要有一项院级及以上技术开发或设计成果。

③聘期内每年要在省级刊物上发表一篇及以上质量较高的学术论文，其研究结果能解决实践中的实际问题。

④承担一门课程的实践课程开发工作，并编写实践课程教材与讲义。

⑤对本专业其他教师起到传、帮、带的作用。

（2）"双师素质"教师的管理考核

①对"双师素质"教师实行动态管理，从第一年年末开始，每年定期进行考核，由人事处、教务处、科研处实施。对于第一年未达标者，将给予警告；对于第二年仍未达标者，取消"双师素质"教师资格并收回已获得的津贴及相关费用。

②当选期间，当选人个人提出申请调离原工作岗位且已调离者，其称号和待遇即自行终止。

（五）构建师资培养的目标体系

针对"双师素质"教师对专业素质的特殊要求，在培训内容方面，我们应加强教师对专业理论知识的掌握，注重教师专业实践技能、教育教学能力、职业指导技能，以及教育科研能力的培养。

1. 专业理论知识的掌握

关于高职教师理论知识的掌握，我们要澄清认识上的两个误区。一是认为职业教育培养的是实用型和应用型人才。因此，职业教育对教师的专业理论知识水平的要求不高，无须将专业理论知识的进修纳入培训范围。二是将职教教师与普通教师的专业理论知识进修等同起来，认为职教教师专业理论知识培训只是系统地学习专业理论知识。

职业教育专业理论课的教学应以"必须、够用"为原则，这实际上对职教教师专业理论知识的修养提出了两点要求，即：职教教师对专业理论知识的整体构建和发展趋势，要有相当清晰的认识和广泛的了解；同时，职业教育面向生产、管理、服务一线，以培养技术应用型人才为教育目的，要求职教教师要以满足专业所面向的职业或职业群的实际需要为度，在实际教学中对专业理论知识进行有针对性和实用性的裁剪、筛选和再加工，向学生传授走向工作岗位后必须具备的专业理论知识。因此，专业理论知识的培训应是职教教师培训的重要方面。在理论知识上，我们对职教教师的要求并不比普通教师的低，只是两者的侧重点不同，我们对职教教师理论知识上的要求不在深度，而在广度，在于其理论联系实际和理论联系职业岗位工作的能力。特别是随着科学技术的发展，各专业领域新理论、新发现层出不穷，职教教师必须及时掌握本专业理论知识发展的新动向、新趋势，才能在具体教学中向学生及时传递新信息，传授新知识，避免学生所学与实际工作需要严重脱节。

为了提高"双师素质"教师的专业理论知识水平，学校应分批选派专业教师到相关高校去学习、深造，接受行业或国家相关部委组织的师资培训。学校可聘请大学教授、行业专家、企业负责人定期来学校做讲座，帮助专业教师了解行业的新知识、新信息、新技术和发展趋势，丰富他们的教学内容，促进教学与行业、企业、生产实际的融合。

2. 专业实践技能的培养

处在当今科学技术迅速发展、高新技术层出不穷的时代，教师的专业实践技能就显得尤为重要。专业实践技能指的是在专业领域内从事实践、生产、技术开发和科研等工作所需要的操作技能。在整个技能结构中专业实践技能处于核心地位，它是反映培养对象业务素质的重要指标之一。高等院校的教师，尤其是"双师素质"教师必须有过硬的专业实践技能才能胜任专业教学、技术开发和生产经营等工作。否则，教师就不能及时跟上科技的进步，就不能实现理论与实际的紧密结合，其在课堂上的教学，就犹如无源之水、无本之木。

因此，学院要培养"双师素质"教师的专业实践技能，就要定期组织专业教师到相关行业、企业参与社会实践活动。

3. 教育教学能力的培养

教育教学能力是教师的核心素质和关键职业能力。高职教师要具备示范技能、教学行政管理技能、适应专业教学任务转移能力、职业课程开发技能等。具体落实到教学上，就是要培养教师对教学思想的明确性，以及对教学内容、教学方法与教学方式的掌握和创新；培养教师对课程开发与教材编写能力的培养；培养教师利用计算机辅助教学工具及相关教学软件进行教学的能力；组织教师学习教育教学常规、教育教学文件；指派经验丰富的教师对口帮助新教师，指导其编写教案等。以上培养内容都可以立足校本，用来提高教师的教育教学能力。

4. 职业指导技能的培养

"双师素质"教师要具备职业教育学的基本知识，要了解职业教育的特点和社会功能，要深刻认识职业技术院校的性质、目标，牢固掌握理论课教学、实验实习课教学、职业道德教育、职业指导、班主任工作以及学校管理等方面的知识。除此之外，"双师素质"教师还要具备职业教育心理学的基本知识，主要包括影响职业技术理论知识学习、操作技能训练的心理因素及调控方法、高等职业技术院校学生的个性倾向、职业道德的心理分析、学生的群体与职业心理等方面的知识。另外，"双师素质"教师本身应具有行业职业道德、行业职业素养以及经济素养等职业能力。这就要求"双师素质"教师要掌握职业指导的基本理论和方法，并形成职业指导技能。职业指导是联系职业教育与劳动就业的桥梁，对人才培养目标的实现具有重大意义。因此，学院职业指导应该贯穿和渗透到所有的教育教学环节中，所有的教师都有责任参与这项工作，因而都需要掌握必要的职业指导知识。其主要包括职业类别及职业分类知识、各种职业对从业者的知识技能和心理品质的要求、心理测验的理论、职业咨询的方法和求职的艺术等内容。

作为"双师素质"教师，能否掌握职业教育的理论与方法，并形成职业指导技能，不仅关系到教师能否顺利地进行教育教学和科研工作，还将影响所有高职教育的存在价值和社会效益。

5. 教育科研能力的培养

教育科研工作是高校办学的重要内容之一。科研活动是具有积累性和继承性的，是知识学习和实践的过程。搞任何一个课题都需要知识的积累和继承，从而为科研工作的探索打下基础。科学研究是用已积累的知识揭示客观世界和认识自然规律的探索过程，同时又是通过科研的实践活动创造新知识的过程。因此，参加科研活动，可以使教师更新知识、积累知识、应用知识、创造知识。教师参与社会生产实践，通过与产业界合作来"物化知识"，积极将科研成果转化为现实的社会生产力，进而使学校达到教育与科技、教育与经济的和谐统一，这符合世界教育发展的总趋势。教师参与教学科研活动是对自身所掌握的知识和所具备的能力的验证，可以培养教师追求真理和坚韧不拔的意志，完善教师的知识结构，从而培养出真正的"高级工程师级的教授"。因此，良好的教育科研能力是教师提高教学质量和学术水平的需要，是由"经验型"向"双师双能型"教师转化所必须具备的能力，它能够使教师更快地进入一种新角色，同时也能提高教师的业务能力。

以上针对"双师素质"教师的特殊性所制定的培养内容，是马克思主义关于人的全面发展理论在职业教育实践中的具体体现。学校要积极创造条件，为"双师素质"教师的全面发展提供广阔的空间和途径。

（六）构建师资培养的支撑体系

探索"双师素质"教师培养的有效途径一直是高校师资队伍建设中的一个重要问题。如何拓宽"双师素质"教师的培养渠道，从而构建师资培养的支撑体系，是我们研究"双师素质"教师培养对策的关键。

1. 引导教师进行自主学习，激发其成为"双师素质"教师的内在愿望

教师都有成长为优秀教师的愿望。新的教育精神能够使教师成为他自己文化进步的主人和创造者。自学，尤其是在一定帮助下的自学，在任何体系中都具有无可替代的价值。美国的教育界认为，教师在教学的头几年，随着教学经验的增加，教学效率会不断上升，但过了五六年后，其知识和教学方式开始固化，教育水平开始停滞或下降，此时他们需要吸收新知识。教师应一边工作，一边学习，或工作一段，学习一段，使教育和工作交替进行。当今社会新技术、新工艺层出不穷，技术进步日新月异，教师更要更新观念，选择合适的教育模式，实现自我超越，使自己在师德上、业务素质上真正成为"双师素质"教师。教师如果不注重自主学习、自我教育，就不能保证自己掌握的专业知识和专业技能始终处于领域的前沿，就很难为社会培养实用性人才。自主学习重在教师自身的反思性学习与研究。自主学习没有特定的形式，主要是教师根据自身情况阅读材料，请教他人，记下学习收获。自主学习的优点是不拘形式，教师自己可以灵活掌握，教师对自己的长处和短处也最了解。自主学习的缺点是教师要有较高的自觉性和悟性，否则就难以达到理想的学习效果。学校应为教师提供一定的学习时间、推荐好的学习材料，还应组织教师进行学习心得交流等活动。

2. 充分利用学校内部资源，是培养"双师素质"教师的切实可行的方法

目前，我国还没有专门培养"双师素质"教师的高等学校，通过高校培养"双师素质"教师的方法是行不通的。因此，我们必须多管齐下，培养"双师素质"教师，努力为教师的自主学习、自我教育、自我发展创造条件。

我们应立足校内，利用学校的内部资源，采取多种形式培养教师。

（1）发挥校本培训的作用以提高教师教育教学能力

校本培训是以学校为基本培训单位，把教师培训与教育教学、科研活动紧密联系起来的继续教育形式。它可与日常教育教学相伴而行，能够实现培训的经常化和长期化，使全体教师经常处于一种终身教育的氛围之中。学院可利用

校本培训对"双师素质"教师做以下四个方面的工作。①岗前培训。由于学校经常从普通高校招聘应届毕业生，还从企业调用工程技术人员，他们缺乏对高等院校办学特点的了解，对教育理论了解不多，对教学的全过程还不熟悉。因此，学校应在他们走上讲台之前，利用本校相关专业的教师和校内的教学资源对其进行培训，通过培训使教师了解学校以及学科教学或实验教学、实习教学的特点，了解学校对教师所承担教育任务的具体要求，使他们尽快适应教师角色，更好地完成教学任务。②在岗培训。对于刚刚走上讲台的新教师，要充分发挥老教师传、帮、带的作用，使他们建立师徒关系，互相听课。教研室要经常开展集体备课、观摩教学活动。从备课开始，在教学的态度，教学的内容、方法、手段，教学的能力、技巧等方面对新教师进行培训，使他们尽快掌握新岗位工作的特点和规律，适应新岗位的工作要求。③专项培训。为了培养更多具有"双师素质"的教师，学校可以让有实践经验的教师对专业理论课和专业实践课教师进行培训；让理论知识较扎实的教师对专业实践课教师进行专业理论的培训。在提升教师的综合素质方面，可以利用本校的计算机教师、英语教师、体育教师对其他教师进行专项培训。学校通过对教师进行专项培训，使教师的综合素质得以提高。④通过科研进行培训。学校应为教师进行科学研究提供便利条件，教师进行科研、教研的过程也是提高自身专业知识和实际应用能力的过程，学校应利用专业和地方的优势与相关研究机构进行横向课题研究，使教师在科研过程中得到锻炼。

（2）利用校内的可实践性资源培养教师的实践教学能力

利用校内的可实践性资源培养"双师素质"教师，主要包括以下三个方面的内容。①利用实验室和校内实习工厂来培养教师。学院应挑选有实践经验、有专长的教师担任指导教师，在实验室和校内实习工厂，利用现有的实验设备，手把手地对新教师进行专业技能的培训，从而提高专业教师的专业技能。②重视校内工程对"双师素质"教师的培养功能。学校要发挥校内工程对教师的锻炼作用，不能让工程部门一包了之，要创造条件，让教师参加校内工程实践。③建立职业技能鉴定站，既服务学生又培养教师。建立职业技能鉴定站，组织技能鉴定。教师通过担任考评员，可深入地研究相关职业所必需的职业能力，同时与来自企业的其他考评员有更多接触，通过对职业技能鉴定等级标准和试题、考试方法的深入研究，可对相应专业的培养目标和岗位职业能力有更深刻的认识，从而在参与教学计划的制订时有更多的发言权和更切合实际的意见，在承担实践教学任务时有更强的针对性及更为合理的教学方法。

3.有效利用校外社会资源,是"双师素质"教师培养行之有效的方法

利用校内资源对教师进行校内培训是十分重要的,但校内资源毕竟有限,为了提高教师的综合素质,学校还要注意有效利用社会资源,积极对教师进行校外培训,具体形式有以下四个。

(1)普通高校培训

普通高校特别是一些重点高校,物质基础雄厚、专业门类齐全、师资优良。学校应积极鼓励青年教师考取这些院校,攻读硕士、博士学位,提高学历水平、专业理论水平和实践技术水平。对专业教师应创造条件,分期、分批地派到专业对口的学校进修提高。

(2)国际合作培训

为了适应高等职业教育与国际接轨的需要,培养具有国际意识的新型教师。一方面,学校应选拔优秀的"双师素质"教师到国外同类院校进行学习或作为访问学者进行研修,学习国外的成功经验。另一方面,学校要积极与国外相关公司、教育机构联合办学,互惠互利。

(3)校企合作,联合培训

《国务院关于大力推进职业教育改革与发展的决定》中指出,学校要有计划地安排教师到企事业单位进行专业实践和考察,以提高教师的专业水平,广泛吸引和鼓励企事业单位工程技术人员、管理人员和有特殊技能的人员到学校担任专、兼职教师,以提高具有相关专业技术任务资格教师的比例。由此可见,校企合作办学是促使教师深入生产一线的最佳途径,是培养"双师素质"教师的突破口。学校通过合作办学,能使专业课教师更好地掌握专业技能。在与企业合作的过程中,教师必然要了解生产技术过程与企业劳动组织过程,这样能提高教师特别是青年教师的实践能力,使他们逐步成为"双师素质"教师。具体可以采取以下三种培训方式。①安排专业教师到企业进行对口、专项短期实践。通过专项的短期实践,教师可以了解、熟悉自己专业的发展现状和发展趋势,在教学中就可以及时更新内容。另外,教师也可以带着教学中碰到的实际问题,向有丰富实践经验的工程技术人员请教。②与企业签订合同,在企业挂职锻炼。学校可以每年选派一部分专业教师到企业挂职工作,进行实践锻炼,参与生产单位的技术革新,为企业提供技术服务。在此过程中教师能够更新自身知识结构,提高自身实践能力。③引进企业人才,建立兼职师资队伍,优化"双师素质"师资队伍的结构。调用企事业单位人员、聘请生产一线技术管理人员到学校任教,他们能够把自己多年的实践经验、操作技能,以及新技术和社会对从

业人员素质的新要求带入学校，传授给学生，从而促进教学和实践的结合。同时，学校还可以让他们去培训教师，为"双师素质"师资队伍注入新鲜的血液。兼职教师对于职业教育来说，已不是弥补教师不足的权宜之计，而是一项必须长期坚持的建设任务。

（4）依靠教师培训基地，进行教师培训

教师培训基地在"双师素质"教师的培养中具有重要作用。在我国建立教师培训基地，是根据我国的国情和职业教育师资培养培训的特点提出的，目的是为中、高等职业教育教师的培养提供一个相对稳定的支撑体系。学校应在教师培训基地对教师进行培训，培训的重点包括以下三个方面。①对符合学历要求但缺乏实践经验的专业理论课教师普遍进行实践技术培训，便于他们在获得生产一线经验的同时能够参加社会职称考试，取得相应的技术职称。②对于从企业选调的专业技术人员和非师范院校毕业且有实践经验的教师应进行高等师范教育的培训。③对少数未达到学历要求的有培养前途的年轻教师应进行相应的学历达标培训。学校应充分利用教师培训基地，为教师提供培训的经费和时间，定期选派有培养价值的教师去对口基地学习，从而提高他们的知识水平。

第二章 高校"双师双能型"师资队伍建设的必要性与可行性分析

近年来，随着产业经济的迅速发展，产业结构与职业结构的调整也越发频繁。而高校人才培养的复杂性与时间周期导致人才培养存在滞后性，在市场供求上显示出明显的结构性失衡问题。为保障高素质技能型人才的培养，党的十九大报告指出，我们要"深化产教融合、校企合作"。高等院校"双师双能型"教师作为技能人才培养的主要施教群体，是提高人才培养质量、缓解人才供求结构性失衡的根本保障。因而产教融合背景下，加强"双师双能型"师资队伍建设既具有必要性，同时也具有可行性。

第一节 "双师双能型"师资队伍建设的必要性

随着我国"双一流"建设高校名单的公布和其重大教育项目的实施，关于地方本科院校发展的问题再次突显出来，一大批地方本科院校即将或正在向应用型大学转型。应用型大学通过开展校企合作，深化产教融合，培养高层次的应用型人才。在转型过程中涉及的因素是多样的，如人才培养目标、教学理念、教学方法等，这些都离不开教师群体的作用，他们不仅要承担教书育人的一般性功能，同时又需要掌握丰富的实践技能、了解前沿性的行业信息，并且要能够协助行业企业开展技术创新、产品研发、课题研究等一系列面向市场、面向产业、面向行业的活动。这就需要应用型高校对其师资队伍自觉进行改革，形成既符合高等教育要求同时又能适应企业生产需要的"双师双能型"师资队伍。因此，有效提高教师的实践操作水平和教学水平，形成一支集教学能力和实践能力于一身的"双师双能型"师资队伍，是地方本科院校转型发展的关键，也是发展应用型高等教育体系、深化产教融合的重要内容。

一、"双师双能型"师资队伍建设的益处

（一）有利于加强产教双向互动

产教融合，顾名思义是产业系统与教育系统双向整合的动态过程，学校和企业通过互动联通共同推进产教融合的发展，形成满足双方需求的利益共同体。教师群体是高校推进产教融合的重要参与者，也是高校与行业企业相结合的纽带。应用型高校建立"双师双能型"师资队伍，有利于加强学校和企业的双向互动性，这主要体现在以下三个方面。第一，高校将一些从学校毕业就直接留校任教的教师送到专业对口的行业企业进行挂职锻炼，可以加强教师与企业的结合，提高教师的实践能力。第二，高校从企业和其他学校引进一批具有应用型人才教学经验和一定实践经验的高水平教师来校教学，为校内专任教师与其交流提供了便利与机会，这不仅有利于教师掌握行业先进的技术，也有利于教师通过专业的理论知识为企业解决生产难题。第三，高校邀请行业大师、企事业单位优秀工程师或管理者进校，不仅能使其参与高校育人的动态过程，还能加强学校教师和企业技术人员之间的交流与合作，双方积极地学习互动，有利于理论与实践的互相渗透。所以，建设一支"双师双能型"师资队伍可使高校与企业双向互动式合作，从而促进校企双方、产教双方共同发展。

利益共生是"产教"双方寻求融合的出发点，也是现代组织得以构建、连接的根本原因。组织与组织之间相互需求、相互支撑，平等与需求是现代组织的基本特征。

企业作为以营利为目的，从事生产、流通、服务等活动的自主经营、独立核算的经济单位，营利是其运营的根本目标。对于企业来说，参与校企合作，与高等院校共同培养"双师双能型"教师，可以有效引进高校人才。虽然部分教师缺乏实践操作经验，但在企业技术开发、新产品开发等活动中，企业可以充分利用高校教师的专业理论优势，使高校教师与企业专业技术人员合作，取长补短、相互启发，帮助企业攻克技术难题，降低成本，提升产品效能，获取更大利润，从而达到"1+1>2"的效果。另外，企业在与高校合作的过程中，可以进行企业文化的输出与重塑。从企业管理角度出发，企业文化是一种以人为中心的新型企业管理方法，优秀的企业文化不仅有助于增强企业凝聚力，提高企业人才管理效能，同时还能作为吸引优秀人才的重要工具。在校企合作过程中，高等院校的教师与企业职工经过较长时间的接触，潜移默化地接受企业文化的熏陶，易对企业文化产生认同感，从而能在今后教授学生时对该企业进行较为正面的宣传。而从企业技术人员的角度来讲，他们在为他人讲解传授技

能知识的同时，也进一步强化了自身的技能。对于企业，其响应国家政策要求的优良举措，使其可以享受国家承诺的税收优惠政策，合理合法减少企业税收支出，提高企业的收入。

专业课教师实际操作能力不足，"双师双能型"教师人才的量与质都有待提高是现阶段高等院校普遍存在的问题。"双师双能型"教师实践能力的培养离不开企业的真实环境。高校与企业合作，一方面能切实增强教师实际操作能力，提高"双师"技能。另一方面，企业拥有一大批工程技术人才，通过校企合作，高校可以聘请行业专家、工程师和能工巧匠担任兼职教师。这样既优化了教师队伍结构，提高了教师队伍整体质量，又缓解了教师队伍人数不足的尴尬局面。同时，通过实践，教师可了解企业发展甚至整个产业发展的真实需求，有利于院校及时调整人才培养方案，避免人才供求的结构性失衡。

（二）有利于拓宽师资来源渠道

"重科研，轻实践"一直都是我国高等教育发展过程中存在的问题。高校聘请的大部分人都是从学校毕业就直接留校任教的教师，他们大多缺乏社会实践经验。有关调查显示，80%以上的教师从高校毕业后直接上讲台，有的学校甚至高达96%，这使得师资队伍的实践能力偏低，这类教师在指导学生动手实践时显得力不从心。应用型本科院校作为以产业需求、学生就业需求为导向的高校，要想培养出高层次的应用人才以服务地方经济的发展，不仅要在学校机构设置上设立校企合作处、实训基地等，也要在师资力量上做到"产""教"的深度融合。除校内的理论教师外，学校还应聘请来自企业生产一线、事业单位管理一线的实践技术水平高的专家来校传授新理论、新技术、新工艺、新方法、新规范。这有利于拓宽教师来源渠道，提高师资队伍的多元化和教学质量，为高素质应用型人才的培养提供有力保障。

（三）有利于以实现学生就业为导向

地方性作为应用型本科院校的基本属性，规制着其服务范围、发展目标和发展路径，这一属性要求其要围绕地方经济发展，培养出行业背景突出、综合技术技能高的高层次应用型人才，培养出的学生需要具备从事相关行业所需的实践能力、理论知识和综合素质。因此，应用型本科院校有必要根据目前市场或企业需求，对自身的学科建设、专业设置等进行改善与调整。学校应从师资力量出发，建立一支严格适应企业需要、以实践能力为本位、以岗位需求为标准的师资队伍，这是实现以学生就业为导向的前提与基础。仅有丰富的专业知识和较高的学术水平，而没有较强的实践技能，不了解企业的生产情况，或者仅有很强的实践技能而不懂得高等教育的基本规律和教学方法的教师，都是担不起应用型高等教育的重任的。"双师双能型"正是理论与实践这两方面素质在一个人身上的集中体现，只有这样的教师才能满足高校对专业课教师的基本要求，只有这样的教师培养出来的学生才能快速适应生产力的发展。

二、"两个需求"

产教融合的实施，使得企业作为主体参与人才培养。企业对人才培养发挥着重要作用，企业对产教融合的需求主要基于以下两个方面。

（一）人力资源的需求

企业对人力资源的需求，一方面是选用与企业岗位有较高匹配度的人员以降低企业运营成本。产教融合过程中的两大主体即应用型本科院校和产业中的企业。企业的运营与发展应以资源作为保障，其中很重要的一类资源即人力资源，充足且高质量的人力资源是企业发展的核心要素之一。与企业匹配度较高的人才不但可以保证企业经营活动的正常进行，而且可以为企业创造更多的价值。与岗位匹配度较低的人才则增加了企业的很多成本。企业的经营以盈利为目的，降低运营成本是企业所希望的，这对于一些刚起步的中小型企业尤为重要。人才的招聘、培训等都需要企业投入一定的资金。对中小型企业来说，降低企业人力资源配置中的成本对促进企业发展有重要意义。一些规模较小的初创型企业没有非常完善的选人用人制度，造成企业选聘人员时经常出现偏差，从而增加了企业的用人成本。所以，在产教深度融合的过程中，企业希望与学校进行深度合作，借此选用与岗位具有较高匹配度的人才，使之提前适应岗位，进而降低企业的运营成本。

另一方面是企业对于人力资源培训的需求。首先，是培训新员工的需要。企业招聘录用的新员工对于企业文化、工作岗位的要求或一些基本的技能等，并不一定掌握和理解，而且新员工的知识能力与岗位的实际需求之间可能还存在着一定的差距。因此，企业需要对员工进行培训，使其快速适应工作，融入企业。其次，是培训在职人员的需要。随着企业的发展、企业外部环境的变化以及新技术的出现等，员工需要与企业共同成长，因而企业需要对在职的员工进行培训。同时，对企业员工进行培训可以提高员工的能力与水平，进而提高企业自身的竞争力。然而，比起企业在专业领域方面的专业性，其在培训方面相对缺少专业性，甚至一些中小型企业内部并没有专门的培训部门可以对企业在职人员进行培训。基于以上分析，企业对于人力资源培训有很大的需求。通过产教融合，学校可以利用教育资源帮助企业进行员工的培训，满足企业的需求。

（二）企业发展的需求

在产教融合的背景下，企业希望通过与学校建立深层的合作，以促进企业的发展。

①利用学校教育资源、技术创新方面的优势，为企业提供技术、管理等方面的支持。促进企业发展的一个重要因素是技术，先进的技术能促进企业快速发展，技术并不只局限于生产技术，还包括了企业经营过程中的一些管理技术。

②提高企业知名度，树立良好企业形象的需求。良好的企业形象对企业的发展具有很大的促进作用。企业与学校深度融合，学生是行业未来的领航者和主力军，企业通过对学生的培养以及让学生参与企业的经营管理过程，让未来企业的主力军了解并认同企业，拓宽了企业宣传的渠道。

③获得政策性优惠的需要。企业是通过经营获得经济利益的组织，经济利益是企业发展所关注的。降低企业的运营成本是企业获取利润的一种方式，通过校企合作，企业可以获得政府的政策性优惠，如减免税收、贴息等，企业还可以在与学校共同开展的生产性合作中获得经济利益。

④建立学习型企业的需要。企业生存的同时要谋求发展，经济快速发展带来技术的不断创新，企业要跟上时代的发展。企业的发展离不开对新理念、新方法的学习，这就需要企业具有不断学习的能力，因此建立学习型的企业成为企业发展的重要举措。企业可在与学校深入合作的过程中带动企业员工主动学习。

三、保障人才培养质量

管理学经典定理之——哈巴德定理认为，一台机器可以替代50个工人的工作，然而任何机器都不能取代人才的工作。这充分表明了人才的不可替代性，使其具备更大的价值与使用价值。因而提升人才培养质量不仅是企业与社会进行人力资本积累的需要，也是劳动者自我发展的需要。当前我国人力资源结构发展十分不均衡，具体表现为中低端人才产能过剩，高端技术技能型人才供给严重不足，"技能危机"现象突出，这将阻碍我国产业结构的调整与升级。加大力量实现人力资源供给侧改革，提升人力资源质量成为经济社会发展的首要问题。

　　人才的培养离不开教师，建设一支既能传授理论知识又能指导实践操作的"双师双能型"师资队伍是培养高素质技术技能型人才的根本保障，同时也符合经济社会发展的需求。然而，现实状况下"双师双能型"教师数量不足、结构不合理、质量有待提高成为制约职业教育发展的重要因素。企业作为以营利为根本目标的经济机构，在当前产业结构不断优化升级、社会分工专业化程度越来越高的现实状况下，传统的以资源密集型和劳动密集型为主导的生产模式不再适应现代化企业发展的需要，要获取更大利润，企业自身必须做出改变，从以依靠资源和廉价劳动力为主导向以依靠科技和人才为主导不断转化。企业需要技术技能型人才，而专门培养高素质技能型人才的高等院校因缺乏优质的教师而阻碍了人才的培养，这从一定意义上也阻碍了企业的转型升级。企业作为经济社会生产中的重要主体，既是资源和实践平台的供给者，同时也是人才与产品的获益者。培养高素质的师资队伍，就是培养高素质的技术技能人才队伍。通过校企合作，加强"双师双能型"师资队伍建设，既是职业教育发展的内在需求，也是保障人才培养质量，推动企业顺利转型升级的关键。

四、符合发展本质要求

　　马克思主义的发展观和联系观指出，世界是永恒发展的，万事万物都处在发展之中且相互之间具有联系性。事物之间的相互联系、相互作用促成了事物的变化和发展，也促成了新事物的产生。新事物若能顺利存在，其必然是顺应客观发展规律与现实需求的。

　　从校企合作来说，一方面，职业教育中校企合作、产教融合的思想是教育本身的内在要求，顺应企业发展的规律，让"产"与"教"双方都能获益。人才培养的质量是职业教育的生命线，而要提高职业教育人才培养质量，就需要学校与企业深度融合。企业既能为学校提供实习实训的场地及设备，还能为学校提供一线高技能人才。职业教育注重产业技术类高技能人才的培养，这就需要学校与企业建立合作关系，而产教融合为"产""教"双方找到了契合点，双方围绕人才培养质量这一核心命题，为培养出适应产业与社会发展的高技能型人才而努力。另一方面，校企合作培养"双师双能型"教师是经济社会发展的本质要求。合作是人类永恒的主题和难题，人无爪牙之利，筋骨之强。人类文明的延续和发展只能依靠人类分工与合作的扩展和深化。正如亚当·斯密在《国富论》中指出，劳动生产力上最大的改进，似乎都是分工的结果。建立在分工基础上的合作（合作的方式包括政府计划、市场交易和第三部门协调）同分工相互促进，增进了整个社会的福利。当前，科学技术的迅速发展使得产业经济结构升级的速度大大加快,工作岗位需求综合化特征日益突显,教育的"边界性"也逐渐消失,职业教育作为与经济社会、职业岗位联系最为紧密的教育类型,其人才培养迫切需要与政府,特别是行业、企业在内的各类组织合作,实现优势互补,共同培育适应产业经济发展需求的高素质技术技能型人才。

五、"双师双能型"师资队伍建设的重要性与长期性

(一)"双师双能型"师资队伍建设的重要性

应用型高等院校的人才培养目标是为生产、建设、管理、服务一线培养社会主义现代化所需要的技能型专门人才。学生要有较强的实际动手能力,如在引进或推广先进技术、应用先进设备、解决实际问题等过程中,有较强的消化、吸收、改进和创新能力,这种能力的培养主要是通过实践教学环节来实现的。传统教育只看重知识的传授,而忽视了能力的培养。应用型高等院校不仅重视素质、知识和技能的培养,而且更加重视动手能力、创新能力和创业能力的培养。小康大业,人才为本。随着市场经济竞争的加剧,人们必须突破旧体制下形成的固有观念,切实建立和形成适应市场经济的学校运行机制和师资队伍,为社会培养"下得去、留得住、用得上、干得好"的应用型人才。因此,应用型高等院校必须充分认识"双师双能型"师资队伍建设的重要性,积极努力建设一支师德高尚、教育观念新、改革意识强、具有较强教学水平和较强实践能力的专兼职结合的"双师双能型"师资队伍。

建设"双师双能型"师资队伍是高等教育走"中国道路"的迫切需要。中华人民共和国成立初期,职教教师的培养以学校独立培养为主,师资渠道主要是优秀毕业生留校任教。但随着经济社会的发展和产业结构的转型升级,单一的校本培养模式已无法适应经济社会的发展需要,也无法满足高素质劳动者和技术技能型人才培养的需要。职教师资迫切需要走出去与企业合作,这不仅是我们学习德国等职业教育先进国家的既有成功做法,也是我国职教师资队伍建设长期探索并实践出来的"中国道路"。

"双师双能型"师资队伍建设能够进一步深化产教融合,提升教学质量。首先,"双师双能型"教师本身就具有一定的企业实践经历,他们对企业的工作模式及企业对员工技能的需求较为了解,能有针对性地建议学校根据企业需求变化进行人才培养方案的补充和修正。同时,企业也可以利用学校丰富的教学资源和学生资源,开展人才招聘、员工培训和技术指导等活动。高等院校和行业企业在产教融合项目中都能实现自身的利益诉求,让产教融合项目进一步

深化。其次，"双师双能型"师资队伍建设对教师提出的教授实践技能的要求，能改变过去传统的"填鸭式"或"情景模拟式"教学方法，使得教师将教学中心的位置还给了学生，减少了学生毕业后的岗位磨合时间。"双师双能型"教师的教学缩短了理论转化为实践的时间长度，增加了学生的满足感，让学生的技能得到全面施展，从而提升了学校的教学质量。

（二）"双师双能型"师资队伍建设的长期性

建设一支数量足、素质高的"双师双能型"师资队伍不是一朝一夕可以实现的，需要较长时间的努力。成为一名名副其实的"双师双能型"教师，对教师在思想素质、知识、能力等方面的要求是很高的。而人的知识积累、能力提高是一个由浅入深、由低到高的渐进发展的过程。

在当前的应用型高等教育中，学校结合自身的特点，形成符合应用型高等教育要求的"双师双能型"师资队伍，不论从专任教师个体来说，还是从师资队伍整体结构来说，不论从数量上，还是从质量上；不论从各种政策措施的建立和完善上，还是从各项措施实践成效的检验上，都不是一朝一夕就可以实现的，必须经过较长时间的不懈努力。

"双师双能型"的条件也是在不断发展变化的。无论是"双师双能型"师资整体还是教师个体，都需要常抓不懈，与时俱进。21世纪，科学技术的发展一日千里，知识"爆炸"式发展。在这样的形势下，对"双师双能型"教师内涵的理解、条件的把握等，必须与时俱进，根据形势的发展变化，不断赋予其新的内涵。对于教师个体来说，"双师双能型"不是终身制的，教师必须不断学习、更新知识，提高自己的教育教学能力，尤其要经常性地去企业实践，提高自己的实践能力。对于师资队伍整体来说，"双师双能型"教师占师资队伍的比例也不是一成不变的，学校需要根据新形势、新任务的要求，确定新的培养目标，不断提出新的要求，采取新的措施，推动师资队伍整体水平的提高。

第二节 "双师双能型"师资队伍建设的可行性

一、技术可行性：校企合作的逐步深入

从20世纪80年代，我国高等职业教育正式起步开始，校企合作这一重要思想便蕴藏在我国高职教育理论与实践的发展进程中，且随着高职教育的发展和社会经济环境的变化而不断发展。1991年，《国务院关于大力发展职业技术

教育的决定》中明确了职业教育教学要实行产教结合模式，标志着我国职业教育教学培养模式变革正式开始。但在这个阶段，校企合作的广度和深度都有待提升，产教结合也尚处于起步阶段。从企业的角度看，企业的参与意识和参与能力都有待提升，主要是单向地为高等院校的学生提供"见习""实习"机会。实践教学设备不足和师资队伍人才短缺是高校与企业合作的主要原因。

步入 21 世纪，经济社会发展迅速，企业对技术人员的需求不断扩大，高等教育也随之步入了高速发展阶段。这一阶段，政府发挥了重要作用，出台了一系列的相关政策。在国家政策的引导下，高等院校开展校企合作的意愿得到进一步加强，纷纷成立专门的校内机构，深入推动校企合作，校企合作的流程与机制得到进一步完善。同时企业参与意识和能力的提升使得校企合作的形式逐渐多样，领域也逐步扩大，如成立职教集团实施集团化办学，校企合作设立专门的"订单班"以及实行现代学徒制、新型学徒制的试点等，涉及学生培养、教师培训、合作开发等多个方面。在价值取向上也从单纯的学校或学生获益，向校企双赢或学校、企业、学生、社会多赢发展。

近年来，在高职示范校、骨干校以及优质校建设计划的相继实施下，我国高职教育校企合作、产教融合思想在不断的反思中逐步走向深化。在这一阶段，高职教育界围绕校企合作的动力机制、运行机制、合作平台和教育模式等问题，进行广泛的探讨和研究。广大高等院校在原有合作的基础上，也纷纷探索新的合作模式和运行机制，试图在校企合作方面取得突破。高职教育校企合作从"校企联合"逐步向具有交互性特征的"校企一体"模式转化。

从我国校企合作、产教融合模式的发展历程来看，20 世纪 80 年代至今，我国高等院校校企合作办学模式在不断的探索与实践中实现了从无到有，从浅到深，从单向到交互的转变，取得了较为显著的成效。虽然直到今，天在其运行过程中仍然存在一些体制机制障碍，但校企合作的不断深入为我们培养"双师双能型"教师提供了丰富的理论与实践经验，提高了"双师双能型"师资队伍建设的技术可行性。

二、经济可行性：社会发展的现实需求

企业是技术创新的主体，但是并不意味着企业具备技术创新的所有优势，如技术人才、最新科学技术成果等。现代科技和经济所具备的固有特点，要求产业集群中企业与高校必须合作，共同发展高新技术及其产业。从属性与使命来看，高等职业教育作为专门培养技术技能人才的教育类型，兼具职业教育与高等教育的双重属性，承担高素质人才培养与高技能社会服务的双重使命。企

业作为经济社会的重要生产经营单位，具有经济性属性，承担着向经济社会提供产品或服务的重要使命。近年来，产业结构不断优化升级对高等院校以及企业都提出较大挑战。特别是对企业而言，产业结构的优化升级意味着企业生产要素与生产模式的变化与升级。在新形势下，企业要生存，就必须提高以技术、管理为核心的生产要素占比，企业需要通过聘任高素质的具有创新能力的技术技能人才，不断提升自身技术创新能力，向知识与技术密集型企业转变，以获取更大生存空间，因此企业对高等院校存在一定的人才和技术依赖。而对于高等职业院校而言，作为专门培养技术技能人才的教育机构，培育适应产业经济发展需求的高素质技能人才是其存在的根本意义。学校作为以知识传授为主的教育场所，相较企业来说，能够提供的技能操作与培训资源有限。而技能型人才的培养、优质产品的输出归根结底离不开一个"做"字，学校应为学生创造机会，让学生到企业去，参与企业生产，感受企业的真实生产环境，在企业师傅手把手、心连心传授技术技能的过程中，获得浸润式的培育。因而学校对企业存在资金、场地及设备依赖。

经济社会要发展，产业结构要升级，校企双方作为现代经济社会重要的组织结构，存在深刻的资源依赖关系，这种依赖关系为其合作建设"双师双能型"师资队伍提供了经济可行性。

三、社会可行性：政策体系的逐渐完善

高职教育的大力发展，除了有赖于各院校自身的辛勤探索与实践外，还有赖于国家政策的大力支持。从 20 世纪 80 年代我国高等职业教育正式起步以来，"双师双能型"师资队伍建设始终是国家政策研究关注的重点问题之一。

从师资培养培训的相关政策来看，1985 年，《中共中央关于教育体制改革的决定》提出加强职业教育教师培训的要求，但其中并未涉及具体的培训内容、方法等。后来，随着经济社会的不断发展，加强职教师资培养培训的认识被不断深化，1996 年颁布的《中华人民共和国职业教育法》中提出，政府和有关部门应当将职业教育教师的培养和培训工作纳入师资队伍建设规划。与此同时，"双师双能型"教师概念开始出现并引起较为广泛的关注。1997 年，国家教育委员会《关于高等职业学校设置问题的几点意见》中首次提出了职业学校的师资队伍中要配备"双师双能型"教师，但对"双师双能型"教师的认定及培养培训尚未有明确表述。步入 21 世纪，随着高职教育进入发展的快车道，国家对高等院校师资队伍的建设力度也随之加强。2002—2005 年，短短四年间我国连续召开了三次全国性的职教大会，期间发布了《关于加强高职（高专）

院校师资队伍建设的意见》《教育部等七部门关于进一步加强职业教育工作的若干意见》《国务院关于大力发展职业教育的决定》，不仅对"双师双能型"师资队伍建设提出了具体要求，还提出我们要建立符合职业教育特点的教师继续教育进修和企业实践制度，为职业教育教师成长铺平通往更高层次的进修渠道——在职攻读硕士和博士学位。以上表明职业教育师资培养体系逐渐形成。

2006年，教育部提出"注重师资队伍的'双师'结构，改革人事分配和管理制度，加强专兼结合的专业教学团队建设"。企业参与师资培养培训的主体地位日渐突显。《教育部关于进一步完善职业教育教师培养培训制度的意见》以及《现代职业教育体系建设规划（2014—2020年）》则进一步提出要完善"双师双能型"教师培养培训体系，包括改革教师资格和编制制度、改革职业院校用人制度、完善教师培养和培训制度等，我国职教师资队伍建设逐渐向规范化、制度化发展。

近年来，产业经济发展的现实需求使得校企之间的交流与合作愈发密切。为进一步对接产业发展需求，2018年，《教育部关于实施卓越教师培养计划2.0的意见》中提出要重点探索校企合作"双师双能型"教师培养模式。2019年，国务院印发《国家职业教育改革实施方案》，该方案除了再次强调要推动校企深度合作外，更首次提出，从2019年起，职业院校专业教师从具有三年以上企业工作经历的人员中招聘，完善企业经营管理和技术人员与学校领导、骨干教师相互兼职兼薪制度，进一步疏通校企之间人员的双向流动渠道，完善教师聘任与管理制度。政策体系的不断完善与支持，为校企合作培养"双师双能型"教师提供了强有力的政策保障。

第三章 高校"双师双能型"师资队伍建设的现状与问题

第一节 "双师双能型"师资队伍建设的现状

一、我国部分地区"双师双能型"师资队伍建设现状

（一）南宁市"双师双能型"师资队伍建设的现状

1. 现状调查的内容

调查研究的内容主要包括以下十一个方面：

①师资队伍结构，包括性别结构、年龄结构、学历结构、职称结构等；

②任课教师的来源情况；

③教师对工作的满意程度；

④"双师双能型"教师的外部动力，包括一些鼓励措施，培训经费等；

⑤"双师双能型"教师实践技能培养体系情况；

⑥"双师双能型"教师职称评定情况；

⑦"双师双能型"教师的收入待遇情况；

⑧"双师双能型"教师的培训机会和需要情况；

⑨对"双师双能型"教师管理制度与体制的认识；

⑩对"双师双能型"教师本身的认识；

⑪学校人事部门关于"双师双能型"教师的一些看法和建议。

2. 现状调查的程序

①问卷的设计。"双师双能型"师资队伍现状调查是一个复杂的过程，涉及教育的方方面面。这其中既有确定因素，也有诸多非确定因素，它不仅涉及

教育行政部门、培训部门、任职单位、教师、学生等诸多因素，而且涉及计划制订、组织实施、考核评价、总结提高等各个环节。本问卷力求涵盖高职"双师双能型"教师的各个主要方面，共设计了24个问题，分为五大类：被调查者的基本信息（6题），有关"双师双能型"教师的政策（3题），"双师双能型"教师的目标（3题），对"双师双能型"教师的认识（7题），对"双师双能型"教师的评价和要求（5题）。

②调查的实施过程。本次调查是抽样调查，采用问卷调查法和访谈法，共向6所学校发放调查问卷。这6所学校分别是广西机电职业技术学院、南宁职业技术学院、广西国际商务职业技术学院、广西农业职业技术学院、广西电力职业技术学院、广西经贸职业技术学院。调查对象是专任教师。在问卷的设计过程中，笔者曾多次到各学校进行问卷的试测，并根据与试测教师的访谈来修订问卷。在正式发放问卷时共发放300份，回收276份，回收率92%。其中有效问卷248份，有效率90%。这里采用SPSS11软件对问卷各项调查项目进行频数统计，依据图表对结论进行分析，力图从中透视南宁市高职"双师双能型"教师在内容、形式、政策、实施效果等方面存在的问题。

③调查对象。第一类是学校专任教师，第二类是学校人事部门，第三类是学校兼职教师，第一类对象主要采用的是问卷调查结合教师访谈的形式。第二类和第三类调查对象采用的是个别访谈的形式。任课教师的来源情况如图3-1所示。

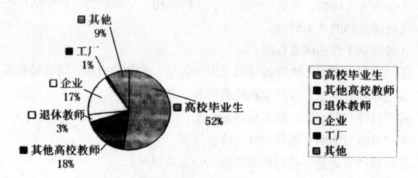

图3-1 任课教师的来源情况

由图3-1可以看出，大部分教师来源于高校毕业生，他们理论知识很丰富，但实践经验不足，成长起来需要时间，还需要适宜的"双师双能型"教师发展的环境。而来自企业的教师和来自工厂的教师仅占17%和1%，企业技术人员中理论基础扎实、实践经验丰富的大多是业务骨干，"双师双能型"师资队伍正是需要像他们这样的人,而他们却因为政策不配套、人员流动困难等原因很难补充到职教师资队伍中来。

教师类别结构指公共基础课教师、专业基础课教师、专业课教师、实践指导课教师和兼职教师所占的比例,如表3-1所示。

表3-1 教师的类别结构

教师类别	公共基础课教师	专业基础课教师	专业课教师	实践指导课教师	兼职教师
所占比例	18%	6%	61%	8%	7%
其中"双师双能型"教师占比			40%		19%

从表3-1可看出,专业课教师所占比例高于公共基础课教师所占比例。从教学任务的分配上看,匹配还算合理。但实践指导课教师所占的比例偏低。其中"双师双能型"教师占专业基础课、专业课和实践指导课教师的40%,尚未达到教育部有关高职师资队伍建设条款中的合格标准(50%)。兼职教师仅占全部教师的7%,这和教育部要求的20%相差甚远,而兼职教师中的"双师双能型"教师仅占兼职教师的19%。

④"双师双能型"教师的培养情况。

a."双师双能型"教师实践技能培养情况(见表3-2)。

表3-2 "双师双能型"教师实践技能培养情况

您认为贵校是否重视科研成果和理论教学而忽视实践教学	不重视	重视	比较重视	很重视	其他
	22%	24%	41%	9%	4%
您认为贵校是否注重专业课教师的职业技能和实践能力的培养	不重视	重视	比较重视	很重视	其他
	57%	19%	19%	4%	1%

职教师资相对普通高校师资有其特殊性,对高职"双师双能型"教师进行管理时要考虑其特殊性。目前大多数学校都忽视了"双师双能型"教师的管理特性,从表3-2中可以看出,教师认为本校重视科研成果和理论教学而忽视实践教学的占24%,认为比较重视的占41%,认为很重视的占9%,而认为不重视的仅占22%;有57%的教师认为本校不重视专业课教师的职业技能和实践能力的培养,仅19%的教师认为本校重视专业课教师的职业技能和实践能力的培养。学校如果缺乏完善的实践技能培训体系,将阻碍教师专业能力的深入发展,也会挫败"双师双能型"教师发展的信心,从而影响整个学校的发展。

b."双师双能型"教师职称评定情况（见表3-3）。

表3-3 学校是否重视"双师双能型"教师的调查

您认为贵校是否重视对教师第二职称的管理	不重视	重视	比较重视	很重视	其他
	44%	21%	28%	3%	4%
您认为贵校是否重视第二职称任职资格认定的聘任政策	不重视	重视	比较重视	很重视	其他
	38%	38%	18%	5%	1%

现行高职教师的职称评定体系基本都是套用的"本科标准"，没有自己独立的做法。职教师资的考核评价，应侧重于应用性、实践性，而其衡量尺度是教师在教学中理论联系实际的程度和解决实际问题的能力。我们提倡高等院校毕业生的"双证制"，那么教师也该具有"双证"，即相应的学历证书和技术等级证书，技术等级证书应作为教师职务晋升的必要条件。从目前的情况来看，有44%的教师认为本校是不注重对教师第二职称的管理的，38%的教师认为本校不重视第二职称任职资格认定的聘任政策，38%的教师认为本校重视第二职称任职资格认定的聘任政策。职称评定体系的不科学不利于高职教师走"双师双能型"的发展道路。那些具有一定教学和学术水平又有较强实践能力的"双师双能型"教师往往因精力分散评不上高级职务，这使这些教师感到发展"双师"不如提高"单师"，挫伤了教师走"双师双能型"发展道路的积极性。

c."双师双能型"教师的收入待遇情况（见表3-4）。

表3-4 教师对收入的反应情况调查

贵校在福利待遇方面，"双师双能型"教师比非"双师双能型"教师	好很多	好一点	差不多	低一点	其他
	3%	28%	60%	1%	8%
您现在的收入水平与您的学历水平、知识结构是否挂钩	挂钩		不挂钩		其他
	35%		63%		2%

从表3-4可以看出，认为本校"双师双能型"教师与非"双师双能型"教师在福利待遇上差不多的占60%，仅有3%的教师认为好很多，28%的教师认为好一点。而认为本校教师的收入水平与教师的学历水平、知识结构挂钩的只占35%，认为不挂钩的占了63%。这说明"双师双能型"教师与非"双师双能型"教师在福利待遇上还没有很明显地区分开来。深入生产、管理、服务一线从事实践学习以提高实践能力的教师，得不到与从事理论学习或教学的人员同等的物质待遇，这让许多教师感到不划算，导致教师参与实践的积极性不高。

这说明高职教育还没有制订出符合自身特色的激励制度,使得"双师双能型"师资队伍建设缺少有力的工作杠杆。

d."双师双能型"教师的培训机会和需要情况(见表3-5)。

表3-5 教师对培训机会态度的调查

贵校"双师双能型"教师在上岗后是否有继续进修与培训的机会	没有	有	其他	
	60%	35%	5%	
贵校"双师双能型"教师的进修与培训的机会与非"双师双能型"教师相比	多很多	略多	差不多	其他
	12%	21%	61%	6%
如果没有津贴,安排您去培训或学习半年以上,您愿意去吗	愿意	不愿意	其他	
	80%	16%	4%	

在职业院校,专业课教师的培训不足严重影响了"双师双能型"师资队伍的建设。从调查的情况看,60%的教师认为本校的"双师双能型"教师在上岗后没有继续进修与培训的机会,仅有35%的教师认为"双师双能型"教师有继续进修与培训的机会。61%的教师认为"双师双能型"教师与非"双师双能型"教师的进修与培训的机会差不多。由此可见,目前,由于诸多原因,职业院校的"双师双能型"教师的继续进修与培训的政策与措施还没有真正落到实处,更不用说深入人心了。而只要有机会,即使没有津贴,教师也是乐意去培训或学习的。如调查显示,有80%的教师表示在没有津贴的情况下也愿意参加培训学习,只有16%的教师表示不愿意。

e.对"双师双能型"教师管理制度与体制的认识(见表3-6)。

表3-6 教师对现行管理制度的看法

您对贵校现行的教师管理体制满意吗	很不满意	不满意	满意	较满意	很满意	其他
	7%	45%	28%	19%	1%	——
您对贵校在"双师双能型"教师队伍建设中制定的一系列制度与采取的措施的评价	很不满意	不满意	满意	较满意	很满意	其他
	6%	43%	22%	24%	4%	1%

表3-6反映分别有7%和45%的教师对本校现行的教师管理体制很不满意和不满意,只有28%的教师对本校现行的教师管理体制满意,19%的教师较满意。有6%的教师很不满意本校在"双师双能型"教师队伍建设中制定的一系列制度与采取的措施,有43%的教师不满意,仅22%的教师满意。学校的教师管理制度包括教师引进、职称评定、工资待遇、培训进修等。目前,高职

师资队伍的管理还未摆脱传统管理模式的束缚,除了思想认识等方面的原因外,主要是在实践上缺乏一套切实可行的管理体制。高等职业教育在我国尚处在起步阶段,在各方面准备不足的情况下发展,师资建设必然会存在一些问题。"双师双能型"教师管理体制的建立不是一蹴而就的,而是一个不断调整补充的过程。

f. 被调查对象的工作态度(见表 3-7)。

表 3-7 被调查教师对工作的态度

您对现在的工作满意吗	很满意	较满意	满意	不满意	很不满意
	——	32%	35%	33%	
如果有公司高薪请您去,您会怎么做	去	不去	停薪留职		不确定
	40%	11%	35%		14%

从表 3-7 中可以看出,在被调查的学校中,由于种种原因,部分教师对目前的工作不满意。例如,当问到"您对现在的工作满意吗"时,有 32% 的人回答"较满意",有 35% 的人回答"满意",有 33% 的人表示"不满意"。而当问到"如果有公司高薪请您去,您会怎么做"时,有 40% 的人选择"去",35% 的人选择"停薪留职",还有 14% 的人选择"不确定",而只有 11% 的人表示"不去"。从上述数据可以反映出,当前的职教工作者对于自身的境况和发展前景缺乏信心和耐心,同时也体现出其对当前工作的消极态度。为什么会出现这种情况,这是职教领域急需解决的一个问题。

g. 对"双师双能型"教师本身的态度(见表 3-8)。

表 3-8 教师对"双师双能型"教师的态度

在知识与能力上,贵校"双师双能型"教师与非"双师双能型"教师相比	强很多	略强	没明显区别	不清楚
	5%	40%	32%	23%
您对"双师双能型"师资队伍建设的前景怎么看待	充满信心	有些希望	前景渺茫	无所谓
	10%	79%	10%	1%
您愿意成为"双师双能型"教师吗	愿意	不愿意	没考虑好	无所谓
	92%	2%	2%	4%

表 3-8 显示出对于"双师双能型"教师本身的一种合理评价。比如说,在问及"在知识与能力上,贵校'双师双能型'教师与非'双师双能型'教师相比"时,40% 的人表示"略强",而 32% 的人则表示"没明显区别",还有 23%

的人表示"不清楚"，这一回答说明了他们对"双师双能型"教师所具备的能力与素质信心不足，反过来说，"双师双能型"教师也还没有做出任何让他人刮目相看的成绩。虽然他们对"双师双能型"教师现有的状况不甚看好，但对"双师双能型"教师的发展前景和趋势则是一致看好的，并且想法非常理智和合理。例如，在问到"您对'双师双能型'师资队伍建设的前景怎么看待"时，79% 的人表示"有些希望"，而仅有 10% 的人表示"充满信心"，这一结果表明他们对"双师双能型"教师有较深入的认识，清楚"双师双能型"师资队伍建的设不是一朝一夕的事情，需要长久的计划和努力。同时，这一结果也可以从下一个问题得到验证，即在问到"您愿意成为'双师双能型'教师吗"时，有 92% 的人表示"愿意"，只有 2% 的人表示"不愿意"。从上述数据和对其的分析中可以看出，"双师双能型"教师的培养与培训既是高等职业院校发展的重要内容之一，同时也是高等职业院校教育工作者的心之所向。

（二）长春市"双师双能型"师资队伍建设的现状

随着社会经济的飞速发展，高等教育的教育质量和办学效益直接关系到我国 21 世纪劳动者和专门人才的素质以及社会主义现代化进程。高等教育按其本性要求健康发展，除必须重视目标定位、人才培养模式、教学模式等问题外，还需要重视师资队伍建设问题。建立一支人员精干、素质优良、结构合理、专兼结合、特色鲜明、相对稳定的"双师双能型" 师资队伍尤为重要。它既是高等教育师资队伍建设的重点，又是难点，是我们努力实现的目标。

就目前状况来看，无论是中专升格的或是成人高校转制的，无论是"新机制"的或是民办的职业院校，其发展都会不同程度地受到起点条件的限制。教师的工作观念、自身素质仍受到传统模式的影响，大多数学校缺乏"双师素质"教师，"双师双能型"师资队伍建设滞后。以上问题若不加以解决，势必影响高职教育的健康发展。

下面以吉林交通职业技术学院"双师双能型"师资队伍建设为例，说明长春市"双师双能型"师资队伍建设的现状。

1. 基本状况

（1）师德状况

通过调查，学院非常重视教师的思想政治工作，也非常重视教师的职业道德水平的提高。坚持开展政治学习活动，组织教师学习马克思列宁主义、毛泽东思想、邓小平理论、"三个代表"重要思想、科学发展观、习近平新时代中国特色社会主义思想。引导教师树立正确的世界观、人生观和价值观。体现在教学上，就是要求教师要有正确的教育观、质量观和人才观。在该学院开展的教师"过六关"的活动中，把"师德关"放在了首位。学院采取学生问卷打分的形式，从"热爱教育事业、有责任感、乐于奉献、为人师表、爱护学生、公正无私、勇于创新"等方面对教师进行思想道德素质的评价。评价结果表明：有 97.5% 的教师被评为优秀；2.5% 的教师被评为良好。全院在职教师的过关率达到 100%。通过这项活动，教师更加认识到自己工作的重要性，更加注意自身的政治学习，不断提高自身的道德认识、增强自身的道德情感、坚定自身的道德信念、锻炼自身的道德意志，从而形成良好的品质，这有力地推动了学院教学工作的发展。据统计，在全院的专任教师中，中共党员占 33%、民主党派占 2.2%、入党积极分子占 23%。自学院成立以来，1 人被评为国家级优秀教师；14 人被评为省级优秀教师；2 人被评为"省师德先进个人"；2 人被评为"省优秀党务工作者"。

以上的调查结果反映出：该学院明确地认识到师德水平的高低直接影响所培养人才的质量，关系到高职教育的成败。有中国特色的高职教育不能只教学生技术，受教育者的品德与其所学的技能同样重要。优良的品德能使技能发挥更大的作用，而学生优良品德的养成得益于教师的言传身教。因此，学院必须提高高职教师的师德水平。在了解到该学院教师的思想政治、职业道德素质状况良好的同时我们也发现了一些问题。由于我国高职教育起步较晚，高职教育的思想还未被大多数人所接受。个别教师对自身的地位没有正确的认识，认为高职教师在高等教育师资队伍中低人一等。在我们设计的调查问卷中：8.9% 的教师存在这样的观念；5.6% 的教师不能准确地说出高职教育人才培养模式、基本特征和发展前景；7.8% 的教师对"双师双能型"师资队伍的理念认识不清。另外，我们还发现极个别教师教书育人的观念有所淡化，他们"一切向钱看"，把传授知识的过程变为商品交换的过程。把教师与学生、教师与家长、教师与社会等关系商品化。尤其"双师双能型"教师的"第二师"身份很容易使教师热衷于第二职业而漠视本职工作，在教学中简单敷衍。虽然这只是个别现象，但是反映出教师的师德建设工作在任何时候都不能被忽视。

（2）结构状况

该学院的师资队伍是由中等专业学校教师、高等教育成人院校教师及中等技工学校教师组成的。这是高职教育中较为典型的师资组成结构。从师资队伍的结构状况入手，通过对统计数据进行分析，可以看出该学院"双师双能型"师资队伍的结构、业务水平、文化素质等方面的状况。

①教师的来源。该学院专业基础课教师、专业课教师和实践指导课教师共计172名，其中"双师素质"教师110名，教师来源见表3-9。

表3-9　教师来源

教师类别	毕业生分配／位（所占比例）	高校调入／位（所占比例）	企业调入／位（所占比例）	科研机构调入／位（所占比例）
专业基础课教师	13（93%）	0（0）	1（7%）	0（0）
专业课教师	134（96.5%）	2（1.4%）	2（1.4%）	1（0.7%）
实践指导课教师	18（94.7%）	0（0）	1（5.3%）	0（0）

该学院教师的主要来源是高等院校毕业生，从企事业单位及其他渠道引进人员的比例较低。

②教师的类别结构（见表3-10）。该学院专职教师共有232人。这里的教师类别结构指公共基础课教师、专业基础课教师、专业课教师、实践指导课教师和兼职教师所占的比例。

表3-10　教师类别结构

教师类别	公共基础课教师	专业基础课教师	专业课教师	实践指导课教师	兼职教师
数量／位	60	14	139	19	20
所占比例	23.8%	5.6%	55.2%	7.5%	7.9%
其中"双师素质"教师所占比例	64%				25%

从表3-10中可看出，该学院专业课教师所占比例高于公共基础课教师所占比例。从教学任务的分配上看，匹配还算合理。但实践指导课教师所占比例偏低。其中"双师素质"教师占专业理论课教师、专业课教师和实践指导课教师的64%，达到了教育部有关高职师资队伍建设条款中的合格标准，但与70%的优秀标准之间还有一段距离。兼职教师仅占学院所有教师的7.9%，这和教育部要求的20%相差甚远，而兼职教师中的"双师素质"教师仅占兼职教师的25%。

③教师的学历结构。这里教师的学历结构指专业基础课教师、专业课教师及实践指导课教师中"双师素质"教师的学历结构，如图3-2所示。

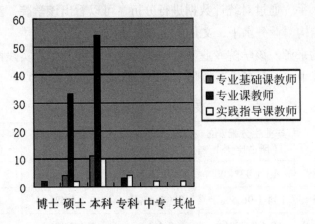

图 3-2　教师学历结构

从图 3-2 可看出该学校"双师素质"教师中研究生以上学历的教师占专业基础课教师、专业课教师和实践指导课教师的 24.8%，离教育部要求的 30% 的标准还有一定距离。另外，实践指导课教师中具有"双师素质"的教师学历偏低，还有专科、中专甚至技校毕业的教师。这说明该学校"双师素质"教师的学历有待提高。

④教师的职称结构（见图 3-3）。这里教师的职称结构指专业基础课教师、专业课教师及实践指导课教师中"双师素质"教师的职称结构。包括教师专业技术职称和"第二师"职称情况。该学校"第二师"职称主要包括路桥工程师、监理工程师、汽车修理技师、网络工程师等，也分为高级、中级和初级，如图 3-4所示。

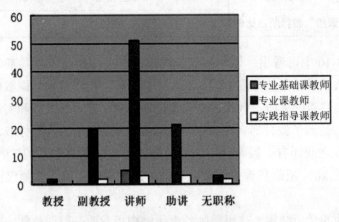

图 3-3　教师专业技术职称情况

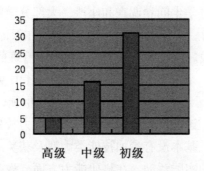

图 3-4 "第二师"职称情况

从图 3-3、图 3-4 可以看出，该校"双师素质"教师具有副教授以上职称的人数较少，具有讲师职称的教师所占比例较大，还有一些教师没有专业技术职称。具有"第二师"职称的教师数量不多，且职称层次不高。如果按照"双职称"就是"双师"这一标准来衡量"双师素质"教师的资格，那么该学校的"双师素质"教师的数量达不到及格的标准。

（3）能力状况

一支素质优良的"双师素质"师资队伍对教师的理论能力、实践教学能力、研究能力、管理能力和与人相处能力等都有特殊的要求，现将近三年对该学校"双师素质"教师能力状况的调查结果总结如下。

①理论教学能力。在课程建设方面，该学校专业课有两门主干课程被评为省级精品课程，六门课程被评为省级优秀课程，课程组成员均为"双师素质"教师。在教学手段的运用方面，有五门课程的课件制作分别获得"省现代技术大赛"二、三等奖。在教学综合能力的考核方面，有 15 名专业课教师分别获得学院教学大赛一、二、三等奖。

②实践教学能力。就教师自身来讲，该学校"双师素质"教师 100% 通过了学校要求的过"实践关"的考试，能够指导学生的校内实践课程。土建系、汽车系的教师 80% 为交通行业技能鉴定中心的考评员。管理系 86% 的教师具有物流师、电子商务师的考评员资格。在"双师素质"教师中有 46.4% 的教师具有"第二师"职称。就教学效果而言，学生在省计算机二级考试中的过级率为 100%。在各专业建立的与本专业培养目标相匹配的职业技能考核中，学生职业资格鉴定通过率为 90% 以上。

③研究能力。共有 20 项省级科研立项课题（重点课题 9 项），其中有 12 项课题是关于专业课的。到目前为止，有两项课题分别获得省优秀教学成果二、三等奖。

④管理能力。通过学生问卷调查和座谈,大部分教师具有管理学生、组织课堂、驾驭课堂的能力。在外出实习中,教师能够在保证学生的安全的前提下,组织学生进行社会实践。但教师引导学生学习自我管理的意识还不强。

⑤与人相处能力。督导组对教师进行测评,其中98.7%的教师和学生关系融洽,受到学生好评,1.3%的教师被认为态度生硬,不善于和学生沟通。从以上状况可以看出,该院校教师的理论课教学能力较强,获得了很多奖项。但实践教学能力较弱,基本没有参加技能类大赛及获奖。教师只限于指导校内实践,很少参与企业的实践活动。在科研能力方面,教师科研项目的含金量较低,几乎申请不到科研经费。个别教师对教学理论和教学规律了解较少,也不愿意和学生沟通,师生关系不够融洽。因此,学校对教师进行教育理论方面的培训是很有必要的。

2. 学校对"双师双能型"师资队伍的建设情况

学校对"双师双能型"师资队伍建设所采取的政策、措施是"双师双能型"师资队伍优劣的关键。该学校在这方面所做的工作包括以下三个方面。

（1）政策方面

学校自2001年开始,在每年制定的年度教学工作要点中都对师资队伍的建设提出了建设目标。

在吸引人才方面,根据学校师资队伍的现状,确定了吸引人才的重点是高层次人才和专业发展急需的人才,制定了引进高层次人才的优惠办法。学校将为到校工作的博士提供5万元以上的安家费和良好的教、科研环境。另外,学校提高了外聘兼职教师的讲课费,通过引进兼职教师来解决个别专业教师数量不足的问题。学校还不断加强"双师双能型"师资队伍的建设,目前学校师资队伍的整体结构有了较大的改善。

在分配机制方面,向教师倾斜。学校规定行政人员的奖金数额不得超过教师的讲课费。为系、部主任设立津贴,提高"双师素质"教师实习指导课的课时津贴。以上体现了学校重视教学、重视教师的办学理念。

在学术梯队建设方面,学校制定了学科带头人、优秀主讲教师、优秀"双师素质"教师和优秀青年骨干教师的选拔和培养条例。选拔出4名学科带头人、1名优秀主讲教师、2名优秀"双师素质"教师和6名优秀青年骨干教师。他们发挥了带头作用,为学院的教学科研做出了贡献。

在对"双师素质"教师自身能力的培养方面,学校提出了"过六关"的要求。即教师在三年内要通过学校"师德关""学术关""教学关""实践关""外语关""信息技术关"的考试。这一要求增加了教师的紧迫感,使教师更加努力地学习,以增强自身的专业素质和知识水平，教师的精神面貌有了很大的改善。

（2）采取措施方面

学校实施"引进与提高相结合，以提高为主"的措施，在积极引进高层次人才的同时，进一步加大对现有师资队伍培养的力度。对获得研究生学位和学历的教师报销 80% 的学费。又先后投入了上百万元，鼓励和支持在职教师参加学历提升培训。近三年来有多名教师参加研究生课程进修班的学习，并获得结业证书。

学校拓宽培训渠道，以提高"双师素质"教师的实践能力。学校积极鼓励教师获取行业特许的资格证书，以及获得专业资格或专业技能考评员资格。学校采用自己组织知识培训和送出培训、考察结合的办法，提高教师的专业实践能力。近三年来教师参加各种业务进修和实践进修达 310 人次，大批教师拥有专业或行业资格证书，"双师素质"教师占专业教师的 64%。该学校"双师双能型"师资队伍成长较快，这对学校适应高职教育需要和办出高职特色，将发挥越来越重要的作用。

（3）具体培训内容方面

该学校为提高"双师双能型"师资队伍的整体素质和综合能力，从师资队伍的实际状况出发，坚持"以人为本"的理念，对教师进行以下三个方面的培训。一是在专业技能培训方面，注重教师的专业理论应用能力，对所任课程和相关课程的教学大纲的编写能力，实验、实习、实训、课程设计、毕业设计（论文）的指导能力，现代教育技术运用于教学的能力，中青年骨干教师和专业课教师使用双语教学的能力的培养。二是在教研（科研）能力培养方面，注重教师综合课的开发、教材（讲义）的编写能力，课题研究和教学改革的能力，较高水平的学术论文的撰写能力的培养。三是在实践能力培养方面，注重教师的技术应用和设计的能力，实际操作的能力，工艺开发和创新的能力，运用研究成果解决实际问题的能力的培养。

通过培训，该学校"双师双能型"师资队伍的整体素质有了较大的提高，这为实现该学校师资队伍建设的目标奠定了基础。

尽管学校从政策和资金上为"双师双能型"师资队伍的建设搭建了良好的平台、创造了良好的氛围，但由于资金的短缺，使得有些政策无法持续执行，因此所采取的措施不能最大限度地发挥作用。有些制度缺乏长效性，只能在短期内对"双师双能型"师资队伍的建设起到促进作用，但从长远目标来看，随着"双师双能型"师资队伍的不断扩大，学校还需要有科学的、规范的、可操作的机制作为保证，应制定相应的管理制度和激励机制，确保把"双师双能型"师资队伍的建设落到实处。

（三）湖北省"双师双能型"师资队伍建设的现状

20 世纪 80 年代以来，我国应用型高等教育获得了长足的发展。湖北省作为我国高等教育大省，截至 2018 年，共设有 59 所独立设置的高职高专院校，占全省普通高职高专学校总数的 46%。其中，有 4 所国家示范院校，5 所国家骨干院校以及 6 所省级示范院校。在校生总数约为 433036 人，为全省普通高校在校学生总人数的 30%。无论从学校数量、在校生学生总数，还是从育人成效、就业质量来看，经过数十年的发展，应用型高等教育发展迅速，为湖北省产业经济发展提供了坚实的技能人才支撑。而应用型高等教育的飞速发展，高素质技能人才的培养培育，离不开一支数量充足、结构合理、质量优良的"双师双能型"师资队伍。近年来，在政府的大力扶持与各高校积极实践下，湖北省高校"双师双能型"师资队伍建设成效明显，教师结构及综合素质得到明显改善。

这里以湖北省 59 所院校的教师作为研究对象，根据 2017—2019 年湖北省高职教育质量年度报告、2019 年度湖北省 56 所院校发布的年度质量报告以及部分院校制定的"双师双能型"教师认定及管理办法、兼职教师管理办法等有关材料，从定量和定性两个方面对湖北省高校"双师双能型"师资队伍建设的现状进行研究。其中定量研究主要从任课教师结构、学位结构、职称结构、"双师素质"教师所占比例等方面着手，通过数据分析对其进行整体把握。而定性研究则主要是对"双师素质"教师认定及管理制度建设现状、兼职师资队伍建设现状进行分析，这有助于我们真实地了解"双师素质"教师培养与管理现状。我们通过定量与定性分析相结合的方式，力求全面准确地展示出湖北省高校"双师双能型"师资队伍建设现状，并在明晰现状的基础上总结其存在的问题及原因，为后续探讨产教融合背景下高校"双师双能型"师资队伍建设的路径提供事实依据。

1. 任课教师结构现状（见表 3-11）

任课教师结构指的是各级各类学校中任教教师的构成状况，能够反映师资队伍结构是否合理。高职任课教师一般分为四种类型，分别为校内专任教师、校内兼课教师、校外兼职教师以及校外兼课教师。2008 年，《高等职业院校人才培养工作评估方案》中对其分别进行了定义。校内专任教师指的是具有教师资格，专门从事教学工作的人员；校内兼课教师指具有教师资格，但非专职任教的人员，一般指校内"双肩挑"的教学行政人员；校外兼职教师专指聘请来校兼课的一线管理、技术人员和能工巧匠；校外兼课教师指聘请来校兼课的教师。

表 3-11 湖北省 2016—2018 年高等职业院校任课教师队伍结构（单位：位）

年份	2016	2017	2018
教师总数	28860	28452	28156
校内专任教师	17892	17525	17917
校内兼课教师	1556	1417	1436
校外兼职教师	6995	7344	6483
校外兼课教师	2417	2166	2320

从表 3-11 来看，湖北省近三年高等职业院校教师队伍较为稳定，但总数呈现递减的态势。其中，校内专任教师人数呈小幅波浪式增长，2018 年达到17917 人，约占教师总数的 64%，相较于 2016 年提升了 2%；校内兼课教师、校外兼职教师以及校外兼课教师，人数都呈小幅波浪式减少。可见高等职业院校非专任教师的引进与管理还存在一定的问题。

2. 学位结构现状

学位结构指师资队伍中不同学位层次的教师的构成情况，它能够反映师资队伍的总体理论水平和实践能力。如表 3-12 所示，湖北省 2016—2018 年高等职业院校专任教师整体学历素质有所提高，其中以硕士学位专任教师的数量增加最为明显。2018 年，具有硕士学位的专任教师人数达 9373 人，占校内专任教师的 52.31%，已超过专任教师的一半，较 2016 年增长约 10%。同期本科学历的教师数量也在逐年增长，2018 年具有学士学位的专任教师人数约占专任教师总人数的 45.74%，具有学士学位与硕士学位的教师是湖北省高等职业院校教师的主力军。但是从表 3-12 看出，具有博士学位的专任教师的数量仍然较少，仅占专任教师总人数的 1% 左右，特别是在 2017 年出现了负增长，高学历人才进不来、留不住的现象仍然较为明显。

表 3-12 湖北省 2016—2018 年高等职业院校专任教师的学位结构（单位：位）

年份	2016	2017	2018
校内专任教师	17892	17525	17917
博士学位	217	189	207
比上年增长数	—	−28	18
比上年增长率	—	−12.9%	9.5%
硕士学位	7588	7723	9373
比上年增长数	—	135	1650
比上年增长率	—	1.78%	21.36%

年份	2016	2017	2018
学士学位	7495	7228	8195
比上年增长数	—	-267	967
比上年增长率	—	3.56%	13.38%

3. 职称结构现状

职称结构指师资队伍中各教师所取得的专业职称的构成情况，能够反映师资队伍的总体学术水平和工作能力。从表 3-13 来看，2016—2018 年湖北省高等职业院校高级职称师资队伍较为稳定，其数量基本保持在专任教师总数的 32% 左右；初、中级职称教师数量总体呈下降态势，但仍占比较大，约占专任教师总数的 52%—55%。整体来说专业师资队伍职称结构较为合理。

表 3-13　湖北省 2016—2018 年高等职业院校专任教师职称结构（单位：位）

年份	2016	2017	2018
专任教师总数	17892	17525	17917
高级职称	5718	5609	5769
中级职称	7185	6685	6928
初级职称	2719	2545	2471
其他	2270	2686	2749

4. "双师素质"教师所占比例现状

《高等职业院校人才培养工作评估方案》将"双师素质"教师定义为具有教师资格，且具有本专业中级及以上技术职称及资格／两年以上企业实践经验／主持过应用技术研究并被使用的校内专任教师和校内兼课人员。"双师素质"教师所占比例是学校师资队伍整体水平的重要反映。根据湖北省高职教育质量年度报告中提供的统计数据整理得出，2016—2018 年湖北省"双师素质"教师数量整体呈上升态势。如表 3-14 所示，2018 年具备"双师素质"的专任教师达 11288 人，约占专任教师总数的 63%；"双师素质"兼课教师 1010 人，占兼课教师总数的 35.81%。从"双师素质"专任教师占比来看，具备"双师素质"的专任教师所占比例逐年增加，然而从"双师素质"兼课教师人数和"双师素质"兼课教师占比来看，二者之间并非正相关关系。人数在上涨，然而占比从 2016 年的 41.06% 降为 2018 年的 35.81%，说明兼课教师的队伍在扩大，但具备"双师素质"的人数还较少。由于目前湖北省尚未出台省级层面的"双师素质"教师资格认定标准，各高等职业院校对"双师素质"教师的认定也存在一定的差异性，因而"双师素质"教师的质量还有待考证。

表 3-14　湖北省 2016—2018 年高等职业院校专任、兼课教师中"双师素质"教师所占比例（单位：位）

年份	2016	2017	2018
专任教师	17892	17525	17917
"双师素质"专任教师	10857	10779	11288
"双师素质"专任教师比	60.68%	61.51%	63%
"双师素质"兼课教师	1003	956	1010
"双师素质"兼课教师比	41.06%	39.81%	35.81%

5."双师素质"教师认定及管理制度建设现状

"双师素质"教师的认定及管理制度建设是我国职业教育师资队伍建设的重点，它反映制定主体对"双师素质"教师内涵的理解与对教师专业发展的要求。科学合理的"双师素质"教师认定及管理制度能够促进教师专业发展，是保障"双师双能型"师资队伍质量的重要依据。通过调查发现，虽然湖北省尚未出台省级层面的"双师素质"教师资格认定标准及管理办法，但超半数的高等职业院校依据自身理解与发展需求，编制出了校级层面的"双师素质"教师资格认定标准及管理办法。通过对部分院校编制的认定标准及管理方法的落实情况进行分析，我们就可以从大体上了解湖北省"双师双能型"师资队伍建设的现状。

在资格认定上，各高等职业院校在进行"双师素质"教师认定时都比较注重对教师多重能力的考察，包括教师基础能力、专业教学能力以及实践指导能力，但其具体要求并不相同，如表 3-15 所示。在不同的要求下，各院校培养的"双师素质"教师质量也必然存在一定差距。在资格评审认定程序上，各院校对"双师素质"教师资格认定的程序大体相同，都是先由个人申请到院系初审再报学校教务处以及学校教学委员会评审，公示通过后颁发证书，并在人事处登记备案，程序较为清晰。在"双师双能型"师资队伍管理与考核上，各高等职业院校都采用动态管理的方式，依据"双师素质"教师的工作职责定期对教师进行考核，考核时长 1—3 年不等。部分院校采用自评与他评相结合的方式，这在一定程度上保障了"双师双能型"师资队伍的质量。对各高等职业院校"双师素质"教师的工作职责进行对比分析发现，其职责要求高低有别（见表 3-16），且指标难以量化核算。部分院校存在标准制定过高或过低现象，这不利于教师的专业发展，且长此以往易导致不同院校间"双师双能型"师资队伍的质量差距进一步拉大。

表 3-15　部分高等职业院校"双师素质"教师资格认定条件

院校	资格认定条件
湖北轻工职业技术学院	教师职称及资格＋专业技术资格/注册师执业资格/行业特许资格证书/2 年以上企业实践经历/2 项应用技术研究被使用/2 项实践教学设施建设/教师专业技能培训合格证书＋指导学生实习累计不少于 3 年/近 5 年连续承担学生专业实践教学指导工作
黄冈职业技术学院	教师职称及资格＋承担过专业课程教学任务且教学质量合格＋教育教学能力测试达标＋参与教学基本建设项目＋出版 5 万字专著或合著＋以第一作者发表论文 2 篇以上＋校级教学、科研成果三等奖以上＋2 个月企业实践经历＋本专业相关中级及以上技术职称或证书/主要参与实践教学设施建设/3—6 个月企、事业单位实践/6 个月及以上企业兼职或技术顾问经历/教师技能大赛获校、市级一等/省级二等奖以上/指导学生专业技能竞赛获市级一等/省级二等/国家级三等奖以上
武汉职业技术学院	教师职称及资格＋专业技术资格/注册师执业资格/行业特许资格证书/2 年以上企业实践经历/获得教师专业技能培训合格证书/2 项应用技术研究被使用/2 项实践教学设施建设/指导专业技能竞赛并获院级一等/市级二等/省级三等/国家级优秀奖以上
咸宁职业技术学院	教师资格＋专业技术资格/实践教学设施建设/2 年以上企业实践经验/应用技术研究/参加"千人计划"且每年赴企顶岗一个月/获取省级以上部门组织的培训合格证书

表 3-16　部分高等职业院校"双师素质"教师工作职责

院校	工作职责
湖北轻工职业技术学院	每年承担 2 门以上实践课程教学工作＋指导学生毕业设计＋顶岗实习＋发表所主持项目的论文/到企业工作或兼职/参与课程开发或教学改革/参与校级立项的实验实训室建设/指导学生专业实践
黄冈职业技术学院	教育教学＋校企合作（密切联系一家以上企业或在企兼职＋推荐 2 名企业技术人员进学校兼职＋安排指导 1 名教师顶岗实习）＋教学建设＋技能指导＋教研科研（出版 5 万字专著或合著/申报或结题 1 项校级以上科研项目/获校级及以上教学或科研成果奖/以第一作者发表学术论文 1 篇以上）＋社会服务
武汉职业技术学院	每年承担 2 门及以上实践课程教学工作＋指导 8 名及以上学生毕业设计＋发表论文/参与应用技术研究项目/企业兼职半年/参与应用性课程开发或教学改革活动并有教材出版或论文发表/参与校级立项实验室建设

6.兼职师资队伍建设现状

"双师双能型"师资队伍建设既包括"双师素质"教师个体的培养培训，又包括"双师"结构教学团队的组织与管理。近年来，湖北省高等职业院校"双师双能型"师资队伍建设取得了较大成就，不仅体现在"双师素质"教师数量与质量的双项提升，还体现在兼职教师聘任制度的不断完善与高质量"双师"结构教学团队的不断组建。2018年湖北省实施了"楚天技能名师"兼职教师计划和"职业教育技能名师工作室"计划，鼓励和支持应用型高等院校面向省内外相关行业企业公开招聘能工巧匠担任兼职教师，目前全省共有"楚天技能名师"2300余名，2018年立项建设"职业教育技能名师工作室"25个。28所院校制定了兼职教师聘任管理办法，聘任兼职教师达5848人，兼职师资队伍进一步扩大。然而通过调研发现，兼职教师的聘任与管理仍然存在一些问题。如表3-17所示，部分高等职业院校兼职教师聘任标准门槛较低，只要求有企业实践经验或者专业技术职务证书，对聘任企业技术骨干进校的要求并不突出。同时兼职教师的管理与考核机制也有待完善。从部分院校兼职教师管理办法来看，学校缺乏对聘任人员职前教育教学能力的测试以及职后的岗位培训，企业技术人员具有良好的实践操作能力毋庸置疑，但并不代表他们同时具备良好的教育教学能力，企业兼职教师是否能很好地胜任高等职业院校教学职责是兼职教师聘任时最重要同时也是最容易忽视的问题。

表3-17　部分高等职业院校兼职教师聘用条件

院校	资格认定条件
湖北三峡职业技术学院	有企事业单位工作经历＋专业技术职务证书＋本科以上学历或中级及以上专业技术职务优先
武汉城市职业学院	专业技术职务（中级及以上）/职业资格证书（高级工）/5年以上企业能工巧匠
武汉交通职业学院	专业技术职务/5年以上企业工作经历/中高级管理人员
武汉商贸职业学院	专业技术职务（中级及以上）＋专业对口＋企业高级技术人员/技师/能工巧匠

二、国外"双师双能型"师资队伍建设现状

（一）德国"双师双能型"师资队伍建设

在德国，职业教育师资队伍的建设具有很长的历史，随着各时期、各个地

区不同的社会经济及教育的发展而发展，形成了不同的职业教育师资队伍培养模式。

1. 德国职业教育师资培养模式及发展历史

（1）"从学徒到伙计到师傅"培养模式

这种培养模式存在于 18 世纪之前的德国，当时劳动力的培养是在生产实践中由师傅传帮带实现的，而不需要单纯的教育机构，因此，行会组织中对学徒的培养主要是由师傅承担的。行会规章中有关师傅和徒弟的条款十分明确。手工业行会为了适应赖以生存的封建生产关系，在内部实行严格的等级制度，最初的等级是技术上的，后来人们将这一等级社会化，技术高超者能够以其技能在行业中获得名誉和地位，并决定本行业在生产中的事务，这些人就是所谓的师傅。师傅是行会等级中的最高级，是行会的全权成员，决定行会的事务。初学者和技术较低者要想在行业中站稳脚跟，必须向师傅学习请教，必须获得师傅的认可和推荐，他们就是学徒和帮工，处于较低的等级。师傅的成长模式是由学徒到伙计再到师傅。要成为某行业的师傅，就必须从学徒做起，直到拥有了一定数量的生产资料和生活资料，掌握了本行业所必需的全部技艺，同时按照行会要求获得一定年限的学徒教育并进行帮工后，才有可能获得手工业行会的批准，成为本行业的师傅。

师傅是行业的技术能手，有一手绝活，往往带一个或几个徒弟，通过示范、练习矫正的循环过程完成师徒之间的技术传承。当学艺期满，学徒并不能立即成为行业内的生产者，还必须再给师傅做一段时间的帮工，年限长短不一，有时长达数年，此时帮工可以得到工资。一段时间之后，帮工可以经师傅同意，拿出反映其技术水平的产品，交给行业的师傅们评判、鉴定。通过考核的帮工若有足够的资金，就能独立开业，成为行会的师傅。师傅的数量一般会受到限制，所以能从帮工升为师傅的人并不多。师傅不仅是行业技艺的传播者，同时也是教育者，通过他们技术得以代代相传。他们不仅传授技艺，而且对学徒、帮工的品行负责。由于所有的经济、社会生活都在师傅的手工作坊进行，生产的全部过程和环节都是由师傅及其徒弟、帮工、家人共同完成的，而与同行业的其他师傅联系极少，因而师傅在技艺及道德方面对学徒影响较大。除了造就技艺熟练的劳动者外，师傅还要使学徒成为符合当时道德标准的合格公民。所以师徒契约中对学徒的日常行为有很多限制，比较常见的是规定学徒必须忠于师傅、承担家务劳动、不得偷盗、不准光顾酒店和赌场等，因为在他们看来，只有道德品质上无缺陷的手工业者制造出来的好产品，才能有合理的价格。

1811 年，普鲁士政府开始实行以"反对同业公会"为核心的"营业自由"政策。1869 年，北德意志联邦通过营业条例，彻底废除了有关学徒制度的所有规定，不仅取消了行会入会的强制措施，同时也取消了行会对招用学徒人数和条件的垄断，规定每个企业主有招收学徒和帮工的自由。1881 年，德国在全国范围内重新修订了营业条例，建立了有关学徒制度的各种规定，如除了雇佣徒弟时的条件和形式外，还规定了学徒年限，特别规定了师傅对徒弟应承担的义务，强调恢复学徒制。1897 年《保护手工业法》的颁布使处于低谷的学徒制恢复了活力。1908 年《手工业条例》颁布，其中规定，凡是进行学徒培训的企业主，首先必须通过"师傅"考试，以此进一步提高学徒制培训的地位。这两项保护手工业的法律不仅促进了手工业的发展，而且为后来德国职业教育"双元制"的形成奠定了基础。

（2）"巴登-符腾堡"培养模式

19 世纪初，德国开始考虑建立培养高层次技能人才的教育机构，以使之与德国的工业化进程相适应。其中，建设多科技术学院是一个亮点，多科技术学院源于 1794 年法国的巴黎多科技术学院，德国在借鉴其做法的基础上建立了自己的多科技术学院，其中最著名的两所分别是建立于 1815 年的维也纳多科技术学院和 1825 年由两所科学院合并而成的卡尔斯鲁厄多科技术学院。在很长一段时间里，除普鲁士之外所有德语地区都效仿其做法，将许多原来分散的单科技术培训实体合并为多科性质的技术培训院校。到 19 世纪末，德国多种名目的技术学院发展起来。

巴登-符腾堡地区的卡尔斯鲁厄多科技术学院是继巴黎多科技术学院、捷克技术大学和维也纳多科技术学院之后的欧洲第四所理工大学。之后，德国职业教育教师能够获得科学的培训。在这种模式中，职业教育专业教师的培养是依据政府的行业促进政策中关于高级技术工人培养的有关规定发展而来的。巴登-符腾堡地区在 18 世纪已高度发展的手工业职业结构基础上，于 19 世纪下半叶逐渐形成了今天典型的中产经济结构，以精密机械、机械制造、电器产品的高质量著称。

高级技工培训作为行业繁荣的手段，受到政府当局的高度重视。在 1820—1850 年建立星期日职业学校的同时，建立了一些面向高级技工培训的综合技术学校；并且在 1834 年建立的卡尔斯鲁厄综合技术学校中，开展了德国最早的职业教育教师科学培训活动。巴登职业学校的缔造者内伯纽斯认为，综合技术学校要成为一般职业学校教师的培养场所。该校通过工程科学，以制造业和工业生产过程为对象，为促进工业和手工业的繁荣创造了条件，而不是像法国学校那样强调非应用性的纯数学和自然科学的基础知识。这种在职业学校中培养职业教育教师的巴登模式的可贵之处在于，教师的科学知识结构组合较好，面向实际的学习方式，以及面向教师职业。巴登地区在职业学校发展和职业教育教师培训中的领导地位一直延续到第一次世界大战。此后崛起的是另一个与此相连的符腾堡模式，即在职业学校内的学位职业教育教师培养。这将职业教育教师培养从原来的相当于高级技术层次的培养推向更高一级的教育，以后进一步发展为在专业学院（概念上类似于我国的专科学院）进行的高等教育。当然，强调工程、面向地区行业的特殊要求和与地区职业促进机构的紧密联系仍是符腾堡职业教育教师培养的特点。

（3）"普鲁士和巴伐利亚"培养模式

在普鲁士和巴伐利亚，几乎与巴登－符腾堡地区同时存在的职业学校是手工业进修学校。手工业进修学校不是作为中央或地方经济促进政策的手段而建立的机构，而是文化部门管辖下的机构。它们在很大程度上是带有宗教传统的教育机构，这些教育机构在组织上和经费上得不到保证。教师的实际工作经验被看作进行职业教育工作的必不可少的条件。然而这种形式的学习对职业教育教师本身的社会地位的提高带来了一定的不利影响。直到1884年职业学校转由贸易与手工业部负责时，它们才从单纯的教育意义的学校转为行业促进政策的落实处。

1905年成立了一个从属于贸易与手工业部的皇家普鲁士国家职业处作为行业促进的中心机构，以此为标志开始了本地区职业学校的一个新的高涨时期。国家职业处在其有关报告中写到，行业促进的问题首先是教育问题，而且职业教育教师是职业学校继续发展的关键问题，要将注意力首先放在提高师资的专业素质和职务地位上。普鲁士从1913年开始专门培养和聘用专职的职业教育教师，然而其对职业教育教师的培养不同于巴登－符腾堡地区早期在综合技术学校、后来逐步转向工科高校的培养，而是以一种开始为期一年、1922年后为期两年的研讨班的形式进行的。

（4）"图林根和汉堡"培养模式

1819年之后在一些社民党领导的地方，一些文科教育学学者发展了这样一种思想，即在职业学校中的教育应与今后的职业工作和社会生活统一起来。这种思想可表述为："职业学校教师不仅是经济界的侍者，作为将青年人在他们精神和智力发展的重要时刻引向高尚的引路人，他们应是所有人民的侍者，他们不应只为教而工作，他们应教学生道德地、社会地去理解劳动。"与此相应，在图林根和汉堡，把对职业学校教师的培养放在大学中，并且相比于其他模式，此模式更偏重于教育科学和社会科学。入学条件是除了具备高校入学资格外至少有两年的职业实际工作经历，通常是完成了学徒培训，各类技术专业内容则是在特别的技术学院中进行的。1928 年公布的图林根高等教育学位职业教育教师考试条例规定了三个主要内容，即教育科学、社会科学和专业科学。在教学计划中，前两者对所有学生是固定的，而专业科学内容则按专业职业方向而定，包括金属技术、木材加工、建筑、纺织、食品、财经等。教学计划中设置哲学概论课、哲学讨论班，教授宗教与伦理、生活的基本问题等内容，另外还有教育学、心理学、职业教育学等内容。

上述四种职业教育师资培养模式中，后三种是基本的培养模式。伴随着历史的发展，这三种基本的培养模式也得到了进一步发展：巴登、符腾堡及部分萨克森地区对于职业学校教师的培养由原来的复合技术学院培养发展为进行独立和完整的大学学位学习，这就与地区工业紧密结合起来，在行业促进政策中发挥了重要作用；普鲁士和巴伐利亚地区的研讨班形式在专业学院中进行，独立于学术性大学之外，这就使得受训者在教师职业能力上能够达到最低标准，同时也向生产一线的实际工作者打开了职业教育教师培训的大门；汉堡地区的职业学校教师所受的大学教育偏重于社会科学，专业科学与人文社会科学和教育科学的内容分别占有相等的分量。这三种模式重视与地区的经济发展相联系，强调职业教育师资培养内容和形式的实践性和职业性，重视师资培养中的社会和教育科学含量，对以后的师资培养产生了深远的影响。

2. 现代职业教育师资培养模式

20 世纪五六十年代，职业教育教师培养的学术化和向科学技术大学的转移成为 1945 年之后联邦德国职业教育教师培养的显著特征。发生这一转变的主要原因有两个：一是由于工程科学的不断学科化加大了教育过程与企业实际活动之间的距离；二是职业教育教师要求提高自身的社会地位。同时，这对始于1970 年初的教育改革也起到了一定的促进作用。

长期以来，德国职业学校的教师为自己社会地位的提高进行着努力。其目标是争取达到与中等教育第二阶段（相当于我国的高中阶段）中完全中学（相当于我国的普通高中）教师同等的待遇。在工业化之前就产生的德国公务员制度等级森严，各种途径互不相通，直到 1970 年才将职业学校教师和完全中学教师划归为一个等级——中级Ⅱ教师。而对中级Ⅱ教师的最低要求是经过四年的正规大学学习。所以，职业教育教师联合会只能通过将教师培养向大学转移以达到与完全中学教师同等地位的要求。这种培养的学术化及向大学转移也为职业教育教师的培养带来了一些弊病。主要有以下两点：一是由于学术化的原因，作为入学前提的职业实践减少为 6 个月，同时，有职业经验但无高校入学资格的人员进入高校困难；再者，大学的学习偏重理论，与生产和培训实际直接联系的教学环节不够，职业学校教师实践能力的培养受到很大影响，其后果是在职业学校里将原本亦理论亦实践（在我国表述为双师双能型）的师资队伍分裂为专业理论课教师和实践（或实训）教师两支队伍，产生了现在占统治地位但又遭到很多批评的理论课教师和实践教师的分工；二是在培养目标和培养内容上迁就公务员制度上的行条条框框，使职业学校专业教师的培养不甚合理。因为德国公务员制度规定每个中级Ⅱ普通教育教师必须负责两种课程，因此，职业教育教师也必须负责两种不同类型的课程，于是在职教专业教师的培养计划上规定了每个学生在修第一专业（可以是土木、机械、电气、经济等）的同时，必须修第二专业（可以是数学、德语、体育、物理、宗教等）。第一专业和第二专业有一定的搭配限制。1973 年，各州文化部长联席会议中提出了职业学校教师培养的指导意见。职业教育教师培养的典型模式是获得高等学校入学资格的中等教育Ⅱ的毕业生必须经过职业培训或至少 6 个月的实践工作，再进入大学学习，学制为 4—5 年，通过第一次国家考试毕业，进入为期两年的实习期，再经过第二次国家考试，才完成了一个职业教育教师的培养过程，从而有资格受聘担任职业学校教师。根据这个会议的决定，职业教育教师大学学习的内容由三大部分组成：第一专业（职业技术专业）、第二专业（普通教育专业）及教育和社会科学。三个部分的时间比例大致是 2:1:1，总课时大致为 160 学期周学时（一个学期周学时指的是每学期每周 1 学时，大致相当于我国的 1 个学分）。这个比例只是一个指导性的建议，各大学在执行上是不同的，有时差距还很大，如第一专业为 80—130 学期周学时，第二专业为 20—45 学期周学时，教育和社会科学为 24—60 学期周学时。

职业技术专业是德国职教师资培养中最为重要的部分，目前主要有三种模式。

（1）作为独立的职业技术科学

这种模式着眼于职业教育教师工作的特殊性及其培养相关的职业专业与工程科学的差别，也就是说这里的职业技术科学并不是作为一般的工程科学来充实职业学校教师的技术专业知识，而是发展为一门独立的学科，从职业教育和劳动科学发展的角度来看劳动、技术和教育之间的关系，把职业专业科学作为"面向教学的专业理论"来看待，在职业学校学生将来的职业工作内容和教师教学工作的眼光下将专业科学的内容加以组织和取舍。这有别于一般的用专业教学法作为专业科学和教育学的桥梁的做法。因此，职业技术专业不是相关工程专业的"子集"，而是一个与相关工程专业有"交集"的另一个集合。这种模式是比较新的学术思想，主要在德国北部的一些大学实施，如汉堡大学和不来梅大学。

（2）挂靠于工程科学的职业技术专业科学

在这个模式中，实际上是将缩短了的相关工程科学的大学学习作为职业专业科学的教学基础。在这里，职业专业的内容是工程师培养大纲的一个"子集"。在大多数情况下，工程学生和职教师范学生在"学位中期考试"前的学习内容是一样的，在数学和自然科学领域对师范学生的要求要低一些。在该模式中，像完全中学教师培养模式那样设立了专业教学法的位置，例如，在一些大学的工程科学专业教研室中配备专业教学法教师。目前大多数高校的职业教育教师培养是以这种方式进行的。

（3）专科学院培养形式的职业专业科学

这种模式指的是学生已经过了专业学院的学习，再通过一个继续教育过程，重点是补充教育学、社会学方面的内容而成为职业学校的专业教师。有的观点认为，专业学院课程内容和范围的设置对职业教育教师的职业专业能力培养是合适的，因为专业学院的教学特点是应用型、实践型的，而不像大学那样是学术型、理论型的。这种模式的培养本来是德国在职业学校教师数量发生危机时作为一种应急措施而实施的，而人们在实施中发现了它的一些优势，特别是在挂靠于工程科学的职业技术专业科学这一模式的一些缺点日益突显的时候。当然，毕业生的社会地位、学习方法等因素仍然是这种模式普及的障碍。

3. 德国职业教育师资培养的阶段

德国职业学校教师的培养具有二阶段性。这种二阶段性源于西德的教育模式，东、西德统一之后，整个联邦德国将西德的培养模式作为职业学校教师教育的标准并在全国范围内开始实施，代替了东德的单阶段性的教育模式。德国"双元制"职业教育的特性首先体现在教育培训地点的双元性，培训地点分为企业和学校，这一点也决定了德国职业学校教师教育实施结构的双元性。在德国，从事职业教育教学工作的教师主要有两种，即职业学校的教师和在职业学校之外的教育培训机构的实训教师，这种教育培训机构主要是企业。学校的教师又可分为理论课教师和实践课教师两类，理论课教师也可分为技术型教师和商业管理型教师两种。无论是哪种教师，在成为教师之前所经历的教育阶段是完全相同的，不同的是课程的设置和实践内容上的差别。正式成为职业学校教师前的教师教育分为两个阶段：第一阶段是大学教育阶段；第二阶段是大学讨论课实习预备阶段。每一个阶段都是以国家考试作为标准，以检验、考核学生在每个阶段所习得的理论知识，以及实习中获得专业能力的情况。而通过第一次国家考试还是进入第二阶段实习预备期的前提。

（1）德国职业学校教师教育的大学教育阶段

在德国，职业学校教师的培养分为两个阶段，第一个阶段是大学师范教育阶段，这个阶段通常为7—9个学期。进入第一阶段要求学生具备两个前提条件：一是学生必须具有高中毕业证书；二是男性学生要服役一年或从事社会公益事业一年。在该阶段开始之前，学生要选择自己的大学和专业，对于有从事职业教育意向的学生，有专门的职业教育专业可供选择，而这些专业都是按照教师职务的不同来设置的。即使是相同的专业，在不同大学也有着不同的研究重点，其教学内容、课时数、教学计划等也会不同。在这一阶段，所有的学生都要选择两门专业，一门是职业技术型专业（如建筑、机电、数控等），另一门是基础科学专业（如数学、物理、德语等），除此之外，学生还要学习教育科学和专业教学法。学习结束后，学生必须参加第一次国家考试或硕士毕业考试（毕业后进入企业担任培训师）。只有通过了此次考试，并且拥有了与专业方向相应的职业经历，或者完成了职业培训，才能进入第二阶段。职业学校教师大学阶段的学习内容可分为三部分：教育科学、职业技术主修专业和普通教育辅修专业。在此阶段进行职业教育课程的学习，通常有一门职业教育主修专业（如机械技术、农业技术等），并选修一门辅修专业（即第二专业，如德语、数学、体育等）。大学毕业后参加职业学校教师的第一次国家考试，该考试由大学教授建议，由州教育部批准。在这7—9个学期中，主修专业、辅修专业、教育科学的学分比例一般为8∶5∶3或8∶4∶4。此阶段教学的主要方式是讲课（一般由教授承担）、练习（一般以作业的形式让学生独立完成）、研讨（教师辅导，学生分组共同学习，进行专题讨论）和实习（在实践中运用知识）。德国大学的教学是开放的，没有固定的课程表，学生可以根据教授所开设的课程进行选修，不进行统一安排，只要适合自己就行。学生根据自己的兴趣、对照职业学校对教师的素质要求，可以充分利用大学的条件，建构自己的知识体系，为将来的工作服务。课程的选择也是灵活的，但是一旦确定了选修课程之后，就有了严格的质量要求。课程的考试通常分为笔试和口试，口试往往比笔试更难，因为在掌握知识的综合性、理解的深刻性和反应的敏捷性等方面，口试的要求会更高。

（2）德国职业学校教师教育的实习预备阶段

在德国，要取得正式职业学校教师的资格，必须进入教育学院接受第二阶段的教师教育（实习预备阶段），教育学院的学生主要是已经通过第一次国家考试的学生。除此之外，教育学院也会对职业界想转行从事教师职业的人进行培训，帮助这些人通过国家考试取得教师资格。大学毕业生有 5 年及以上工作经验的，进行两年半的教师培训后就可以参加第二次国家考试，取得职业学校教师资格。

教育学院会全面组织教学工作，但在教育学院进行的主要是理论教学。与大学所学的教育理论相比，其更加重视理论的应用性，重视理论与实践相结合以解决教育实习中遇到的问题。教育学院的教学通常会以专题研讨、分组讨论、角色扮演、互动式教学法演练等方式进行。实习预备期一般分为四个学期：第一学期主要是预备教师在指导教师的帮助下到实习学校旁听指导教师所讲的专业课，关注教师在课堂上应用的专业教学法，并记录内容，学期结束时指导教师会对学生的学期表现和试讲情况进行评价；第二学期教育学院会根据预备教师的个人情况，让预备教师进行独立讲课；第三学期预备教师需要每周独立授课不少于 12 学时，同时还要完成一篇关于教育学理论或专业教学理论的论文，这篇论文要装订成册并接受指导教师的评分；第四学期预备教师的主要任务就是准备参加第二次国家考试。第二阶段的预备期实际上就是讨论课讨论与教学教育实践的结合。此阶段的目标是使选择职业学校教师教育专业的学生通过获得多种信息来构建自身的能力，从而具有一定水平的教育行动能力。身处此阶段的学生会更真切地体验到具体的教学情境，并通过亲身体验对教学经验进行总结。

教育学院和实习职业学校共同培养职业教育的教师，体现了德国"双元制"的特色。教育学院是传递先进教学法的机构，在教育学院中，教师主要采用讨论的形式来组织教学，这对加强学生的独立思考、广泛交流、人际交往等能力都有潜移默化的影响。

4. 德国"双元制"职业教育师资培养模式

德国"双元制"职业教育师资培养模式指的是充分利用学校和企业两种不同的教育环境和教育资源，采取课堂教学和实践锻炼有机结合的方式，提倡不同机构和部门合作实现优势互补，确保师资质量的培养模式。通过这种模式的培养，职业院校的教师不仅在个人的能力素质上达到"双师素质"，而且在师资队伍的整体结构上实现互补，达到"双师"结构。1969 年德国《职业教育法》的颁布和 1973 年德国文化部正式颁布《职教师资培训统一规范》，使得德国的职教师资培养走上了规范化的道路。德国对从事职业教育的教师有严格的规定，职业教育师资培养具有鲜明的特点，不仅有一套完整的培养、培训体系，而且采取严格的国家考试制度，对于从事职业教育的教师，非常重视他们在职业界的实际工作经历。

（1）以"双师双能型"职业教育师资为培养目标

在德国，虽然没有明确提出"双师双能型"教师的定义，但是从德国职业教育教师的任职资格可以看出，培养具有"双师素质"的职教教师是其核心目标。无论是实训教师、职业学校的实践课教师还是职业学校的理论课教师，都必须经过严格的专业资格培训和职业教育学、劳动教育学进修，并进行实际操作考试与理论考试。

（2）校企合作的培养方式

德国的职业学校与培训企业之间互相交织、密不可分，校企合作的培养方式既来源于企业的需求，也随着企业的发展而深化。企业是学校生存的依靠、发展的源泉，而学校则是企业发展的人才库和技术革新的思想库。一方面，各类企业都非常乐意为师资培训提供实习场地；另一方面，学校也为企业提供一些咨询服务，对企业内部的职工进行培训。

德国的职教师资培养从始至终都贯穿着企业的生产活动，职业院校与企业有着千丝万缕的联系，企业培训机构和自由经济组织都积极参与职教师资的培养，这也体现出德国"双元制"职业教育师资培养模式的特色。他们十分注重对教师实践技能的培养，充分发挥校企双元的作用。

（3）一体化的培养过程

所谓一体化，其核心就在于要将职教教师的成长与发展视为一个连续的过程，并在这个连续过程中始终为教师提供持续的培养、培训与提高，使职教教师一生都能受到连贯的、一致的教育。首先，职前培养，德国职业院校教师的职前培养分为两个阶段：第一阶段是进入大学教育的阶段，学习4—5年，选择一个主修专业和一个辅修专业；第二阶段是为期两年的教育实习阶段，又称为教育准备阶段，主要在各州所设的教育学院和职业学校进行。其次，职教教师职后继续教育，德国职业教育教师参加工作后还必须进行被称为"第三阶段的师资培训"的继续教育，根据联邦各州的法律规定，职业教育教师参加进修培训是一种必须履行的义务。再次，科学的考评制度，为了确保职业教育师资质量，德国形成了成熟的职教教师的考核与评价制度。德国建立了严格的进修制度，规定职业教育教师每两年必须脱产进修一次，并将进修与物质利益挂钩，进修后可提高工资待遇、可改变教师职务等，这一做法有利于激发教师进修的积极性，从而使师资队伍充满活力。近年来，德国很多职业院校成立了教师参与的专门管理小组，对教师进修的效果进行监督，督促教师的专业成长。德国职教教师在 30 年内，每两年进行一次考核，合格者均自然晋升一级，教师成绩显著的可提升为见习校长。"双元制"职业教育的人才培养目标对职教教师提出要求。"双元制"职业教育重视对教师的教育实践和技术技能的考核，对教师实行动态、全面的评价，以促进教师的专业化成长。

德国职业教育师资队伍的建设、职教师资的培养模式是随着社会经济科技的变化，以及职业教育在社会经济科技发展中的地位、作用的发展而不断变化、发展的。

（二）美国"双师双能型"师资队伍建设

1. 美国职教师资培养概述

美国对从事职业教育的教师有着严格的任职资格要求和选聘程序。国家规定，要成为从事职业教育的教师，必须具备学士及以上学位。美国的一些州明文规定，对有大学本科学历，取得学士学位并有相关领域 1—2 年工作经历的优秀者，才能颁发职业技术教师资格证书。有些州设立工业技术教育学院，还有的实行职业技术教师资格证书制。职业教育教师除了要符合联邦各州政府所规定的条件外，还要具有实践经验，对所教授的技术课程有一年以上的工作经历及最新经验，或者在合适的技术领域有 5 年以上的实际经验，并且要有当顾问和独立判断与研究的能力。为保证质量，美国根据职业教育分科繁多、各行各业师资来源各异的特点，还规定了各州的检查制度。而且，美国非常重视职业技术学校教师的培训和提高。有些州规定，每年假期教师必须到工厂、企业一线工作，以接触实际提高技术，或者到高等学校进修，并把培训和进修作为教师晋级的主要依据之一。美国职业院校主要培养一线人才，注重学生实际知识和技能的培养，重视理论的实用性和应用性。所以，美国职业院校普遍聘请社区内外有工作经历的各类专业技术人员为兼职教师。一般来说，他们讲授的课程实用性、针对性强，并且能够带来大量的人才需求信息，也增强了职业院校办学的针对性。传统上美国职教教师一般分为六类：农业、商业、工业、卫生、家庭与消费、技术。每类教师在全国都有其各自不同的培养计划。

从美国职业教育发展的历史中可以看出，美国很早就开始重视对职业教育师资的培养。在对职业教育师资进行培养的过程中的一个突出特点就是要求工作经验，这也是职业教育教师与普通教育教师的不同之处。1917 年的史密斯-休斯法案就规定，要拨出专门的经费用来支持职业教育教师的培养工作，并且要求在政府资助的职业教育中，教师必须具有一定的工作经验。除此之外，也允许从熟练的工人中选拔职业教育教师，选拔出来的职业教育教师并不要求接受过大学教育，关于这一点，美国政府制定了相关政策。20世纪20年代，美国职业教育联邦委员会认为，成功的职业教育教师应该掌握岗位职业技能，因而他们强调职业教育教师要具备行业或职业领域里必需的技能。当时的工业及卫生方面的职业教育教师的培养，就是在美国职业教育联邦委员会的观点下进行的。到了20世纪30年代，美国实用主义的代表人物杜威提出教育要为学生的终身学习做好准备，同时他也认为教师的培养课程要与学生的活动情境相结合。在这种观点的影响下，农业、商业类的职业教育教师培养就如此进行了。20世纪90年代，教师证代替了政策规定，在某些职业领域，同时具有高中文化程度和丰富工作经验的人可以从事职业教育工作。之后，职业教育师资培养专业的学生的课程学习与实际技能都要接受考察，合格后他们才能参加教师的专业学习和教师证的考试。除了在师范院校进行职业教育教师培训外，美国还有许多州开设了职业教育教师证培训课程，其培训对象主要是已经取得学士学位并且想从事职业教育工作的人。在某些州，如果拥有丰富的工作经验，即使没有学士学位也可以参加职业教育教师培训。有的州实行紧缺教师证书培训制度，目的是充实职业教育师资队伍。

2. 美国职业教育教师标准

美国职业教育的形式多种多样。中等职业教育机构有三类：一是综合高中，二是职业高中，三是地区职业教育中心。其中，综合高中是美国中等职业教育的主要形式，有86%的职业教育班设在综合高中里。在综合高中里，职业技术课程与文化理论课程几乎占有相同的比重；而职业高中则是专门的全日制职业学校，一般来说，这类学校中的生源主要来自非综合中学；地区职业教育中心则是业余制的职业培训，学生在这里只能接受职业课的培训，文化理论课则必须在原来的非综合高中里学习。

美国职业教育形式多样、种类各异，这给规范和管理带来了一定的难度，特别是给职业教育师资队伍的管理、考核和评估带来了难度。另一方面，从20世纪80年代开始，为适应新技术革命对劳动力素质提高的需求，美国各界开始反思教育不能满足经济社会发展需求的原因。1986年，卡内基基金会领导的研究小组发表报告《国家为培养21世纪的教师做准备》、霍姆斯研究小组发表报告《明日之教师》，这两个报告都不约而同地指出，要通过加强教师的专业教育、提高教师的工资、实行全国性资格证书制度等措施，促使教师成为一门真正的"专业"，因为只有这样才能提高教师质量。

卡内基基金会工作小组提出的一系列建议，促成了全美教学专业标准委员会成立。在董事会主席詹姆士·B.亨特的带领下，该委员会在1996年5月起草了《国家职业教育认证标准（草案）》，该草案提出为达到此标准的职业教育教师颁发合格教师资格证，以提高教育质量。全美教学专业标准委员会制定的职业教育教师专业标准主要依据的是"表现本位"理论。"表现本位"指的是采取"表现性评定"来评价教师的专业能力，具体来说就是运用真实的生活或模拟的评价练习、实操练习、技能大赛、教学技能大赛来考查职业教育教师在真实环境中的操作动作、知识、智力、情绪反应，由专家按照一定标准进行直接的观察、评判，以印证被考查教师的技能水平、教学能力等综合素质，考查形式主要包括编制建构反应题、做书面报告、写作文、发表演说、实际操作、做实验、档案袋资料收集、学生作品展示等，考查材料包括课堂录像材料和学生作业样品，这些材料可以真实反映教学目标、教学效果、教师对课堂事件的反思，以及教师是否做出合理的专业判断。

表现性评定评估的对象是那些有教学经验的、合格的一线职业教育教师，目的是证明那些通过了"考查学生知识和所教学科知识以及能够有效运用那些知识的高质量的、严格的评估标准"的教师的专业教学能力。因此，职业教育教师是否达到合格标准是以教学业绩的表现为本位来进行评价的。

全美教学专业标准委员会在这种"表现本位"的理论基础上，建立了一个职业教育教师标准的框架，纵向上按年龄分成四个发展阶段，其中的青春期和青年期（14—18岁）契合了职业教育的发展阶段；横向上按不同的学科划分为职业教育主要学科（如英语语言艺术、社会历史研究、数学、科学）和行业特色性专业学科（包括农业与环境科学、艺术和通信、商务信息管理、家庭消费科学、保健服务、社会服务、制造与工程技术和技术教育等领域），每一个发展阶段和领域都制定了详细的标准。

目前，全美教学专业标准委员会将职业教育教师划分为"合格教师"和"优秀教师"两个层次，这两个层次的教师在教育理念、基础知识、教学方法和教师可持续发展四个方面都必须具备一定专业水准的核心素质。在这一背景下，美国职业教育教师标准诞生了。该标准对从事职业教育的教师在理念、知识、能力等方面提出了要求：首先，职业教育的首要理念是"一切为了学生，为了学生的一切"的为学生服务的思想，在此基础上用实用主义的理念指导职业教育教学活动，同时还要汲取现代教育思想；其次，要求职业教育教师具有广博的知识；再次，职业教育教师应该掌握教育心理学知识、发展心理学知识和心理咨询的基本方法与技巧，懂得学生的心理、生理发展规律，了解他们的学习特点和思想动态，乃至人生观和价值观，能够与学生顺利地进行交流、沟通，能够把最新的认知和智力理论融入教育教学中，关注环境和文化对学生行为的影响，有效提高课堂教学效果；最后，职业教育教师还必须通过继续教育的终身学习，加强自己在职业教育教学实践中的有效性。

3. 美国职业教育教师的培养

美国职业教育教师一般有三个来源：一是经过师范教育机构培养的有正式学位的毕业生；二是现任教师经过培训后改行从事职业教育；三是从企业、社区中聘请的有一技之长的专家。

（1）教师证及其认定

美国各州的教师证认定各不相同，各州均有自己的要求和条件。美国职业教育教师证通常有如下五种：临时证、长期证、紧急证、私立学校证和替代证。无论哪种证，都要求参加教师证系列方面的考试。大多数州对于不同岗位的职教人员提供不同的证书认定。1987 年成立的洲际新教师评价与支持联合会是州教育局、高校及全国教育组织共同参与的团体，致力于教师教育改革、证书认定、专业发展等工作。这样做的目的是通过开发新的教师培养标准及评价标准来促进以标准为基础的改革。1987 年全国专业教学标准委员会成立，这是一个独立、非营利、非党派及非政府的机构，它的成立是为了通过高级认定体系来帮助教师进一步发展。

（2）课程设置

经过师范教育机构培养的职业技术教师，在职前培训时需要接受职业技术教育训练和专业训练。职业技术教育训练课程主要是使学生获得某一职业技术领域的专门技能，除此之外，还重视理论与实践相结合，将该职教领域与职业教育的其他领域结合起来，将职业技术训练与普通教育课程联系起来，课程的教学计划中通常还会包括职业技术教育总论方面的内容。另外，学生还必须参加职业技术教育实习，对职业技术教育的专业知识与技能等进行实践。专业训练课程包括教师教育系列规定的必修课程以及占有一定学分的选修课程。其中，必修课程包括职业技术教育教学论、职业技术教育理论与实践、职业技术教育课程开发、教学方法、学生评价、综合课程的策略与技术、教学计划及技术在教学中的应用等；选修课程的范围则要广，但都与专业方向相结合。

20 世纪 90 年代后期，能力的培养越来越成为职业教育教师培养的重点。1997 年，全美教学专业标准委员会就要求职业教育教师要加强能力的培养，提出师资的能力应该包括合作能力、对学生进行评价的能力、文化课与职业课的整合能力、领导能力、适应能力等，其中，文化课与职业课的整合能力已经成为职业教育师资培养的重要目标之一。对学生进行评价的能力是美国职业教育教师资格培养的一个重要内容。全美教学专业标准委员会认为，教师必须具有使用各种评价工具和评价技术对学生的职业兴趣、才能、学习技能等进行了解和评价的能力，因此要加强教师对学生进行评价的能力的培养。合作能力被认为是在工作场所取得成功的关键的"软"技能。与他人合作的能力是职业教育教师的一项重要技能，在职业院校中，进行职业教育的教师必须能与文化课教师进行合作，而后制定综合课程，目的是提高职业教育的教学质量。文化课与职业课整合的重要性是不言而喻的，因为对于职业教育而言，要注重理论与实践的结合，而把工作场所中的最新技术引入课堂则是文化课与职业课结合的重点。

（3）新教师培训

制订新教师入职引导计划最根本的目的就是为刚进入教师职业、初次任教的教师提供支持与帮助，以减轻他们在入职时可能遭遇的挫折与孤独感，减少教师流失，提高教师素质，稳定师资队伍。针对职教新教师发展的实际，具体的引导目标如下：通过专业发展中心，为新教师提供支持和服务；帮助新教师顺利适应学校体制、工作程序与教学领域；为新教师提供与同事交流、合作、互动的环境；为新教师提供一系列知识讲座；帮助新教师顺利获得职业资格证书；帮助新教师反思专业教学与专业责任并改进教学；帮助新教师建立职业生涯目标与教育教学目标；帮助新教师履行专业承诺。

虽然美国各州教师的入职教育各有差异，但大多数教师入职引导计划都包括辅导教师制、专题研习班、培训计划、教师评价等具体的实施策略。

辅导教师制是为新教师提供同事教练式的支持与指导，目的是培养与提高新教师的从教兴趣，让他们乐于从事教师职业，具备良好的教学表现，促进其专业成长与发展。辅导教师制是运用最为广泛、发展最为成熟、效果最为显著的教师入职引导策略。辅导教师的选择有明确的标准，辅导教师要有丰富的学科知识与课程规划能力、良好的教学能力（含班级管理）以及有效的教学示范和人际沟通技巧，能对新教师在教学方面提供系统、有计划、有效的帮助、支持和辅导，提供相关教育咨询服务，帮助新教师解决问题，并且有担任辅导教师及帮助其他教师的意愿。同时，辅导教师还要经过专门培训，包括了解新教师的需求与特点、与新教师沟通交流、课程教学创新、教学观察反馈、了解教学指导工作的程序等方面的课程。辅导教师的辅导内容广泛，包括让新教师更快地融入学校环境；在教学上为新教师示范，协同教学，共享教学资源；为新教师建立教学档案，进行教学评价；鼓励新教师进行教育教学反思，尽快适应教师角色。在辅导教师与新教师搭配上，要让他们相互了解，双向选择，绝不能将辅导关系强加于双方，因为辅导教师制要发挥作用，关键取决于双方建立良好的辅导关系。美国的职业学校大都设有辅导教师。20世纪90年代以来，各州对辅导教师都出现了比较大的需求。为解决辅导教师供求矛盾，得克萨斯、伊利诺伊等州设立了网络导师制，通过在线方式为新教师与学校提供服务。随着网络信息技术的发展，辅导教师制显示出强大的生命力。

美国教师入职引导计划为新教师提供了全日制专题研习班，研习内容通常是新教师入职时所面临的问题，包括高效率的课堂管理研究、高效率的教学研究、成人学习原则、目标设定与行动计划、教学指导、与家长沟通、学生学习评估等，内容广泛，对新教师具有针对性与实用性。为了不干扰新教师正常的教育教学，专题研习班一般安排在周末、节假日进行。

尽管新教师在进入教学领域之前已经接受了职前教育，但新教师在从事实际的教育教学工作时，仍然会面临各种各样的问题，存在各种各样的需求。因此，我们必须根据新教师的需求，为新教师提供个性化的指导，设计个性化的培训计划。培训计划通常由培训基地的行政人员与学校的骨干教师制订，他们根据每个新教师的特殊需求设计培训计划，以切实促进新教师的专业发展。

在工作的第一年，被正规认定的职业教育新教师在许多方面都需要得到帮助。例如，对学生进行了解，备课时参考其他教师的教案，请求本专业有经验的教师的协助等。对于没有接受过师范教育的职业教育新教师，这一过程通常要持续五六年的时间，因此对这些教师，要提供更多的帮助和支持，可以对其开展与教学相关的各种培训。在教育教学方面，新教师的培训包括课堂教学的组织和设计、班级管理、提高教学水平、教学资源与资料的使用、因材施教、使用多样化的教学方法和策略、能进行多门课程的教学等，此外，新教师还要学习与学生家长建立联系、获取家长的支持。与普通教育相比，职业教育的一个显著特点就是与社会、技术等的关系十分密切，这就决定了职业教育要比普通教育有更大的适应性，因此，职业教育教师要不断提高自身的素质、要重视自己的专业发展，以满足职业教育不断发展的新要求。

新教师培训是职业教育教师专业发展的重要途径之一。除此之外，我们还有其他方式来帮助职业教育教师的专业发展。首先是通过在工作场所进行实践促使其实践能力的提高。职业教育教师可以通过学校与企业的合作，利用暑假直接进入企业，在企业实践，帮助自己了解企业的变化并且与企业建立联系。

职业教育教师还可以通过学校的安排，对企业开展一定时间的考察和调研，然后按学校的要求提交调研报告并进行讨论。通过这种形式，教师可以直观地了解企业的实际情况、收集有关的教学资料。职业教育教师还可以通过学校与企业开展的合作项目参与到企业的生产经营中，这样做可以帮助教师了解工人工作的真实情况，找到实践领域中存在的问题。其次，职业教育教师可以通过与同事一同探讨教学过程中遇到的问题，来了解本专业领域内发生的变化，获得经验。职业教育教师也可以去专业发展学校接受培训，对所需专业的发展进行技能培训，从而获得自身发展。最后，职业教育教师可以参加学习班、研讨会，创造与其他职业教育教师互相学习、分享信息、交流经验的机会，促使自己和他人共同进步。另外，职业教育教师要注意接受教学技术培训，把新的技术和软件应用到教学中，从而提高教育教学水平。此外，职业教育教师还可以通过网络来丰富自己。

4. 美国兼职教师的培养

兼职教师在美国职业教育师资队伍中所占的比例越来越大，职业教育主要依靠实践来获得经验，这种经验主要是由兼职教师带给学生的，因此，要提高职业教育教学质量，就不能忽视对兼职教师的培养。

（1）兼职教师的利与弊

在教育计划中，雇用兼职教师的最有利之处是能够节约费用和增加教师的灵活性。兼职教师的工资比全职教师的低，没有额外津贴，不占用办公室，没有连续雇用的财政承诺。此外，雇用兼职教师增加了学术的灵活性。兼职教师提供了专业职业领域的最新知识和技能，加强了学生与企业的联系，可以在不固定的教室和不固定的时间上课，这种灵活性可以适应招生人数的变动，还可以扩大招生范围。兼职工作虽然在经济上有所损失，但还是给教师带来了某些好处，特别是吸收了一些尽职尽责的半退休人员，他们在专业职业领域有较好的技术，还吸引了希望通过做兼职工作来增加收入的人。工资较低，没有医疗保险和其他福利，以及缺少提升的机会，这些都属于兼职工作中令人不满意的方面，许多兼职教师同样有感到不满意的地方，例如，不能参与课程发展和政策的制定及实施，没有办公室，没有文员的帮助，没有打印机等。由于他们很少与其他教师接触，所以他们经常会感到孤独，有时甚至感到被拒绝。由于兼职教师是因其专业能力，而不是教学能力而被雇用的，所以许多兼职教师缺少教学技巧和教学经验。其中许多兼职教师不是大学毕业的，缺少成人教育的培训，而他们教的学生大部分是成年人。

　　在许多社区学院里，兼职教师占很大比例。也有学者以社区学院为例，认为雇用兼职教师来实施教育既有优点也有缺点。雇用兼职教师的优点包括以下四个方面。第一，使用兼职教师有利于节约公共资金，在节省财政资源的环境下，高等教育机构为了提供那些昂贵的服务，被迫去寻找可替代方法，因为在工资和福利方面，兼职教师都要比全职教师划算，学校需要付给他们全职教师三分之一的工资，并且他们很少需要提升到更高工资、更加权威的位置。第二，在与变动入学人数的需求相匹配方面，兼职教师使社区学院增加了弹性空间。兼职教师在每学期开始都要签约才能从教，并且在以后的每个学期都必须重新签约，因此，当入学考试落下帷幕时，兼职教师的数量容易调整，不需要重新签订合同。第三，兼职教师有优势是因为他们把现实世界中的职业经历引入社区学院，换句话说，他们丰富了教授的理论知识。第四，在社区学院兼职，兼职教师自身也会受益，而且，兼职教师一般把兼职工作看作寻找全职工作的一种手段。

　　虽然最近的研究表明，教育机构雇用兼职教师的动力是非常大的，但是批评家认为，雇用一大批兼职教师所花的成本远远超过收益。雇用兼职教师的缺点包括以下三个方面。第一，批评家说道，兼职教师通过取代全职教师的位置来拿走补课资金，使用兼职教师损害了全职教师的利益。第二，他们声称兼职教师也有他们自身的困惑。麦圭尔认为，兼职教师的角色不明确是因为"通常情况下，大学不能把兼职教师融入到他们的机构中去"，角色的模糊性也使得兼职教师易受到自私性的制约，兼职教师没有从这学期到下学期得到继续雇用的保证，没有健康保险或其他利益，很少有提升的机会，并且在影响他们的结论中不能做出相应的呼吁。这些因素都可能导致他们的积极性受挫。第三，使用大量的兼职教师使得大专学校教学体系的完整性严重受损，然而对于完整性是如何受损的还缺乏一致的说法。一些人认为它将会导致区别性的教学服务。研究表明兼职教师依赖传统教学，因此，他们一般不能成功地使用新的教学方法。与兼职教师和全职教师使用不同教学方法观点相矛盾的是，全国大专学校人员职业发展相关数据揭示：从事职业发展活动的兼职教师使用的教学方法与全职教师的相同。

　　一些研究也得出结论：兼职教师与全职教师相比，不是更有效。然而，其他研究也推论出：兼职教师和全职教师无论是在教学的种类上还是在教学的质量上，都没有实质性的差别。举例来说，根据加州兼职教师的使用情况，由加利福尼亚社区学院部长办公室引导，用来检测当前政策和实践活动的一项研究结果表明：由兼职教师和全职教师提供的教育在质量上的不同，并不是具有决定性的证据。在社区学院雇用兼职教师的最大不足之处是，使用兼职教师看起来并没有全职教师有效。但是，支持兼职教师没有全职教师有效这个观点的研究并不是具有决定性的。当前，使用兼职教师的优点似乎更有可能超过它的缺点。许多学者认为，把兼职教师融入社区学院并不是有可能，而是必需的，在他们各自的著作里都给出了把兼职教师融入社区学院有组织的文化中去的实践活动和模式。它的前景是当公共机构采取一个积极、公平的姿态去对待兼职教师时，使用兼职教师将会加强它们的力量。

（2）提高兼职教师的教学质量

要提高兼职教师的教学质量，采取如下措施是非常必要的：第一是熟悉，兼职教师需要通过一些活动来了解政策和程序；第二是教育和培训，加尔布雷思和谢德建议的三种培训类型是工作培训、在职培训和研究生教育水平的培训；第三是评估，评估必须由行政人员决定，在雇用兼职教师时，必须跟他们进行交流；第四是行政支持，要在学院突出兼职教师和他们的工作的重要性，应该鼓励兼职教师多参加学院工作，在他们方便时，邀请他们参加相关会议，并且为他们举行特别的会议。

下面是关于提高兼职教师的教学质量的四条具体建议：一是改善工资结构以补偿参加职业发展的兼职教师；二是励他们多参加与教学有关的活动；三是加强全职教师和兼职教师之间的交流；四是改变普通教师的办公时间，以便他们能和兼职教师相互往来。提升兼职教师在职业教育师资队伍中的地位，对建设职业教育师资队伍、提高职业教育教学质量都具有一定的促进作用。

（三）英国"双师双能型"师资队伍建设

1. 英国职业教育体系

英国的职业教育分为中等职业教育和高等职业教育两个部分。中等职业教育在综合中学、现代中学和技术中学里实施，高等职业教育主要在继续学院里实施。

综合中学是目前英国中等教育学校种类的主要形式，在校人数超过全部中学生人数的 85%，凡是完成了初等教育的适龄儿童不管成绩如何、智力高低，均可进入综合中学读书。在综合中学里，其课程设置一般都是前三年学习基础课，第四、五年开设选修课，注重实用性。学生对未来的道路选择也有很大的自主权，可以在完成基础知识的学习后参加公共考试，进入大学；也可以在经过了技能性课程的培训后，直接就业。这种学校得到了大多数社会成员的拥护，因此其发展迅速，是 20 世纪六七十年代英国教育改革的一件大事。

现代中学是中等智商的孩子就读的学校。因这种中学是第二次世界大战后才出现的,又具有浓郁的现代办学色彩,所以被称为现代中学。经过11岁的考试,没能进入文法中学而又不能进入技术中学的学生,可以选择现代中学。现代中学重视实用性技能培训,所学科目也贴近社会,为学生出校后就业而设,注重实际操作。学校的课程很多,主要包括航海技术、电子技术、汽车工程、建筑工艺、烹饪、服装裁剪、工艺美术、保育、木工、速记、打字、农业科学、园艺、插花等。而这些课程的设置均无法与英国的高等教育接轨,学完这些课程只能直接就业,若想继续学习可进入六年级,再学两年,学三四门课程,或转到六年级中学毕业后参加普通教育证书考试,成绩优良者可进入大学学习。在综合中学迅速发展之前的数十年里,现代中学是拥有学生最多的中学,在校生人数几乎占英国全部中学生的70%。随着综合中学的迅猛发展,许多现代中学纷纷设置从前文法中学才准许设置的学术性课程。现在,大部分现代中学已成为综合中学,仅有一小部分还存在着,现代中学的学生数量只占全部中学生总数的4%。

技术中学是低于文法中学,但却高于现代中学的中间型学校。此类中学数量很少,在校学生的数量也不足全体中学生总数的千分之一。进入技术中学学习的学生是经过11岁考试,证明智力优异并对自己的未来职业有比较明确的考虑的学生。技术中学的学制是5—7年,由于技术中学是技术学院的附属物,校舍、教师均由技术学院提供,所以技术中学也主要为技术学院提供生源。由于受到20世纪60年代开始的教育综合化运动的影响,为数不多的技术中学一再收缩并不断减少,如今,技术中学在英国中等教育中的地位已无足轻重。

英国16岁后的职业教育即是高等职业教育阶段,也是英国职业教育的重要形式,主要在继续学院实施。英国号称继续教育之乡,他们对继续教育的定义是16岁离校后的青年,所接受的低于学士学位的学术和职业教育与培训。英国目前有继续教育学院499所,其中主要提供普通教育的第六学级学院105所,主要提供职业教育的学院394所。在校生410万(部分时间制学生占70%左右),全职教师55000人。几乎所有主要的城镇都有继续教育学院,这些继续教育学院主要为当地的成年人和16岁(即受过11年义务教育的学生)以上的青年人提供继续教育和培训机会。现在在继续教育学院学习的人数是大学生的两倍。继续教育学院主要针对不同工作岗位的需要和职业资格证书的不同级别,开设不同的职业技术课程,低级的水平相当于中等技术教育,高级的水平相当于高等教育。学生通过不同的职业技能培训后可得到国家认可的职业资格证书,之后可直接进入劳动力就业市场,还可继续提高自身水平和能力。继续教育学院也针对某些准备进入大学学习的入学者，开设学术类或文化补习课程。除此之外，还有许多学院提供某些专门的职业训练机会。

2. 英国职业教育师资队伍建设概况

（1）英国职业教育教师的来源

英国公共高等教育机构（不包括大学）的教师基本上是在教育系统内接受教育并且从事教育工作的。学生在学校取得硕士或博士学位后直接进入学校做教师，教师不是公务员，不实行终身制。近年来，高等院校越来越重视对兼职教师、短期合同教师的聘用。与公共高等教育机构的教师相比，继续教育学院的教师也不是公务员，不实行终身制，但是属于公共雇员，这些教师有着不同的背景。与公共高等教育机构的教师相同，继续教育学院的教师也分为专职教师和兼职教师两种。

（2）英国职业教育教师的职前教育

英国职业教育主要分为中等教育阶段和继续教育阶段两个阶段。中等教育主要通过在综合高中和技术中学中开设相应的职业教育课程来实施；继续教育的实施机构是继续教育学院。在不同教育阶段，任教教师的职前教育模式存在较大差异。对于中等职业教育教师来说，其入职要求与普通中学教师的入职要求相同，即符合政府规定的教师职业标准，拥有教师资格证书。中等职业教育教师的职前教育主要有两种途径：第一，完成本科教育，一般在大学修读本科课程，学习的科目中包括一门或多门有关教育经验和教育理论的课程，本科毕业时获得学士学位和教师资格证书；第二，完成研究生教育，大部分教师职位的申请者，在获得某单独学科或综合学科的三年制大学学历的基础上，本科毕业后直接申请修读为期一年的研究生课程，或者工作一段时间后再回到大学继续修读研究生课程，毕业时获得教育学研究生毕业证书和教师资格证书。研究生课程与全国课程保持一致，包括科学、数学、英语（核心科目）、历史、地理、音乐、艺术、体育、宗教及技术等科目。该阶段教学实践和学术研究交替进行。学术研究主要包括对专业科目的深度研究，以及对教学、心理和社会学理论的研究。过去职业教育教师的职前教育主要是在大学内部进行的，由于这种教育模式被认为过于理论化、学术化，不利于教师教学能力的提高，因而受到批判。目前的职教教师教育改革主要强调增加教学实践，尤其要加强在职业学校内的教学实践，强调充分利用大学、职业学校和企业的优质资源，加强教师教育的实用性和有效性。目前中等职业教育教师职前教育的模式是在大学接受教育，获取教师资格证书；在职业学校进行教学实习，获得教学所需要的经验；到企业或商业部门一线岗位工作，获得该行业最新的技术与管理技能。三方参与培养的职教教师更能胜任职业学校教学工作，这已被实践证明是一种高效的职业教育教师职前培养模式。英国职业教育的重心在继续教育阶段。从业教师不要求接受任何正式的教学培训，但校方会积极鼓励教师获取教师资格证书，如在英格兰和威尔士，许多教师参加与自己专业相关的行业协会（如印染行业协会、船舶制造行业协会、电子元器件行业协会、医疗器械行业协会等）提供的培训课程，获得继续教育教师证书，继续教育学院教师的特殊培养模式与教师的来源有关。在继续教育学院中，大部分年龄较长的教师未曾接受过高等教育，他们来自一线工作岗位，主要从事专业科目的教学，拥有该领域的专业经验和技能，大多数教师有在教育、军队、工业等领域的培训经验。继续教育学院提供培训机会，以提高他们的教学技能。英国的教师职前教育实行教师资格证书统领的制度。"合格教师资格标准"是这一制度的核心。这就是说，政府颁布"合格教师资格标准"并提出培训要求，教师教育机构根据这一标准制定教师教育方案，主管部门根据这一标准来评价教师教育的效果。英国的教师职前教育课程，无论是"教育学士学位"课程还是"本科后教育证书（又译为研究生教育证书）"课程，均依据"合格教师资格标准"的要求来设计和实施。英国的"合格教师资格标准"也是其教师教育课程标准。

（3）英国职业教育教师的资格标准

英国实施教师教育课程标准始于20世纪90年代初期。当时，英国在教师职前教育中正式采用"伙伴关系模式"，即在高等教育机构和中小学合作伙伴关系的基础上设计和实施教师教育课程，高校及其合作学校"共同负责教师教育课程的设计与管理以及学员的挑选、培训与评价"。师范生的学习有很大一部分在中小学校进行。同时，一些中小学校获得了无须高校参与而独立提供教师培训课程的机会，为了规范教师教育课程内容，确保师范毕业生都能达到一定的水平，政府确定教师专业知识的内容，公布了新聘教师必备能力标准，还设置了教师培训司负责规划英国所有的教师职前教育活动。1992—1998年，英国中央教育主管部门多次修订、完善教师职前教育标准。1998年5月，教育标准办公室和教育与就业部下属的教师培训司联合颁布了《教师职前教育课程要求》，即1998年4号文件。该文件详细地规定了每门国家课程的教学目标、教学要求，以及所有师范生在获得教师资格证书时必须掌握的知识与技能。该文件还从四个大的方面阐述了合格教师的标准。经过几年的实施与完善，2002年，教育与技能部和教师培训司再次颁布了《英国合格教师资格标准与教师职前教育要求》，它取代 1998 年 4 号文件成为英国教师职前教育的纲领性文件。该文件规定教师教育机构必须根据"合格教师资格标准"设置课程，学习者修完课程并经考核，获得合格教师资格证书后，方可成为中小学新任教师。英国的"合格教师资格标准"将合格教师应该具备的素质划分为三个维度："专业价值与实践""知识与理解"和"教学"。"专业价值与实践"维度涵盖了每个想成为教师的人必备的态度和行为；"知识与理解"维度阐述的是师范生对即将从事的专业领域及相关学科知识的熟练把握、对相关年级学生特点及课程标准的深入理解。鉴于"教学"在教师工作中的中心位置，该标准用了较大的篇幅来阐述"教学"领域需要达到的目标，包含了备课、授课、评估、课堂管理等方面的能力要求。

英国的"合格教师资格标准"是教师培训机构课程设置的指导文件，该标准对于教师培养的各个环节发挥直接的指导作用。需要说明的是，英国的"合格教师资格标准"严谨而不失灵活，它不规定具体课程，也不指定培训的组织或运作形式，适应性较强。教师教育机构可以根据学习者的要求自主决定如何进行培训。

英国的教师教育课程标准在前言部分就对教师职前教育给出了清晰的定位："教师职前教育是长期的专业发展进程的开端"，"合格教师资格标准仅仅是连续的专业发展过程的第一阶段的要求，专业发展还要贯穿在入职教育和整个从业生涯中。"同样，1998 年苏格兰教育部制定的《苏格兰教师职前教育课程指导性文件》明确提出，"教师职前教育要培养学生持续的专业发展能力""作为教师专业教育的第一阶段，教师职前教育是教师专业发展的基础"。对教师职前教育的特殊性的认识，正是英国对教师教育课程改革的重要基础，公共高等教育（不包括大学）实行自治制度，学校可以不经过政府的批准，自行决定是否聘任教师，教师需要达到哪些条件也是学校自行决定即可。高校教师上岗是否须具有教师上岗证，在英国的法律中没有硬性规定，但是，作为师范类教师则必须具有教师资格，而且要定期去中学任教一段时间，以了解最新的教学状况。对于医护专业的教师，英国政府有很严格的要求。医护专业的教师必须接受过严格的专业资格教育，具有实际的工作经验，并且要在任教前接受专业的教学培训。大学学士学位是最基本的一个条件，有的还要求具有硕士及以上学位。对于继续教育学院教师的资格标准，虽然英国政府没有明确的规定，但是继续教育学院里的许多教师中，一些通过一定渠道获得了教师资格，另一些原来就当过教师。继续教育学院的教师主要来自工商界，因为它进行的主要是职业教育。许多教师是以兼职教师的身份进入学院进行讲课的，这些教师一般没有接受过正规的教学培训，但是具有实践经验，学院鼓励他们获得教师资格证书。现在，继续教育学院的大多数教师都具有教师资格证书。

（4）英国职业教育对新教师的入职培训

新教师获得教师资格证书后就有资格接受长达三个学期的入职培训，经考察合格后才能独立承担课程的教学任务，否则需要重回教育部门学习。新教师的入职培训过程允许间断，但必须在培训开始后的五年内完成。入职培训的内容包括对新教师的指导与帮助，以及对新教师表现的考察。第一，对新教师的指导与帮助。在职业学校中挑选最有教学经验的老教师担任新教师的指导教师，对新教师的日常教学进行指导和帮助。指导教师要制订出适应新教师专业成长的计划，作为新教师入职培训的标准。对新教师的培训应渗透在日常教学活动的方方面面。例如，根据新教师的个人任教简况表和入职培训标准等，制定新教师培养的基本要求、发展目标与行动计划，明确新教师的学习方向，这是考察的基本依据之一；听新教师上课，掌握新教师教学、专业进展情况；每半学期进行一次专家会诊，在新教师和指导教师讨论的基础上，对培训进展进行专业性考察，回顾新教师的进步，规划新教师日后专业发展的目标。第二，对新教师表现的考察。入职培训期间，每个学期末学校都要对新教师进行一次正式的考察，以了解新教师入职培训的进展。第一学期末，考察新教师是否达到基本要求。第二学期末，考察新教师接受入职培训的进展情况。第三学期末，考察新教师是否达到所有入职培训的要求。每次考察后，校长、指导教师和新教师都要填写评价表，对新教师是否取得进步，是否圆满完成入职培训计划等方面进行评价，评价表在当地教育局备案，是学校决定聘用新教师成为正式教师的凭证。入职培训将职前培养与入职适岗联系起来，发挥职业学校在新教师培养中的重要作用，其对新教师的职业生涯发展的重要性是不言而喻的。

入职培训对新教师的专业成长起到很大的推动作用。第一，明确新教师专业发展的基本需求。在中小学为新教师提供具有针对性、实效性的辅助之前，有必要明确在新教师专业成长中的一些需要优先考虑的问题。在确定新教师专业发展的基本需求时，要以新教师的个人任教简况表、合格教师资格授予标准和入职培训标准等多方面的要求为依据，个人任教简况表在确定新教师专业发展需求中起关键作用，它可以提供新教师的发展实力和发展领域的一些相关信息，为完善专业发展目标和实现该目标的行动计划提供了一个具体格式。在入职培训的初期阶段，新教师和指导教师要考虑以下问题：胜任当前教学工作所需的知识和技能、圆满完成入职培训的一些要求、新教师长期专业发展的个人目标等。同时指导教师要尽可能多地给新教师提供机会，使他们能达到入职培训的标准和要求。根据新教师所在中小学、班级的实际情况和个人任教简况表的内容，对培训的标准进行讨论研究，有助于确定新教师所需要的支持和发展需求。

第二，设定专业成长目标和行动计划。专业成长目标对参与入职培训的人员和机构来说具有很强的目的性和方向感，明确了新教师发展的目的和方向。专业成长目标不仅有助于新教师达到入职培训的标准，还是评定新教师进步的依据，能够使新教师和指导教师认识到计划的哪些部分有助于新教师的专业成长，哪些地方需要加以改进。为了使该目标行之有效，在设定目标时要进行通盘考虑，要顾及新教师的具体工作环境和他们的个人基本需求。具体包括：依据个人任教简况表尽早地设定目标；每半学期对目标加以考察评定，以促进目标的实现；权衡新教师的实力和其发展领域的关系；重视新教师的教学和学生的学习情况，使新教师对自己和所教的学生保持较高的期望；了解新教师工作负担的程度，认识专业成长目标与学生日常学习要求的关系；灵活应对入职培训中新教师需求的快速变化。行之有效的目标都具有挑战性、现实性、精确性、代表性及表现方式明了等特点。在设定好目标之后，就应考虑采取什么样的行动来保证目标的实现。制订行动计划的方法如下：确定帮助新教师实现目标的步骤；确保行动计划易于新教师和中小学实施；对进展的监督和考察要易于目标的实现；在培训中当新教师的基本需求和急需解决的问题发生变化、新机会出现或者未预料的事件出现而需要解决时，就要对目标进行完善。

第三，听课。对新教师的教学情况进行观察在整个入职培训期和计划实施的过程中是非常重要的。近年来，许多中小学已经开始广泛采用听课的方法来保证学校的教学质量。听课有助于指导教师掌握有关新教师教学、专业进展的情况，也可促进新教师和其他教职员工围绕教学情况进行研讨。在听课之前，新教师和听课者都要做好详细的计划，其中最重要的是要事先考虑听课的重点及采取何种方法。听课应注重新教师教学上的独特之处，以入职培训标准和新教师的发展目标为依据。听课之后，新教师和听课者要对教学情况进行讨论和分析，这可以帮助新教师对其教学进行反思。课后讨论内容要与听课重点和新教师的发展目标相关。讨论要诚恳、有建设性，鼓励新教师积极参与，肯定新教师的能力和取得的成绩。听课后指导教师可以针对新教师在教学过程中遇到的新问题来调整其专业成长的方向，以使培训计划能更满足新教师个人的实际需要。听课可以使指导教师对新教师的发展目标进行监督和评价，并进行相应的调整。

第四，召开专业考察会议。在新教师和指导教师讨论的基础上，要对培训进展进行专业性考察。这种考察每半学期至少进行一次。考察会在新教师的专业发展中起到非常重要的作用，它不仅对新教师在教学中取得的进步进行回顾，还对新教师下一步的发展目标和专业成长计划进行展望。在召开会议之前，指导教师要事先整理和研究新教师入职培训的进展情况。而新教师则要在会议之前对自己的教学情况进行自我评价，并对照培训标准，对自己的专业发展情况提出一个总体的认识。在考察会上，指导教师要帮助新教师分析其教学情况，帮助他们认识到如何有效地改进教学。为此，指导教师要营造一个公开、真诚、信任的讨论氛围，使新教师能积极地参与到讨论中来。考察会议之后，指导教师应根据入职培训的标准、新教师的个人能力和具体需要，对培训目标进行相应的调整和改进。

（5）英国职业教育教师的在职培训

对职业教育教师进行在职培训的主要目的是提高在职教师的教学水平，同时在职培训还可以满足教师个人的职业生涯发展的需要。职业学校在职教师可以根据需要，选择不同的培训类型。例如，有的教师需要提高自己的教学技巧和与学生的沟通能力，可以申请去指定学校，通过相关培训课程获得专家的指导；有的教师缺乏对一线工作岗位技术要求的了解，可以申请去企业接受职后培训。职后培训可促进教师的职业生涯发展，不断提升教师自身素质，提高教师教学水平和专业能力，进而不断提高职业教育的质量。职业学校教师参与职后培训主要有两种类型。一种是以提升教学能力为目的的职后培训。这种培训由在职教师提出申请，任职学校将其推荐到指定培训学校任教，教师在授课中得到有关教学方法的指导。这种培训类似于入职培训，根据教师的个人任教简况表和职后培训标准来制定培训的基本需求、发展目标与行动计划。考察办法与入职培训类似，只是评价表用作学校决定教师的继续聘用、晋升及提高薪资的依据。另一种是以提升专业实践能力为目的的职后培训。1983 年，英国教育部首次提出，学校应为在职教师提供到企业接受在职培训的机会，这种培训可以极大地提高职业学校师资的专业水平。英国历来注重在实践中训练教师，目前在英国政府的大力支持下，企业等用人单位为在职教师提供大量工作岗位，并让经验丰富的技术和管理人员担任指导员，帮助受训教师制定培训方案和行动计划，并监控培训进程和培训效果的考核。培训的考核表也作为学校决定受训教师继续聘用、晋升和提高薪资水平的依据。

近年来，英国越来越重视职业教育教师的资格证与继续教育问题，许多职业院校鼓励或要求职业教育教学人员取得教师资格证。国家与职业院校积极努力为职业教育教师的培训创造良好条件，以进一步提高职业教育教师的个人素质与教学质量，从而促进英国职业教育的发展。

第二节　"双师双能型"师资队伍建设存在的问题

建设一支理论基础扎实，又有较强技术应用能力的"双师双能型"师资队伍，是应用型高等教育师资队伍建设的目标和方向。当前，在实际工作中，建设这样一支高要求、高质量的队伍，还存在着很多困难和问题。由于职业教育类型较多，各学校体制不尽相同，所处地区环境也不一样，特别是办学条件的差距较大，对"双师双能型"教师内涵的理解不完全相同，所面临的困难和问题也千差万别。主要问题有以下四个方面。

一、认识不到位，缺乏思想动力

（一）不同的学校类型和建制影响了对"双师双能型"教师的理解和认识水平

就目前的高校而言，从隶属关系上看，有公办的、民办的，有省属的、市属的；从服务范围来看，有为区域经济服务的，有为行业服务的；从地理位置来看，有处在经济发达、市场充分发育地区的，有处在相对比较贫困落后地区的；从学校类型看，有以工科教育为主的，有以文史或艺术类教育为主的。不同的类型、不同的情况决定了其对"双师双能型"教师的内涵有不同的理解和认识，这直接影响着"双师双能型"师资队伍建设的具体行为和工作成效。我们在调查中发现，有的学校提出了"双师双能型"教师数占专任教师数80%的建设目标，而有的则以20%为建设目标。各级教育行政部门提出的建设目标也不完全一致。这正是由于对学校的定位和对"双师双能型"教师内涵理解的不统一造成的。

学术界在对"双师双能型"教师的界定上也是众说纷纭。有观点认为，"双证"就是"双师"；有观点认为，"双职称"就是"双师"；还有观点认为，"双来源"就是"双师"。上述三种解释各有侧重，但都是对"双师双能型"进行简单的叠加，而没有对"双师双能型"教师赋予知识、能力和态度等方面的内涵。各高等院校也是根据自己的理解和评估的需要来制定"双师双能型"教师的标准的。在现状调查中发现，部分学校为了达到评估标准，把只要符合上述观点之一的教师都列为"双师双能型"教师。结果出现了公共基础课教师也考行业技能证的现象。证书虽多却束之高阁，这势必使"双师双能型"教师的质量难以保证。

对"双师双能型"教师内涵的解释主要有以下五种。第一，同时具有中级以上高校教师职务和工程技术或其他相关技术职务。第二，高校教师具有一定实践经历（实践经历指的是持有某种上岗证书，或者有两年以上的企业工作实践经历，或者开发过数项技术项目等）。第三，高校教师具有工程师素质，但大多对此"素质"没有确切的解释。第四，"双师双能型"教师是相对于整个师资队伍结构而言的，不是专指某个具体教师的素质，但为每个教师也指出了努力的方向。第五，"双师双能型"教师专指专业教师，并非基础课教师。上述五种解释各有侧重，其中持第一、第四、第五种观点的人比较多，持第二种观点的人也为数不少，而持第三种观点的人则相对较少，但这五种观点都没有对"双师双能型"教师赋予文化素质的内涵。认识的不同，使得不同学校提出的"双师双能型"师资队伍建设的目标相差较大。

另外，各高等职业院校在进行"双师双能型"教师认定的工作中存在尺度不一致的问题，这使得不同的学校提出的"双师双能型"师资队伍建设的目标相差较大，自然"双师双能型"教师的个体水平也是参差不齐的。

（二）传统观念使教师缺乏追求"双师双能型"素质目标的心理动力

"双师双能型"师资队伍建设是高等职业院校能否办出特色的关键。近年来，虽然教育行政部门制定了不少政策加强了这方面的工作，各个学校也采取了一系列措施努力解决这些问题，但受到客观条件的限制，高等职业院校教师的来源主要还是高校应届毕业生。由于天然的不足，从校门到校门的很多教师都普遍感到"双师双能型"的目标要求比较高，实现目标的困难也较大，从而在思想上畏难，不愿积极创造条件自觉加强实践动手能力的培养，缺少追求目标的原动力，与社会需要的那种既有扎实的理论基础知识又有丰富工作经验的"双师双能型"教师差距明显。因而，"双师双能型"师资队伍建设的群众性思想基础比较薄弱。同时由于历史的原因、传统观念的影响和职业教育自身发展中存在的问题，从整个社会看，轻视职业教育的现象还普遍存在。这一方面使学生不愿意到职业学校求学，生源严重不足，报到率比较低，在校生流失率较高；另一方面职业学校毕业生的就业比较困难，出口严重不畅。更重要的是，这一不良现象制约着高质量的教师向高等职业院校流动，"双师双能型"师资队伍建设缺乏良好的舆论环境的支持。在教师实践动手能力提高和实践知识更新方面，同样得不到企业的有力支持。《中华人民共和国职业教育法》规定，企业和社会都应该支持职业教育，为职业学校的教师和学生的锻炼和实习创造条件。关心、支持职业教育虽然是全社会应尽的法律义务，但是在实践中，由于种种原因，很多企业都不欢迎教师到企业内调研、锻炼，也没有可操作的政策对此予以制约。一些企业虽接受少数教师到企业内挂职锻炼，但大都建立在个人关系的基础上，关键技术、关键岗位和整个生产过程也不愿对被视为"外人"的教师开放，这样人为地把教育与生产隔离开来，使得"双师双能型"师资队伍的建设缺少企业岗位实践和先进技术的支撑，也使已经是"双师双能型"教师的工程技术难以进一步更新。

（三）对"双师双能型"师资队伍建设的重视程度不高

"双师双能型"师资队伍建设，没有受到学校领导应有的重视，要么对学历要求过高，要么对编制卡得过严，这使"双师双能型"师资队伍建设举步维艰。处在一个人才济济的环境中，以及传统观念对"职业"的深刻影响，有相当一部分的教师不同程度地存在自卑心理，对提高自身学历层次热情高涨，而对提高实践动手能力和工程技术素质的积极性不高，这制约着"双师双能型"师资队伍的建设和教师自身"双师素质"的提高。

（四）教师消极应对工作，缺乏进取的精神和动力

由于受到传统观念的影响，长期以来，无论是授业者还是受教者，都习惯了那种"重理论，轻实践；重设计，轻工艺；重知识传授，轻能力和素质培养"的教育方式。因此，部分教师认为教师就是教学，教学才是本职工作，没有必要到生产一线参加实践。部分教师认为实践指导课应由实验员去上，专业理论课教师只讲理论。部分教师缺乏吃苦耐劳的精神，且教学工作量大，教师很少有时间和精力下基层参加实践。即使学校有此要求，有的教师就是去走走过场，并没有学到真正的东西。教师长期脱离实践，会导致指导学生的能力降低，甚至不敢指导学生实践。另外，由于"双师双能型"教师的要求比较高，达到要求的困难较大，部分教师产生了畏难情绪。以上这些问题的出现说明"双师双能型"师资队伍建设的群众性思想基础薄弱，教师的教育观和人才培养观跟不上高职教育的步伐。观念的落后和意识的淡薄严重地影响了高等院校"双师双能型"师资队伍的建设和发展。

（五）社会关注不够，企业对"双师素质"教师的认知程度不高

由于高职教育发展的历史不长，人们对高职教育的理性认识还不够。在社

会上不认可高职教育的现象较为普遍，一部分人认为高职教育是一种断后的、没有进一步发展的低层次教育，是高等教育大众化的结果。高等职业院校的办学条件、师资水平和学生来源等种种问题，使得高等职业院校与社会公众心目中的高等院校之间产生巨大的落差。在这种特殊的大环境下，高职教师大多不同程度存在着自卑的心理。再加上独立办学的应用型高等院校的竞争力本来就弱，没有受到学校领导的重视，尤其是在师资队伍建设上，要么对学历要求过高，要么对编制卡得过严。同时，应用型高等院校教师的职称评审和晋升都是参照普通高校的标准来实施的。这种不公平的竞争会使高职教师忙于备战论文，应付职称的评审，而无暇顾及自身实践动手能力和工程技术素质的提高。

另外，企业对"双师素质"教师的认知度不高，产教结合不紧密。《中华人民共和国职业教育法》规定："企业、事业组织应当接纳职业学校学生和职业培训机构的学生和教师实习。"但是企业的不积极配合，加之教师也难免会有抵触情绪，导致了教师的实践能力提高较慢。所以缺少相对稳定的培养渠道和培训基地，已经成为制约"双师双能型"师资队伍建设的瓶颈。

（六）对教育产业认识不足，办学指导思想不端正

我国的教育产业是在"穷国办大教育"的历史背景下，为解决长期困扰教育发展的教育投资渠道单一，经费不足却又浪费严重，教育投资者与收益者分离，投资效益低下等问题而提出的。本质上是要重建符合市场经济要求的内在的投资与收益的良性运转机制，使教育步入"以教养教"的可持续发展的轨道。然而，一部分人对此认识不清，误把教育产业化与教育商业化、企业化、市场化等同，使教育产业化理论成了一部分学校大幅提高学杂费，甚至违规招生、违规收费、敛财的理论依据。为了提高办学效益，一些院校领导以"开源节流"为借口，往往只重视办学规模的扩大，忽视教学质量的提高，重视学院发展的眼前利益，忽视长远利益，重视校舍建设，轻视师资建设。在教师学习、深造、科研，尤其是外出考察、实践锻炼方面不舍得投资，甚至把教师素质的提高完全看成教师个人的事情，将责任推给其本人。这种态度或认识最终都以某种客观的形式影响着"双师双能型"教师的成长环境，进而影响着职业教育的发展。

二、"双师双能型"整体结构与职业教育的要求差距较大

"双师双能型"师资队伍建设，既要靠教师的自觉性，更要靠制度保证。管理是"双师双能型"师资队伍建设的制度因素和组织因素。通过调研我们发现，在"双师双能型"师资队伍管理方面存在着较多问题。

（一）专业教师数量不足，"双师双能型"师资队伍建设难以形成活性机制

近年来，为适应社会需求，国家制定了许多相应的政策，使职业教育得到迅速发展，在校生数量不断增多，生师比失调，与此同时，也出现了专业师资的严重不足等问题。为维持正常的教学秩序，教师将绝大部分时间都用在了课堂教学工作上，他们很难有更多的时间和精力来提高实践动手能力。这在客观上造成了"双师双能型"师资队伍建设缺少时间保障，使各类措施难以真正有效落实。

从现状调查中，我们发现虽然专业课教师所占比例高于基础课教师，占专任教师的61%。但和在校生的人数相比，专业课教师的数量仍明显不足。而尤为突出的问题是教师的专业结构不合理，主要表现是一些长线专业和一些不太热门的专业的教师偏多，而一些与经济建设联系紧密、市场急需的短线专业的教师较少。有些专业甚至没有研究生层次的教师，这就导致了基础性学科师资力量较强，应用性学科师资力量较弱，而用以满足社会需求的恰好是应用性强的学科。这些学科专业课教师缺乏，"双师双能型"教师所占比例小，教师在教学过程中显得力不从心，从而影响学校的办学质量。究其根本，主要原因有以下三个方面。

①随着职业教育规模的迅速扩大，在校生的人数逐年增多，教师严重不足。学校只能要求教师把绝大多数的时间用在课堂教学和校内工作上。因此，他们很难有时间和精力提高自身的实践能力。这在客观上造成了"双师双能型"教师的培养没有时间保障，各种措施难以真正有效落实，尽管专业教师已上过几年课，但仍达不到"双师双能型"教师的水平。

②优秀人才留不住，急需人才进不来。由于社会主义市场经济的深入发展，人才市场正逐步形成。在这一新形势下，教师一旦有了较高的学历、较高的职称，掌握了工程实践知识，具备了工程应用能力，就成为较好的企业和沿海地区高校挖掘的对象。另外，有些行业的收入水平远远高于学校教师的收入水平，这些行业抽了"双师双能型"教师"釜底"的"薪"，导致部分教师工作不安心，一有机会就去寻找新的机会，造成了"双师双能型"教师的严重流失。同时，现行的人事管理政策也不鼓励、不支持企业人才向学校流动，人事管理政策不统一，严重地制约了"双师双能型"师资队伍的发展。

③校内政策不配套，向"双师双能型"教师倾斜的力度不够。虽然高校对专业课教师提出了"双师双能型"教师建设的目标，但在"双师双能型"教师认定标准、激励机制、职称评审、工资待遇、聘任政策以及"双师双能型"教

师引进政策等方面并不完善。具体表现在要求教师必须走产教结合、产学研一体化的路子，却没有制定相应的措施予以鼓励和支持。而校企结合也缺少政策性支持和外部条件保障，有些教师很希望提高实践能力，但缺乏提高实践能力的机会和环境，造成正确的路子没有更多的教师去走，也没有相应的政策引导教师去走。"双师双能型"教师的要求高、压力大、付出多，但待遇却不尽人意。再加上无论教学大赛还是职称评聘，大都以课堂教学为依据，尤其注重学术成果。所以，教师更多地关注自身学历和职称的提高，却忽视了实践技能的锻炼。"双师双能型"教师的数量自然很难达到优秀的标准。

（二）教师的来源单一，缺乏实践锻炼

有资料表明，职业技术学校 66% 的教师是从学校毕业后直接登上讲台的，有的学校这一比例甚至高达 96%。大多数教师的实践工作年限偏低，尤其是青年教师，大多缺乏专业实践经验和必需的专业技能。有实际工作经验和技能的骨干教师和专业教学带头人匮乏。

另外，科技开发、社会服务的职教体系在大多数高等职业院校中尚未形成，产教结合的教育模式没有形成一定的规模。部分企业不愿意接收教师参加顶岗生产实践，使得教师参加实践的场所难以保证。办学规模的扩大，教师编制的收紧，使得专任教师大多数处于超负荷工作状态，他们很难有机会长时间到生产一线锻炼。

（三）高素质的"双师双能型"教师难以引进

从企事业单位引进既有工作实践经验，又有扎实理论基础的高级技术人员和管理人员充实师资队伍，无疑是高等职业院校"双师双能型"师资队伍建设的一条重要途径。但是现行的人事政策不鼓励、不支持企业人才向事业单位流动。因此，如果人事制度不改革，这条途径就行不通。另外，随着人才市场的逐步形成，许多教师已经逐渐变成了"社会人"。一旦他们具有了较高的学历和职称，掌握了一定的工程实践知识，就会成为企业挖掘的对象，更高的待遇和优越的生活、工作、科研条件有很强的吸引力，造成了"双师双能型"师资队伍严重不稳定。同时，地区发展水平和自然条件的不同，也使得"双师双能型"教师在高等职业院校之间由欠发达地区向发达地区流动。对此，传统的人事管理制度、管理方式都难以奏效，高等职业院校也都深感无奈。

（四）职称结构与教育部所要求的"枣核型"教师职称结构不符

有资料表明，高级职称的教师少，中、初级职称的教师较多，教师职称呈

"梨形"分布。这和教育部的要求有差别,说明"双师双能型"教师的职称结构不合理,主要表现在以下三个方面。①副高级以上职称的教师数量较少。其主要原因在于,随着社会经济的发展,新兴的行业越来越多,这就要求学校不断调整和增加新的学科和专业。新的热门专业课程相继开设,这些专业颇受社会青睐,学生踊跃选课。为了课程需要,学校招聘了大批从高等院校刚刚毕业的青年教师任教,这些教师的职称自然较低。而旧有的传统专业不断萎缩,生源紧张,但教师人数多,教师职称高。一边是高级职称的教师极其缺乏,一边是教师职称高却发挥不了作用,"忙"与"闲"形成了鲜明的对比。②实验指导课教师职称晋升较难。实验指导课教师职称晋升要比专业课教师难得多,这主要是因为,担任实验指导课的助理工程师要通过较为困难的国家统一考试才能晋升为工程师。很多实验指导课的教师因为无法通过考试而放弃了职称的晋升,这在一定程度上影响了教师的积极性和进取心。③"第二师"的职称难以转换成相应的教师系列职称。有一些教师是从企业引进的,这些教师因为来自生产一线、经验丰富、技能超群、授课生动、案例很多、联系实际,教学效果好,深受学生欢迎。他们一般都具有高级工程师、高级经济师等职称,但调入高校后,由于进校时间短,无法达到学校的教师职称评审和晋升标准,一时还不能转换到相应的副教授、教授职称系列。不同行业间职务转换的困难,主要是政策缺乏弹性和可操作性造成的,这在客观上限制了"双师双能型"教师职称的提高。

(五)高学历"双师双能型"教师的缺乏

这里的高学历教师指的是研究生以上学历的教师。由于许多高等职业院校是由中职学校升格组建而成的,部分专业还是以中职学校的师资为基础。一些教师刚刚获得本科学历,如果再攻读研究生,还需要一定的时间。另外,由于高等职业院校在高等学校中层次不高,因而,从高职院校招聘来的专业课教师大多也只有本科学历。再加上部分专业课教师年龄较大,很难继续学习取得更高层次的学历。这就导致了"双师双能型"教师中具有研究生学历的比例达不到教育部的要求。因此,采取多种方式提高教师的学历层次是一项紧迫而艰巨的任务。

(六)"双师双能型"兼职教师较少,且缺乏规范的管理制度

兼职教师在专业课与实践指导课教师中所占的比例较低,兼职教师中"双师双能型"教师所占的比例也很低。高校"双师双能型"兼职教师在数量、学历、职称、教学质量上都存在着明显的不足。对于兼职教师,高校缺乏规范的管理制度，兼职师资队伍建设还没有走上正轨，主要表现在以下四个方面。①部分学校聘用兼职教师主要是为了应付评估，有些兼职教师只是受聘，并没有来校授课。②对兼职教师没有奖惩制度，督导力度也不强。有些兼职教师理论水平不够，动手能力不强，缺乏责任心，但学校由于没有稳定的兼职教师来源，往往不能像对待本校教师那样对其进行监督，只好将就着用，这直接影响了学校的教学效果。③没有对兼职教师的聘用标准以及统一的待遇标准。兼职教师都是因为临时需要聘来的，其没有归属感，教学积极性不高，属于"做一天和尚撞一天钟"。在个人工作安排和学校的教学发生冲突时，缺乏法规来保障学校和兼职教师双方的合法权益。④对兼职教师的岗前培训不够。有些兼职教师来自企业或科研部门，他们对高等院校的办学特点缺乏了解，对教学理论了解不多，对教学的全过程还不够熟悉。学校也没有制订对兼职教师的培训计划。因此，有些兼职教师无法适应教师的角色，从而使他们本身所具有的实践优势大打折扣。

三、管理不科学，缺乏有效机制

（一）"双师双能型"师资队伍建设缺少科学的政策导向

随着我国经济体制改革的深入，政企分开，国家逐步减少对事业单位的财政拨款，高等职业院校的各项费用中很大一部分需要自筹。职业教育已有的基础较薄弱，目前科技开发、社会服务的职业教育体系在大多数高等职业院校中尚未形成。由于校企结合缺少政策支持和外部条件，产教研结合的教育模式尚未形成一定的规模，部分企业不愿意接收教师参加顶岗生产实践，因此教师参加实践的场所难以保证。从笔者的调研情况看，多数学校在这方面没有像对提高教师学历那样，从政治上、物质待遇上制定得力的措施予以鼓励和支持，这使得专业教师十分关注自身学历的提高和职称的提升，而不太重视培养和提高自身岗位的实践能力。兼职是"双师双能型"师资队伍建设的一条重要举措，它包括两个方面的含义：一是校外符合教师条件的人员兼任学校教师（即兼职教师），二是校内教师在社会兼职，从事技术和管理工作（即教师通过兼职来提高专业实践能力）。实践表明，兼职教师和教师兼职对加深高等职业院校与企业的关系，促进校企结合、教学与先进技术的结合都是十分有利的，各校都存在类似情况。但同时各校也存在着不容忽视的问题。在教师职业准入制度尚不完善的现实情况下，目前各校所使用的兼职教师中，一些人不具有教师任职资格，由于缺少教育教学理论的指导，这些兼职教师不太了解教育教学规律，工作责任心也比较欠缺，从而影响了教学效果。教师在外兼职同样存在精力分散，影响校内教学质量的问题。对此，不少学校都在探索成功的监督和考核办法。在校内评先评优、职务评聘等方面，绝大多数学校都注重课堂教学质量和学生、同行对教师的评价，而往往轻视专业实践经历、应用研究成果和实际工作成效。目前我们还没有制定出符合职业教育特色的职务评聘和晋级制度，"双师双能型"师资队伍建设还缺少有力的政策导向。

（二）培养程序过于理念化

政府部门对"双师双能型"教师的培养程序过于理念化，不够具体。虽然职业教育行政主管部门对"双师双能型"师资队伍的建设非常重视，也曾制定了一些政策，但尚缺乏明确的、具体的政策性文件作指导，同时还缺少一套"双师双能型"教师培养、培训、评选、再培养、再培训一体化的完整的制度体系以及一套人、财、物相互匹配的支撑体系。在学校方面，由于上级主管部门对"双师双能型"教师定性不明确，具体操作程序与方法过于理念化，不够具体，因此，学校在实施过程中也没有依据可循，只能"摸着石头过河"。加之上级主管部门评估时只注重最后的数据与结果的呈现，致使整个培养与培训的过程流于形式，有些政策和措施根本落不到实处。

（三）"双师双能型"教师培养培训机制不完善

近年来，高等职业教育的规模迅速扩大。高等职业院校数量的增加和在校学生数量的增多，不论是通过合并还是通过改制，不论从绝对数上还是从相对数上，都可以看出职业教育的迅速发展起到了重要的作用。职业教育的迅速发展带来了职业教育教师数量的严重不足。据调研统计，"双师双能型"教师数量缺口很大，目前绝大多数职业学校师生比都人足了1∶20，有相当多的学校还低于1∶30，教师授课周学时数平均超过了10学时，有的甚至超过了20学时。为维持正常的教学秩序，教师只得把绝大部分时间都用在了课堂教学和校内工作上，他们很难有较多的时间和精力提高实践能力。出于无奈，很多应用型高等院校还聘请了一些从事学科教育，甚至不甚了解职业教育的教师，学生接受的教育实际上仍然是学科教育，有的甚至是中等职业技术教育，这严重影响了学校教育教学质量的提高和职业教育特色的形成。这些在客观上造成了"双师双能型"师资队伍建设没有时间保障，各种措施难以真正有效落实。近年来，虽然国家对应用型高等院校教师的培养培训工作已经给予了足够的重视，但是由于培训基地较少，加之此项工作起步时间不长，因此教师的培养培训难以满足实际工作需要，经验也有待进一步提高。在实际培训工作中，如何把握"双师双能型"教师的内涵,真正培养出符合应用型高等教育需要的"双师双能型"教师,也值得进一步探讨。

(四)没有建立合理的教师流动机制

《教育部办公厅关于加强高等职业(高专)院校师资队伍建设的意见》指出"要重视从企事业单位引进既有工作实践经验,又有较扎实理论基础的高级技术人员和管理人员充实教师队伍。"这给高等职业教育"双师双能型"师资队伍建设指出了一条重要途径。但是现行的人事政策却不鼓励、不支持企业人才向事业单位流动,人事管理政策不统一,严重地制约着"双师双能型"师资队伍的建设。随着社会主义市场经济体制的深入发展,人才市场正逐步形成,教师已经成了"社会人"。在这一新的形势下,高职教师一旦具有了较高学历、较高职称,掌握了工程实践知识,具备了工程应用能力,就成为较好的企业挖掘的对象。同时,地区发展水平和自然条件的不同,也使得"双师双能型"教师在学校之间由欠发达地区向发达地区流动,从而造成了"双师双能型"教师的严重畸形流动。对此,传统的人事管理制度、管理方式难以调整和控制,各高等职业院校都深感压力很大。

(五)"双师双能型"教师的评价激励机制不健全

(1)管理体制不公平,教师缺少积极性

目前我们缺乏一套"双师双能型"师资队伍管理体制,包括任职资格、管理条例、考核办法、职称评审体系等。一般来说,对于教师第一职称及教师系列职称的评定,各院校都比较重视,制度也比较完善,但对于第二职称(如"工程师")的评定却少有人管理,使得一些已具备"双师素质"的教师难成"双师双能型"人才。同时一些专业职称的认定,国家已实行以考代评的办法(如经济师、会计师、律师、税务师、程序员等),但一些院校对已取得相应任职资格证书的教师,往往以种种借口不予聘任,如以"考聘分离"或以目前无第二职称"岗位"等为由不予聘任。这些都极大地挫伤了满足"双师双能型"教师条件的教师的工作积极性,也给其他教师向"双师双能型"转变带来负面影响。从目前"双师双能型"教师的定义看,"教授—工程师""讲师—工程师""讲师—高工"等都被认定为"双师双能型"教师,而实际上它们之间的差别很大。当前对"双师双能型"师资队伍的考核没有考虑"双师双能型"师资之间的差别,这在某种程度上影响了教师不断提高自身能力的积极性。另外,"单师""双师"一个样,对"双师双能型"人才无特殊待遇,也使许多教师认为当不当骨干教师，是不是"双师双能型"教师对自己目前利益的影响不大。在工作上，实践教学不受重视，无论是不是"双师双能型"都能指导学生实验和毕业实习，这些状况都对不具有实践教学能力的非"双师双能型"教师产生不了压力。"双师双能型"教师的来源广泛，专业要求复杂，管理难度明显大于其他教师。但目前一部分高等院校并没有制定和实施适合"双师双能型"教师工作特点和要求的管理措施，存在对"双师双能型"教师实践及应用能力管理上的盲点。由于高校不能有效地对"双师双能型"教师进行专业培训，不能准确地衡量他们对教学、实践和科研成果应用的贡献，因此无法对"双师双能型"教师实施有针对性的激励。"双师双能型"教师处于行为目标不明确、职业发展前景不明朗、业绩大小一个样、能力强弱无区别的状态中，缺乏动力即在意料之中。

（2）职称评定不科学，教师"能讲不能做"

职称评定是反映最强烈的问题之一。当前"双师双能型"教师的职称评定尚无特殊政策，依然重论文、轻教学，重研究、轻应用。高等职业院校教师的专业技术职称评审，目前仍沿用普通大学本科的标准，重点考核教师的科研能力。而高等职业院校"双师双能型"教师的能力重点恰恰不是科研，而是专业教学、实践和科研成果的推广与应用。在现行高职教师专业技术职称评审这一"指挥棒"下，"双师双能型"教师只能在承担繁重的教学任务的同时，将大量精力放在完成论文、著作等硬指标上，而无暇顾及专业实践和科研成果的推广与应用。这是导致我国"双师双能型"教师"能讲不能做"的重要原因之一。

（3）福利待遇较低，不能充分调动"双师双能型"教师的工作积极性

职业学校尤其是应用型高等院校起步时间短、底子薄，大多以自力更生为主，在经历数年的艰苦奋斗后，其收入几乎全部投入基本建设中，从而使其教师福利待遇始终停留在一个较低水平，这不能不视为人才难留的一个客观原因。据笔者所知，南宁市应用型高等院校的教师，并没有在待遇上体现出"双师双能型"教师的独特之处，即"双师双能型"教师和普通教师在待遇上是一样的，"双师双能型"教师福利待遇问题的解决已迫在眉睫。各院校只有在提高福利待遇的基础上，才可能留住人才，进而吸引更多的高级人才，否则，学校很难培养出独具特色的合格人才。

此外，"双师双能型"教师的评价激励机制不健全也容易导致教师产生心理问题。随着高等职业教育的迅速发展，教育行政部门和各高等职业院校都对教师的学历和科研成果提出了很高的要求，"双师双能型"教师的压力更大，他们不仅要在理论上能胜任教学，在实践上还要过关，动口、动手能力都要强。

他们在担负繁重的教学任务的同时，既要进修提高学历，又要参加教研科研活动，还要培养实践动手能力。随着人事制度的改革，教师上岗靠竞争，比成果定待遇，他们既承受着沉重的工作压力，又承受着较大的心理压力。据调查，绝大多数专业教师都有过失眠、心悸、头晕、烦躁、血压及血脂高等不良体验和症状。因此学校不但要重视引进师资，更要重视培养校内的教师，要创造一种适合各类人才成长的人文环境，让他们能安心地留下，为学校贡献知识和智慧。校领导要热心地关注教师的工作环境，设身处地为他们考虑一些现实问题，关心他们的思想，关心他们的工作，关心他们的生活，解除他们的一些后顾之忧，让他们不再留恋外面的世界，安心地为职业教育奉献一切。

（六）缺少一套完整的"双师双能型"教师培养计划

虽然教育主管部门已经提出了"双师双能型"师资队伍建设的目标，也把它作为高等职业院校建设发展的重要评估指标之一，学校也制定了一些有关"双师双能型"教师培养与培训的计划，但有些仅仅是为了评估验收而准备的。尽管有些教师被派到教育部的实习基地去学习，或到企业去锻炼，但是这都比较随机，没有科学、系统的规划，甚至有时学校都不清楚哪些教师参加了培训、培训了些什么。由于缺少一套完整的培养计划，因此"双师双能型"教师培养杂而无序，这直接影响到"双师双能型"教师培养工作的良性发展。

（七）不具备充足的"双师双能型"教师培养资源，培养效率不高

这一问题主要表现在以下三个方面。①"双师双能型"教师培养的渠道没有打通。对于教师实践技能的培养，主要是派他们到生产一线去锻炼。教师虽然有短时间内和学生一起实习的经历，但是没有机会到企业顶岗工作和挂职锻炼，这主要是由于校企联合的通道并没有打通，没有稳定的企业为教师培养提供便利的条件和机会。另外，校内外的实训基地虽然有，但都是为学生准备的，很少有教师深入实训基地负责业务工作。实训基地对"双师双能型"教师的培养并没有发挥应有的作用。同时，由于资金的缺乏，学校无法派教师到国内外同类院校进行学习或作为访问学者进行研修，更无法与国内外有关公司、教育机构联合办学，培养师资。"双师双能型"教师培养渠道不畅通严重地影响了"双师双能型"师资队伍的建设。②培养、培训经费投入不足。由于学校近几年学生数量猛增，随之而来的问题就是基础设施的短缺，如寝室不够、教室不够、食堂不够、试验设备不足等问题急需解决。学校把大量资金投入基础设施建设中，以解燃眉之急，却无暇顾及教师培养所需要的经费。尽管有些学校也意识到应该拿出一部分资金用于"双师双能型"教师的培养，但是心有余而力不足，

资金的缺口成为"双师双能型"师资队伍建设最大的障碍。③师资数量紧张，教师无暇参加培训。由于扩招，学生数量猛增，有的学校师生比例达到1∶30。师资短缺的矛盾日益突出，教师的工作量增大，整日忙于应付日常教学，而课余时间还要忙于编教材、写论文以及搞科研。长期超负荷的教学工作使教师失去了参加培训和自我提高的机会，因此"双师双能型"教师的数量增长缓慢，培养效率较低。

四、环境不宽松，制约队伍建设

（一）部分教师较浓的功利意识在一定程度上影响了"双师双能型"师资队伍的建设

调查发现，从事职业教育的一部分教师是因为教师相对较高的工资待遇和相对安逸的工作环境而选择了教师职业的。这使得一些教师对提高"双师双能型"素质不太感兴趣，对建设"双师双能型"师资队伍的政策措施漠不关心，对提高实践动手能力没有投入足够的精力，这些情况在年轻教师中较为普遍地存在着。因此，"双师双能型"师资队伍建设明显缺乏后劲。

（二）"双师双能型"师资队伍建设要有一定的基础

"双师双能型"师资队伍建设需要良好的企业环境支持，需要先进的技术条件支撑，需要宽松的政府政策鼓励。但是地处经济欠发达地区的高等职业院校，由于"双师双能型"师资队伍建设缺少经济的保障和先进的生产、技术条件的支撑，难以形成良性互动的培养机制。相对而言，"双师双能型"师资队伍建设的成本较大，周期也较长，与较好条件的学校相比，如果不下大力气稳定师资队伍和培养中青年教师，学校之间的差距会越拉越大。

上面提到的困难和问题并不是所有高等职业院校都普遍存在的，有的学校还可能存在其他方面的困难和问题。我们列出这些困难和问题意在引起各有关方面的重视，努力找出解决的办法，更好地推进高等职业院校"双师双能型"师资队伍的建设，尽快把职业教育推向更高的水平。我们应该看到，在职业教育改革和发展的过程中，总会遇到难以回避的各种各样的困难和问题，解决了老问题，还会再出现新问题。更重要的是，困难和问题总是与机遇相伴而生的，而且办法总比困难多，关键是我们以什么样的态度面对困难，以什么样的工作精神解决困难。思想方法正确了，问题的根源找准了，方式方法对路了，困难和问题就会迎刃而解，基础理论扎实、实践应用能力强的具有职业教育特色的"双师双能型"师资队伍就一定会建立起来。

第三节 解决"双师双能型"师资队伍建设问题的对策

一、健全"双师双能型"师资队伍建设机制

政府要制定相应的政策法规,加大对职业教育的扶持力度,通过国家对职业教育事业的支持性干预、宏观调节及政策导向,将应用型高等院校教师的任职资格、培养培训纳入法制化的轨道,对社会、企业、政府各自应承担的责任都予以明确的规定。同时,各个学校也应根据本校实际,研究制定适合本校情况的、系统的规章制度,社会与院校共同努力,为学校"双师双能型"师资队伍的建设与管理走上法制化、规范化的道路创造良好的大环境。

(一)创设"双师双能型"教师成长的外部环境

我国经济要健康快速地发展,就需要大量高素质的职业技能型人才。高素质职业技能型人才的培养离不开高素质的"双师双能型"师资队伍,他们应该得到政府的关怀和社会的尊重。因此,全社会必须转变观念,充分认识"双师双能型"教师在应用型高等院校中所起到的重要作用,以及在促进我国社会经济又快又好的发展过程中所占据的重要位置。政府可以通过各种措施,使职业教育教师获得更多的社会认同,把"双师双能型"教师的重大作用提高到"技能兴国"的高度认识和宣传,从而提高他们的社会地位。我们要充分认识到,应用型高等院校能够实现跨越式大发展、呈现出欣欣向荣的面貌与"双师双能型"教师的辛苦工作是分不开的。学校要营造崇尚和争当"双师双能型"教师的良好氛围。政府可在教师节等重要时间大力表彰职业教育"双师双能型"教师的先进单位和先进个人,宣传职业教育和高素质技能型人才在经济发展过程中所起到的重要作用,从而促进重视专业技能、尊重技能型人才良好氛围的形成,激发专业教师对"双师双能型"教师的仰慕,进而形成争当"双师双能型"教师的风尚。

(1)引导社会改革传统用人观念,增加可供选择的人才资源量

学校应建立目标分级责任制,以确保师资队伍建设工作的层层落实,主管校领导负责把握师资建设的总目标、总方向。师资管理部门负责制定全校师资建设的总体规划和实施方案,并协调相关部门落实。各系部领导根据专业建设发展的需要,制定本部门的师资建设计划,并根据学校的相关政策做好各项工作,保证师资队伍建设目标的实现。学校要为"双师双能型"师资队伍的建设

制定目标、实施方案,形成教师上岗资格考核、骨干教师选拔与业务考核等一系列指标体系。在用人机制、福利待遇、晋升晋级等涉及教师切实利益的工作中,向"双师双能型"教师倾斜,以调动教师的积极性。例如,应用型高等院校从生产服务和管理的一线引进有丰富实践经验、有一定教学能力、有相应学历的工程技术人员和管理人员充实师资队伍时,往往需要繁杂的审批手续,虽然这与政策因素有一定关系,但更多阻力来自作为"单位人"而特有的人为障碍,相比之下,从普通高校引进毕业生就很容易。因此,只有制定完善的政策法规体系,充分发挥法规与政策的宏观调控作用,才能引导社会改革传统的用人观念,规范用人制度,保证人才进出渠道畅通无阻。同时,我们要建立完全市场化的人才流动大市场,使人才不为单位所有,增加可供选择的人才资源量。

目前应用型高等院校以地方建设为主,管理体制与直管高校有较大区别。随着社会主义市场经济的不断完善和政府职能的转变,学校需要面向社会依法自主办学。政府及主管部门要逐步把用人自主权、分配自主权还给学校,只做好服务工作。人事、劳动保障部门要积极为应用型高等院校招聘人才提供服务,允许应用型高等院校不受编制的限制,以聘用制形式,采用竞争上岗、择优聘用的方式,面向社会公开招聘具有丰富实践经验的专业技术人员、技师或高级技师担任专业教师或实习指导教师。应用型高等院校在从社会上引进工程技术人员或能工巧匠时,教育行政部门及地方人事管理部门在学历和职称上可适当放宽条件。这些措施将给学校更多的用人自主权,并可在实施过程中提升应用型高等院校承担市场竞争的能力,使其善于行使自己的权利,承担相应的责任,建立起主动适应经济建设和社会发展需要的自我发展、自我约束的人事管理体制。

(2)鼓励企业与应用型高等院校紧密合作

企业要以成为应用型高等院校的合作伙伴为荣。同时政府应规定所有企业在销售额中必须有一定的比例承担应用型高等院校教师和学生的职业技能培训、实习、横向科研项目开发,鼓励企业吸收经过培训的学生为企业员工,以此推动基地、教学、科研、招生、就业一体化,形成促进应用型高等院校教学质量、科研水平全面提升,带动招生、就业良性循环的"五位一体"的职业教育办学模式。

(3)制定职业标准,改革人才培养模式

目前教育部已确立了一批高等职业教育师资培训基地,这使高等职业教育首次有了自己的职教师资中心或大学。但现有的职教师范大学还有待于成熟和提高,且数量较少,难以满足高等职业教育发展的需求。建立高等职业教育教师职业资格制度，可以使社会上有志于从事高等职业教育的人才多了一种选择。因此，我们应制定职业标准，改革人才培养模式，让企业、社会真正承担起自身应负的责任，加快产教深度融合，实现校企紧密合作。

（二）完善"双师双能型"师资队伍建设的制度

"双师双能型"教师的培养必须引起国家和各级政府部门的高度重视。这种重视不仅体现在政府部门的"口头"支持上，更重要的是要建立一整套促使职业学校专业教师向"双师双能型"教师转变的政策和制度。

（1）改革劳动分配制度

目前应用型高等院校实施的是事业单位的劳动分配制度，收入构成主要按职称、职务、学历确定，与是否为"双师双能型"教师及岗位贡献、业绩水平联系不紧密，未能真正体现"多劳多得、优劳优酬"，薪酬分配不能充分发挥激励功能。"双师双能型"教师要具有大学本科及以上学历，要取得教师资格证书，并获得中级或中级以上教师系列职称，同时还要具有相关行业工作经验、职业资格或资格证书。政府应该尽快制定适合"双师双能型"教师的有特色的劳动分配制度，在劳动分配方面给予应用型高等院校充分的灵活度和自由度。

（2）实现"双师双能型"教师职业专门化

要提高"双师双能型"师资队伍的整体素质，提高职业教育教学质量，实现"双师双能型"教师职业专业化，就要要求从业人员必须具备与这一专业相适应的条件，这就需要我们从资格管理入手，设定从事这一职业的基本条件，建立严格的"双师双能型"教师资格认证制度，使"双师双能型"师资队伍建设科学化、规范化。在这一方面，发达国家的经验值得借鉴。美国的一些州明文规定，要有大学本科学历，取得学士学位并有相关领域1—2年工作经验的优秀者，才能颁发职业技术教师资格证书。德国要求职业技术教育教师必须受过高等教育，有5年以上工龄，掌握教育和心理科学，且经过国家的专门考试取得合格证书，才能获得终身职业教育教师身份。瑞士规定职业学校专业理论课教师必须具有4年的学徒经历、3年以上工程师实践经验，且为工程技术师范学院毕业，具备这些条件后，他们应再到职业教育学院进修为期一年的教育学、心理学、教学法等课程，通过者方可任教。韩国的职业教育教师资格证书制更为严格，分为三个等级，每个等级都有具体的认定标准，具有很强的操作性和规范性。可见，国外的职业教育虽没有明确提出"双师双能型"教师的概念，但均在实践操作层面提出了明确的、严格的、切实可行的要求。

由于职业教育对专业教师的双素质要求，因此，职业教育的专业教师必须在教师法规定的学历基础上拥有两个行业的资格证书——教师资格证书和专业技术资格证书，这是职业教育专业教师任职的最基本条件。职业教育教师相关法律法规不完善，在一定程度上限制了职业教育的发展，教育部门应尽快制定与职业教育教师的从业资格相关的法律法规，这其中就包括"双师双能型"教师的职业标准，实现用法律规范"双师双能型"师资队伍建设的目标。教育部门可以建立"双师双能型"教师评审指导委员会，尽快制定评审标准和办法，从政策上保障"双师双能型"教师的职业地位。

（3）推进职业教育教师职务聘任制度改革

目前，应用型高等院校专业技术职称评审与普通院校采用类似的标准，教师专业技术职称的晋升主要看科研成果，忽视了职业教育实践性和应用性的特点。教育部门应该尽快采取措施，为应用型高等院校"双师双能型"教师制定符合职业教育特点的独立的职称评审标准。我们应根据职业教育特点，在教师职务评聘中，将双素质纳入考核范围；根据职业教育专业特色，将学术论文或科研成果应用作为职务聘任的重要参考指标。为促进职业教育"双师双能型"师资队伍建设，应明确职业教育教师的任职资格，职业教育教师的职称评定应有单独的标准，这个标准应该是切实可行的标准，是去繁就简的标准，是确实可以体现教师双素质的标准。

应用型高等院校要把教师到企业实践锻炼作为专业课教师和实习指导教师专业技术资格评审的必备条件，教师参与企业技术创新所获成果应作为专业技术资格评审的重要依据之一。根据应用型高等院校的特点和专业课教师、实习指导教师的岗位要求，制订有别于普通教育的应用型高等院校教师专业技术资格评审办法，实行分类评审。

（4）建立健全制度保障体系

应用型高等院校要建立开放式的教师培训体系，应规定毕业于非师范专业的工程技术人员、技工人员必须进行一定年限的相关工作实践和一定学时的培训，使其实践技能和经验能为职业教育服务。建立职业教育教师实训基地，使专业教师能够定期参加生产实践、进行人才市场调查，实时了解行业发展，进而为职业教育提供优质服务。

（5）改革教师评价制度

学校要建立公平、公正的教师评价体系。这个评价体系可以包括学校评价、教学督导评价、院系评价、学生评价等相结合的评价制度，评价制度要与教师的聘任制度和激励制度挂钩，使聘任、激励和评价成为一个有机的整体。学校应改革教师评价制度,大力弘扬"双师双能型"教师精神,彰显"双师双能型"教师对职业教育质量的保障作用,从而提高"双师双能型"教师的社会地位。

(三)确立"双师双能型"教师观与培养标准

对于"双师双能型"教师的标准,我国教育界有不同的提法,大都不能把理论性和操作性有机地结合。因此,我们应建立"双师双能型"教师评审指导委员会,尽快制定"双师双能型"教师评审标准和办法。通过试点,逐步铺开。同时,各行各业的情况千差万别,我们应该根据行业特点给出若干补充规定和细则,增强其操作性。需要指出的是,在"双师双能型"教师内部确有水平高低之分,我们可将其划分为两个层次:"双师双能型"教师和高级"双师双能型"教师。也可划分为三个层次:初级"双师双能型"教师、中级"双师双能型"教师和高级"双师双能型"教师。

尽管我们对"双师双能型"教师有不同的界定,对"双师双能型"教师的认定标准也存在某些难以量化的地方,但是,随着社会的发展与职业教育工作的不断深入,政府与理论界需要从实际出发,对现有"双师双能型"教师的界定与认证标准进行反思,并提出新的建设性的对策或意见。

事实上,近年来政府的相关政策和理论界的研究越来越强调"双师双能型"教师所具备的能力和素质。《教育部关于加强高职高专教育人才培养工作的意见》(以下简称"《意见》")中指出,要抓好"双师双能型"教师的培养,努力提高中、青年教师的技术应用能力和实践能力,使他们既具备扎实的基础理论知识和较高的教学水平,又具有较强的专业实践能力和丰富的实际工作经验,要淡化基础课教师和专业课教师的界限,逐步实现教师一专多能。

"双师双能型"教师不是简单的"讲师+工程师",更不是"教师+技工"或"教师证+技师证",我们应该将"双师"理解为具备扎实的专业理论知识和较高的教学水平,同时又具有较强的专业实践能力和丰富的实际工作经验。"双师双能型"教师是了解实际应用的新知识、新技术、新工艺,既能讲授专业理论课,又能指导技能训练的教师。

《意见》强调了"双师双能型"教师的能力问题,并将"双师双能型"教师的根本特征归纳为"一专多能"。"一专"即专业基础知识;"多能"指专业技能、实践技能与教学技能等。基于此认识,我们对"双师双能型"教师内涵的探讨应以"专业"和"能力"为核心展开。

(1)"双师双能型"教师应该具备专业技术能力

专业技术能力是"双师双能型"教师进行教学的必备条件,否则教学工作便无法展开。正是基于这样的认识,德国职业教育教师培养的第一阶段就是在大学或综合技术学院学习5年的专业知识与技能。同样我国的"双师双能型"教师也必须具备专业技术能力。

(2)"双师双能型"教师必须具备教学基本技能

如果说专业基础知识与专业技术能力是"双师双能型"教师进行教学的主要内容,那么教育科学知识与教学基本技能就是教师将这些教学内容转化为学生知识经验的主要手段。在德国,职业教育教师教育的第二阶段就是在教育学院学习2年的教育科学知识,同时在职业学校实习、锻炼专业教学实践能力。在这一阶段,教育学院的理论教学更加重视运用理论解决实践中遇到的问题,高等职业院校的实习包括听课、试讲和参加学校的各种活动。德国"双元制"职业教育对职业教育教师的定位与培养值得我们学习与借鉴。我们的"双师双能型"教师也应该具备把行业、职业知识及实践能力融合于教育教学过程的能力。

(3)"双师双能型"教师必须具备社会交往和组织协调能力、管理能力、创新能力和适应能力

"双师双能型"教师的接触面广,活动范围大,既要参与校园内的各种活动,又要与企业、行业从业人员沟通交流,还要组织学生开展社会调查、社会实践,指导学生参与各种社会活动、实习等,因此,其交往和组织协调能力尤为重要。此外,"双师双能型"教师不仅应该具备良好的班级管理、教学管理能力,更重要的是要具备企业、行业管理能力,懂得企业、行业管理规律,还要具备指导学生参与企业、行业管理的能力。在科技迅猛发展的今天,行业职业界日新月异,这必然要求"双师双能型"教师要善于接受新信息、新知识、新观念,分析新情况、新现象,解决新问题,能够不断更新自身的知识体系,以适应外界环境的变化和主体发展的需求。"双师双能型"教师应具备良好的创新精神、创新意识,要掌握创新的一般机理,善于组织、指导学生开展创造性的活动。

因此,"双师双能型"教师指的是具备良好的行业职业态度、专业技术水平,同时具有良好的师德修养、较高的教育教学能力,并持有双证的专业教师。

(四)建立、健全"双师双能型"教师的培养模式

(1)加强"双师双能型"师资队伍的培养基地的建设

一方面,我们应依托国家级师资培养培训基地,加强对"双师双能型"教师技能培训点的管理;另一方面,我们应以省级"双师双能型"教师培养基地为主体,以应用型高等院校实训基地为依托,以企业为补充,建设一批适应职

业教育发展需要的师资培训基地，逐步建立专业课教师定期到企业调查研究和培训的机制，从而形成"双师双能型"师资队伍的培训体系。我们应实行开放式教师准入制度，择优录取一些愿意从事职业教育的高学历人才，让他们到"双师双能型"教师技能培训点接受训练，经过认证中心认定的教师可以到应用型高等院校任教，这样可以缓解专业教师及实习指导教师紧缺的局面。

（2）推动职业教育与企业的联系与合作

应用型高等院校与企业合作进行联合办学是现代职业教育发展的一个重要趋势，也是职业教育日益扩大的必然结果。但校企合作不是由偶然的因素促成的。以教师培训实习为例，企事业单位出于自身考虑，不愿接收培训实习教师，这就需要一条将学校与企业联系到一起的纽带。在此，政府的作用是最直接有效的，政府既熟悉学校，又了解企业，最容易找到使双方走到一起的切入点。政府可提供制度保障，推动建立应用型高等院校与企事业单位合作进行人才培养的机制。这样，教师可以到企事业单位实习，企事业单位可以利用应用型高等院校的教育资源优势，组织在职人员的知识更新培训，另外，学校根据企事业单位用人"订单"进行教育与培训的新模式，有利于校企合作双赢目标的实现。政府应为应用型高等院校教师到企事业单位培训和实习提供便利条件，如减免企业相关税收，给予企业信贷优惠，鼓励企业提供师资、设备、场地；同时应给予应用型高等院校更多的自主权，使学校能够实行灵活的学籍和教学管理制度。政府应给予校企合作项目政策倾斜，提倡产学研结合，鼓励应用型高等院校通过合作开发、科研成果转让，拓展与企业的合作领域。

政府部门可在师资队伍建设总体规划的指导下，在东、中、西部地区之间，省与省之间，县域之间，特别是职业教育发达地区与欠发达地区之间，将两地应用型高等院校结成"一帮一"的对子，在不影响应用型高等院校常规教学的情况下，互派教师，发达地区（如北京、上海、浙江等地）应用型高等院校的教师到欠发达地区应用型高等院校进行指导和帮助，将发达地区的理论知识和实践带到欠发达地区；同时，欠发达地区的教师到发达地区应用型高等院校进行实践学习，学习先进的发展理念，也学习先进的理论知识和实践技能。由于国外的职业教育发展时间较长，有许多经验值得我们借鉴，而且我国职业教育的发展要逐渐与国际接轨，所以国际交流也成为培养"双师双能型"教师的一种途径。这种途径有利于开拓教师的视野，提高教师的创新能力和专业实践能力。

（五）加大"双师双能型"师资队伍建设的资金投入力度

从一定意义上说，是否重视"双师双能型"师资队伍建设，关键要看经费投入是否充足、优先，政策倾斜是否保证落实。目前应用型高等院校教师作为教师中的一个特殊群体，在人才培养过程中承担着多方面的工作任务，政府可将其作为特殊人才，予以一定的补助，把支持职业教育发展的政策落到实处。

职业教育是与社会发展密切相关的系统工程，是国家教育体系的一个重要组成部分。职业教育的发展需要全社会各方面共同努力，行业组织和企业要充分发挥积极作用。我们应大力发展职业教育，开创职业教育发展新局面，坚持人才资源是第一资源的观点，把师资队伍建设放在突出地位。我们要明确师资队伍是支撑应用型高等院校发展壮大的主体，是决定应用型高等院校发展的关键。人才工作是学校工作的重中之重，只有不折不扣地贯彻"人才强校"的战略意图，加强师资队伍建设，才能促进应用型高等院校可持续发展。

大力发展职业教育是各级政府义不容辞的责任，用于发展职业教育的经费投入应作为各级政府考评的一项重要指标，并应采取相应的奖惩办法。《国务院关于大力发展职业教育的决定》第二十六条指出："要进一步落实城市教育费附加用于职业教育的政策。从2006年起，城市教育费附加安排用于职业教育的比例，一般地区不低于20%，已经普及九年义务教育的地区不低于30%。"此项规定的落实，仍需要相应的监督措施。地方政府要加大建设资金投入，足额拨付职业教育经费，解决学校的后顾之忧，保证学校的健康发展。应用型高等院校应把师资队伍建设作为学校教育教学工作的首要任务，结合学校长远发展总体规划，切实做好本校师资队伍建设规划，着力采取有效措施，狠抓落实，努力实现师资队伍建设的目标。此外，还必须扩大职业教育的多样化投入，使政府、社会、企业都积极参与到"双师双能型"师资队伍建设中，保证师资队伍建设的经费投入到位。所谓的"到位"不是到学校的"位"，而是到教师的"位"，真正用在教师身上。应用型高等院校"双师双能型"师资队伍建设中的诸多问题，一定程度上源于"双师双能型"教师的待遇偏低。目前，与普通高等院校相比，对应用型高等院校的经费投入过少。资金的不足制约着应用型高等院校办学条件的改善，使学校引进高层次人才、建设"双师双能型"师资队伍和骨干师资队伍的工作无法进一步开展。教育作为典型的公共产品和公共服务提供者，政府对其负有重要职责。

《国务院关于大力推进职业教育改革与发展的决定》中明确指出："各级人民政府要加大对职业教育的经费投入。省级人民政府要制定本地区职业学校生均经费标准，并依法督促各类职业学校举办者足额拨付职业教育经费。"加大对职业教育的经费投入有助于解决教师数量问题，从而使应用型高等院校在增大教师数量上没有太多经济上的压力；有助于改善应用型高等院校教师待遇，为应用型高等院校从行业和企业吸引优秀人才创造条件。

师资队伍建设靠的不是口头鼓励，主要是通过增加资金投入来实现的。资金投入是师资队伍建设的前提和基础，因此应用型高等院校要加大"双师双能型"师资队伍建设的资金投入。第一，要拨出专款用于"双师双能型"教师的培训、考察、引进，做到"专款专用"。"双师双能型"教师既要提高教师基本素质，又要提高专业技能，更要不断学习专业新知识，对于培训的需求较高。第二，要尽量满足"双师双能型"教师从事实践教学的要求。用于教学实践的仪器、设备等价格昂贵，学校在资金的利用上要有所倾向，尽量先满足有利于"双师双能型"师资队伍建设的教学需要。

二、完善"双师双能型"师资队伍的培养机制

（一）个体双师结构的教师培养机制

个体双师结构的"双师双能型"教师作为应用型高等院校教师，尤其是专业教师培养的主要目标，不会是静态存在的，而是动态的、持续发展的。因此，要进一步完善个体双师结构教师的培养机制，就必须先了解教师发展的整个过程，了解教师职业训练的专业化及教师发展的专业化。

应用型高等院校教师要取得一定的从业资格，能够成功地扮演各种职业角色，必须先接受专门的职业训练。对于职业教育教师来说，专门的职业训练内容应包括专业意识、专业态度、专业理论知识，专业实践能力、专业技能、专业品质。这里的专业技能指的是未来教师从事教育教学工作需要掌握的相应技能，例如，确定教学目标、制订教学计划和方案、设计教学程序、与学生沟通的能力等，而专业实践能力则是针对应用型高等院校专业教师的素质而提出的。在具备了职业教育教师的基本素质以后，教师要不断提高业务水平，成为一名真正成熟的"双师双能型"教师。教师专业发展指的是教育教学专业人员要随着教学工作经历的延续、经验的积累、知识的更新及不断的反思逐渐达到专业的成熟。因此，从教师发展的整个过程来看，个体双师结构教师的培养应该包括职前的专业训练和在职的继续教育，简而言之，就是教师的职前培养和职后培训。

（1）加大应用型高等院校师资的培养规模，构建多种师资培养模式

目前，我国专门从事教师培养的高校的办学模式，呈二元化的状态，即师范大学（包括职业技术师范大学）和普通综合大学的教育学院都进行师资培养。师范大学学科综合化和综合大学设置教育学院成为必然趋势。教师的培养培训

逐渐由这些学校的教育学院和教育系来承担。"能力本位、行动研究"的在职教育培养模式以问题为中心,形成行动研究的范式,使得所有教师都可以在学校环境中共同学习,围绕学校真实情景中的实际问题进行研讨,这有助于提高教师的实践能力和操作能力。例如,天津工程师范学院培养的"双证书、一体化"毕业生受到了高职(高专)院校的普遍欢迎和认可。这一模式加强了"双师双能型"教师的后备力量储备,发挥了各种师资培训基地和职业学校师资技术资源优势,加强了专业教师的培养工作。再如,深圳职业技术学院为"双师双能型"教师树立了一个操作性较强的标准:①在教师岗位工作,同时具有与所教专业相关的社会职业岗位一年以上(含一年)工作经历的,称为双师经历教师;②在教师岗位工作,具有高校教师资格证书(或助教职称),同时具有与所教专业相关的社会职业岗位专业技术等级资格证书(或初级技术职称)者,称为双师资格教师;③具有中级以上教师资格证书,同时具有相关社会职业岗位中级以上技术资格证书者,称为双师等级教师。其中,同时具有讲师职称和中级技术资格证书者称为双师中级教师;同时具有教授(副教授)职称和高级技术资格证书者称为双师高级教师。这反映了"双师双能型"教师的成长是一个动态渐进的过程,对背景、经历、资格强调得比较多,对教师当前与企业的关系没有直接体现出来。对于封闭式的教师培养,有学者提出了企业嫁接模式,即学校以一种开放式的发展姿态与企业建立产学研相结合的紧密合作关系。职教教师可以到企业实习实践,进行继续教育,或参与合作项目的开发与员工培训。学校也可以聘请企业的优秀工程技术人员到学校担任兼职教师。学校还可在有效的激励机制下,发挥教师的主观能动性,通过自学自培,促进教师自我培训机制的建立。

目前,我国的职业教育教师的培养主要还是依赖于职业技术师范大学及部分普通高校里设置的职业技术学院。在多年的办学过程中,职业技术师范大学面向全国,为中高等职业教育培养了大批的教师,也积累了一定的办学经验。但是,职业技术师范大学的"另类复杂属性",使其对管理职责划分不明确,直接导致管理和指导缺位,再加上原有师范教育体制的缺陷日益显露,致使其发展困难重重。相较于为普通教育培养教师的多所普通高等师范大学,职业技术师范大学显然不能满足全国职业院校的需要。职业技术师范大学要满足职业院校对"双师双能型"教师的需求,就必须从职业教育师资培养的源头抓起,建立自己的职教师资培养基地,加大职教师资的培养规模。我们既可以依靠地方政府主办职业技术师范大学,也可以依托普通高校,尤其是工科类高校的优质资源,设置职业技术师范学院,以保障职业院校具有稳定的师资来源。

除此之外，我们还应在保障稳定师资来源的基础上，积极改变封闭式职教师资培养模式（亦称定向型教师教育），构建封闭式和多元开放式并举的职教师资培养模式（亦称非定向型教师教育）。根据《教育大辞典》对"封闭式和开放式教师教育"的解释可知，封闭式职教师资培养模式指的是由专门的职教师范院校对学生进行普通文化科目、专门科目、教育科目、教育实践的混合训练，以达到特定的培养目标，学生毕业后被分配或推荐到职业学校从事教师工作。开放式职教师资培养模式则指的是通过综合大学、工科类高校或其他专门学院附属的职业技术师范学院，为欲获取教师资格的本科或本科以上学生提供继续教育的机会。虽然封闭式的职教师资培养模式可以集中培训目标，有助于对学生进行系统的职业训练，但是由于课程设置狭窄，常常导致培养的教师学术性和师范性难以平衡，发展后劲不足，从而影响师资培养的整体质量。而开放式的职教师资培养模式，虽然学生专业思想转变不够充分，难以与国家师资培养计划协调，但培养目标多样灵活，课程设置广泛机动，设施和设备等条件较为优越，并且学生的专业水平和技术程度较高，知识面较宽，工作适应性较强，职业出路较宽。因此，我们要在不放弃封闭式职教师资培养主阵地建设的同时另辟蹊径，积极依托众多高校资源，建立多元开放式职教师资培养模式。一是要内容开放，即采取分阶段的培养形式，学生既可自主选择学习内容，又可在各个阶段侧重不同内容的学习，避免"眉毛胡子一把抓"；二是要生源开放，即面向所有有志从事职业教育教学的人，既可以是大学应届毕业生，也可以是已工作多年的在职人员，当然这里的生源开放并不是对生源毫无选择地开放，而是要经过一定的筛选和鉴定，保证生源的质量；三是场所开放，即所依托的高校必须加强与职业院校、企业的联系，使得学生可以根据自己的需要自由选择场所，加强自身的实践锻炼。

（2）加强产学研合作，加快"双师双能型"师资队伍建设步伐

产学研结合以利用学校、行业、企业、研究机构等的教育资源和教育环境培养适合行业、企业需要的应用型技术人才为主要目的。其主要特点是利用学校、行业、企业、研究机构等在人才培养方面的优势，有效地把以课堂传授间接知识为主的教育环境与以直接获取实际经验和能力为主的生产现场环境结合起来。

产学研相结合是高校培养合格的"双师双能型"教师的重要途径，也是培养应用型人才的基础工作之一。没有对企业现实运作过程的了解和把握，学校培养的人才就像温室里的花朵，是经不起社会考验的。因此，高校要充分利用企事业单位和科研机构的物质资源和智力资源，走产学研一体化的办学之路。

学校应从实际出发，鼓励中青年教师积极申报科研项目或参与企业的项目开发，在科研经费、企业联系、学校待遇等方面制定鼓励政策，并在培养过程中建立中青年教师科研与项目开发的科学考核与动态竞争的管理机制。学校可通过设立教师科研基金，改善科研条件，鼓励教师开展科研工作。教师的晋级必须有足够的教学工作量和科研成果，否则不予晋升高一级的职称。学校要逐步实现教师从知识型向技术、技能型转变，努力做到既出人才，又出成果。

①企业提供科研经费，委托学校系部或教师按技术研发委托书开展实用技术研发，由专业教师带领青年教师或直接由有能力的青年教师独立承担技术研发任务。这既加强了学校与企业生产科研部门的联系与合作，又为教师提供了生产实践和继续提高的机会和条件。

②鼓励教师积极参与企业培训工作。学校应采取积极措施鼓励专业教师走出学校，面向企业、面向生产，与企业保持业务往来，充分利用自身拥有的多种宣传阵地和教学环境，为企业提供相关产品的宣传与技术讲解，参与企业的员工培训及产品客户培训，推动校企之间的文化交流。同时学校还可帮助专业教师及时获取行业企业信息，并使之及时进入课堂，让学生学到最新知识信息，从而有效促进课程内容的改革，最终真正实现校企双方互融。

③实行"访问工程师"模式。这是培养"双师双能型"教师的突破口。学校每年可以利用暑假等时间，安排教师到专业对口的企业，通过挂职顶岗、合作研发等强化实践技能。教师在企业实地接触先进的专业生产设备、技术和工艺，及时了解专业生产现状和发展趋势，丰富了实践经验，增强了专业技能。教师回来后在教学中及时补充反映生产现场的新技术、新工艺，可提高课堂教学效果。

（3）唤醒教师的自我意识，加快专业教师向"双师双能型"教师的转变

意识是人脑对客观存在的反映，它既包括个体对周围客观事物的认识，也包括个体对自己各种身心状态的认识、体验和愿望，即自我意识。自我意识是人的认识的最高形式，即人们知道自己有什么目的、计划以及自己为什么这样做而不那样做。教师的自我发展意识是教师自我专业发展的内在驱动力，唤醒教师的自我发展意识，就是要使教师准确地认识自己的感知、思想和体验，明确自身发展的目标和计划。教师的自我专业发展需要和意识反映了教师如何不断自觉地促进自我专业成长，意味着教师不仅需要处理好自己与教育环境的关系，还需要把自身的专业发展当作自己认识的对象和自觉实践的对象。教师的自我发展意识，包括对自己过去专业发展过程的意识、对自己现在专业发展状态、发展水平和所处阶段的意识以及对自己未来专业发展的规划意识，使得教

师能够"理智地复现自己、筹划未来的自我、控制今日的行为",使得教师已有的发展水平会影响其今后的发展方向和程度。因此,"双师双能型"师资队伍的建设不仅需要职前的培养和职后的培训,还应注重激发教师的内在需求,唤醒教师自我发展的意识。教师应通过自觉的学习和实践,不断实现自身专业的发展,从而向"双师双能型"教师的方向靠近。

(二)群体双师结构的教师培养机制

从教师群体的角度看,打造专兼结合的"双师双能型"教师教学团队,是现阶段"双师双能型"师资队伍建设的迫切任务。

（1）拓宽教师来源,重视兼职师资队伍的建设

1999年6月,《中共中央 国务院关于深化教育改革,全面推进素质教育的决定》指出,要注意吸收企业优秀工程技术和管理人员到职业学校任教,加快建设兼有教师资格和其他专业技术职务的"双师双能型"师资队伍。提高兼职教师比例不仅有利于学生学到最新的专业知识和技术,提高教学质量,而且有利于专业调整,适应专业变化的要求,还有利于减轻学校的经费和福利负担,降低办学成本、提高办学效益。兼职教师既不是学校与学校之间为了互通有无而互派的教师,也不是学校为了弥补专业课教师不足而从校外聘请的专授专业理论课的教师,而是为了适应职业教育发展的需要,满足职业教育教学的需要,从各行各业聘请的既具有丰富的实践经历、经验和专业技能,又具有较高理论水平、专业知识和讲授能力的专门人才。

从社会大量选聘专业技术人员,使其接受师范教育而成为兼职职业教育师资,不仅是解决职业教育师资数量不足,打造群体双师结构师资队伍的重要途径,也是优化师资结构,适应专业变化要求,实现教学与生产、科研工作以及社会实践相结合的有力措施。美国社区学院兼职教师由社区内的企业家、某一领域的专家以及生产一线的工程技术人员、管理人员等组成,其数量甚至超过了专业教师。澳大利亚职业教育教师主要有两个来源:一是通过高等院校培养高学历、高素质的职业教育师资;二是从社会专业技术人员中选聘。虽然近年来,我国职业院校已经在着力推进兼职师资队伍的建设,但还只是停留在数量、形式上,对质量、成效等内涵建设重视不够。职业院校必须转变观念,从重数量、重形式转向重质量、重内涵。建设一支相对稳定、结构合理的兼职师资队伍,不仅有利于职业院校改善教师结构,还有利于职业院校适应人才培养和专业不断变化的要求。在相关的企、事业单位中不乏既有理论素养,又有丰富实践经验和较高教学能力的专家和工程技术人员,学校可以根据专业的实际需要,把

他们聘请来做兼职教师，这不失为一种充实"双师双能型"师资队伍的好途径。因为，作为兼职教师，一方面可以将生产、科研、管理一线的新技术、新工艺、新方法和新观念及社会对从业人员的素质要求带到学校；另一方面他们在与学校教师进行教学交流中，能产生示范效应，促进专业课教师向"双师双能型"教师转化。

（2）建立兼职教师管理的规范性制度

早在1985年，兼职教师问题就已经在《中共中央关于教育体制改革的决定》中被提及，随后国家也多次在一些重要会议、政策中指出要完善职业教育兼职教师的聘任与管理制度。但从整体上看，兼职师资队伍的建设仍然缺乏国家宏观政策上的保障、明确的聘任程序和完善的考核评价制度。由于缺乏制度的保障和规范性的管理，兼职教师和聘任单位之间没有稳定的人事关系，职业院校一般对兼职教师的考核也比较松散，弹性比较大，不同的院校给予兼职教师的待遇也不同。管理上的松散、激励手段的缺失以及不稳定的工作环境不仅影响了兼职教师的工作积极性和实际工作效果，还导致兼职教师缺乏归属感，不能把自己真正融入教育教学中。例如，《中国产经新闻》中一篇名为《徘徊在职业教育门外的熟练工人》的文章，就讲了这样一件事：

"某职教中心数控机床办教师王俊县以前并不是教师，而是该县机械加工厂的一名工作了17年的老工人。后来王俊县转行进了学校，他很快得到了学生的爱戴，他把自己的技术毫无保留地教给了学生，而且所教的东西更简单，更实用。尽管得到了学生的爱戴和学校的重视，但是他却总觉得自己是外人，无法把自己和这个新工作真正地合到一起。因为他有摘不掉的外聘帽子。"

从这篇报道中可以看出，满足兼职教师内心的归属感，落实兼职教师的资金投入和编制，建立规范的兼职教师聘任制度，是把兼职师资队伍建设纳入师资队伍建设中的首要任务。一方面国家应明确职业院校教师任职资格，并要求各级教育部门设立专门机构，对那些在企业界具有较高理论水平且具有丰富实践经验的工程师或技工，进行教育学、心理学、教学法的系统培训，使其掌握职业教育规律，树立正确的职业教育人才观、质量观、教学观。对有志于从教的社会各界人士，国家应提供教育学位课程和教师资格证书课程的培训和学习，使他们有获得教师职业资格的机会，并对其任教资格给予肯定，同时要在遵循《教师法》和《教师资格条例》的基础上，根据当地经济发展水平制定完备的兼职教师管理制度，对兼职教师的待遇、与所在单位的人事关系及分配关系等进行具体规定。另一方面，学校应做好服务工作，使兼职教师能够安心工作。学校可运用激励机制，根据学期考核结果对兼职教师实行多劳多得、优劳优酬的分配制度，以增强兼职教师的积极性、主动性和创造性，增强其工作的责任感和使命感。学校要帮助兼职教师协调处理兼职与专职的关系，帮助兼职教师解决交通问题，灵活地安排上课时间，主动为其提供参考书等资料。对待兼职教师要一视同仁，邀请他们按时参加教研活动，而且允许具备条件的兼职教师参加教师职称评定，学期末或年终对兼职教师与单位职工应一同考核，与单位职工一样分等级、评奖并表彰。要经常关心他们的家庭情况、身体状况、授课薪酬和心理、思想动态情况，多倾听兼职教师对学校工作的意见和建议并加以改进，让兼职教师抛弃打工思想，把兼职作为自己事业的一部分来对待，充分调动其工作积极性。此外，学校要依法聘任具备相应资格的工程技术专家、管理和服务行业精英人才、生产技术能手等优秀人员来职业学校任兼职教师，要明确双方的权利和义务，落实和保障兼职教师的待遇。

三、健全"双师双能型"教师职后培训体系

"双师双能型"教师资格并不具有终身属性，特别是随着新工艺、新设备、新标准在生产、服务一线的不断涌现，职业院校的专业教师必须加快自身专业知识的更新，必须在走上教学工作岗位以后，不断学习、实践才能不掉队、不落伍，才能及时把新的专业知识和技能融入教学工作中。因此，"双师双能型"教师的培养不是一劳永逸的，对其认定也不是终身性的，而是具有时效性的。加强对"双师双能型"教师的职后培训，进一步完善职教师资继续教育体系，是全面提高职业学校教师综合素质，建立一支高素质的"双师双能型"师资队伍的保证，是使职业教育不断适应社会经济发展需求，保证职业教育可持续发展的重要基础性工作。

职教教师职后培训是教师职后培训的一个分支，从广义上讲，指的是对已经在岗的职业院校教师进行再教育，既包括对已经取得教师资格的教师进行更新知识结构、拓宽知识面、提高知识水平和专业技术能力的再教育，也包括对那些已经在岗工作，但是尚不符合教师资格要求的职教教师进行的学历补偿教育（达标教育）。从狭义上讲，指的是对已经取得教师资格证书，并经过岗位培训能基本适应岗位要求的职教教师进行更新知识结构、拓宽知识面、提高知识水平和专业技术能力的再教育。

（一）职业院校"双师双能型"教师职后培训意义

（1）教师职业专业化特点的要求

美国卡耐基教学促进会倡导的《教师专业化标准大纲》对教师专业化标准

进行了界定，从以下三个方面概括了教师专业化的基本内涵：第一，教师专业化既包括学科专业性，也包括教育专业性，国家对教师任职既有规定的学历标准，也有必要的教育知识、教育能力和职业道德的要求，国家有教师教育的专门机构、专门教育内容和措施；第二，国家有对教师资格和教师教育机构进行认定和管理的制度；第三，教师"双师双能型"发展是一个持续不断的过程，教师"双师双能型"化也是一个发展的概念，既是一种状态又是一个不断深化的过程。这个行业和医生、律师一样具有不可替代的独立性。与职前教育相比，职后教育对于更新教师的知识结构，提高教师的教学技能有着重要的意义。因此，进一步加强、规范教师的职后培训是教育改革和职业院校教师"双师双能型"化发展的需要。

（2）终身学习和学习型社会的需要

现今社会，受终身教育思想的推动，教师教育的重心已经后移，继续教育日益被各国所重视。在未来社会中，变革将更加急剧，知识的更新也将更加迅猛，人与人之间、国家与国家之间的竞争将会更加激烈，教育不能再局限于那种必须吸收的固定内容，而应被视为一种人的进步过程。在这一过程中，人通过各种经验不仅要学会如何表现自己、如何与别人交流、如何探索世界，还要学会如何持续不断地、自始至终地完善自己。只有这样，人才能成为社会变革的主人，这就意味着教师的职责将不再是单纯地传授知识，而是培养学生具备终身学习的意识、愿望和能力。因此，教师的终身学习和与时俱进的成长也就成为必然。

（3）教师个人发展的需要

教育大师的炼成不是一朝一夕的，需要经历磨练的过程。虽然并不是每位教师都能成为专家型教师，但每位教师都有自我实现的欲望。正规、良好的职后培训可以满足教师的这种自我发展欲望，使教师通过培训获得知识的更新。职后培训不仅是教师实现理论与实践再结合的途径，也是教师塑造人格，追寻自我生命意义的过程。

（二）我国职教师资培训工作的现状及问题

改革开放以来，我国的职教师资队伍建设取得了一些进展，教师规模和素质结构有了较大发展，特别是对在职教师的培养培训上取得了明显成效。在"十一五"期间，我国对15万职教师资进行培训，其中省级培训12万人，国家级培训3万人，同时还广泛开展了校本培训和市级职教师资培训。目前，我国已经建立了64个国家级职教师资培养培训基地、技能培训示范单位和230

多个省级职教师资培养培训基地。为确保中等职业学校教师素质提高计划的顺利实施，各级政府都大力支持职教师资培训工作，精心组织、扎实推进各项教师培训工作，积极落实国家级培训和省级培训。以骨干教师和校长为重点的培养培训活动广泛开展，教师企业实践制度全面推进，校长培训形成制度化，师资国际交流与合作达到新水平，职教师资培养培训网络初步形成，这些都为职教师资培训工作奠定了扎实的基础，缓解了我国在职业教育师资上质量不高的问题。

同时，我们也清醒地认识到培训工作，尤其是培训的管理工作存在一些亟待解决的问题。随着培训规模的不断扩大，培训基地数量不断增加，培训的信息量也随之丰富起来，这使得培训管理工作变得更加复杂。尽管一些培训基地在积极寻求新方法，努力加强对培训工作的管理，但由于长期对信息化管理的意识淡薄，加上缺乏专业技术开发人员，其对师资培训的管理尚没有实现现代化。虽然职教师资培养培训网络已经初步形成，但也只是限于一些最新信息、方针政策的公布，而不是对一个完整的信息管理系统的开发。据了解，各培训基地普遍没有建立受训教师的电子档案，管理方式陈旧，手段落后甚至连手工操作的档案都没有建立，整个培训工作处在一种不连续的、片段式的状态，缺乏能够及时跟踪受训教师的知识应用，缺乏与受训教师互动交流从而评价培训效果总结培训规律的系统、平台。

因此，利用现代化手段，尽快建立起一套结构完整、衔接有序的信息管理系统，是职教师资培训部门进行科学决策和改进工作的内在要求，也是规范师资培训、提高管理效率和质量的必然选择，更是职教师资培训当前面临的十分迫切的任务。

（三）"双师双能型"教师职后培训策略

我们应针对目前我国"双师双能型"教师职后培训以学校为本位忽视教师实际需求、培训渠道单一的现状，构建以社会为本位，开放的、多渠道和个性化的"双师双能型"教师职后培训体系。我们在对我国职业院校"双师双能型"师资队伍现状和教师职后培训现状调查了解的基础上，认真汲取终身教育理论和教师专业化理论对教师职后培训的指导意义，结合发达国家职业院校教师职后培训的经验，提出适合我国"双师双能型"教师职后培训的思路。

（1）转变办学理念，突出职业院校"双师双能型"教师培训的重要性

根据对国内部分职业院校的了解，可以清楚地看出：一些学校领导没有正确领会国家关于大力发展职业教育的精神，从而在办学理念、办学思想方面跟

不上形势的变化，以至于在职业院校师资队伍建设方面出现诸多问题，尤其是部分师资的素质和能力不适应社会经济发展对职业院校人才培养的要求。这种情况严重制约了职业院校的正规化、科学化发展，也极大地影响了职业院校技能型、应用型人才培养的质量。为此，职业院校的主要领导一定要转变办学理念和办学思想，根据社会经济的发展和市场经济对人才的需求，强化对现有教师的素质和技术能力的培养，建设一支道德高尚、素质优良、技术过硬的专兼职相结合、结构合理的职业院校"双师双能型"师资队伍。

（2）强化职后教育意识，树立明确的培养目标

职后培训并非职前培养的简单补充，它是在职前培养的基础上，根据社会与教育发展的需要，旨在使教师进一步更新教育理念、丰富专业知识与技能、提升自己从事专业工作的能力，是促进教师专业化发展的重要途径。职后培训不仅仅是让教师掌握一门技能，也不是只面向少数骨干教师或优秀教师，而是要侧重于教师整体素质的提升和面向全体教师，要关注每一个教师的发展。与职前培养一样，职后培训也是一项系统工程。它有自己的特点和规律，是在教师具有一定实践经验的基础上，促进他们对经验的反思与分析，进而使他们将自己的感性经验上升到与时代相符的理性高度。当前教师职后培训应以终身学习的思想为指导，遵循教师成长的规律，统筹安排，按需施教，学研结合、研训一体，突出培训的针对性、实效性与专业性，突出学员的主体地位，加强教师职后培训的科研力度，不断提高教师的成熟度，努力建设一支专业化水平较高的师资队伍。

（3）建立国家级职业院校师资培训基地

我国地域宽广，不同地区社会、经济、教育等发展不平衡，因此，建议分别在华南、华东、华中、华西、华北、东北和西北等适合的城市建立国家级职业院校师资培训基地。这些国家级职业院校师资培训基地要能真正集中职业院校实际需要的优势学科和设施设备力量，真正具有辐射、带动作用。国家级职业院校师资培训基地要重点培训各省重点职业院校（中等职业院校的师资培训可以参照德国的培训网络建设，放到省级师资培训基地）的师资。为了充分拓展培训基地"产学研"或"教研"的功能，培训基地不但要有适应职业教育的理论培训系统，还要与国家高新技术产业（集团）、国家级科研院所等组成"三位一体"的联合体，以便职业院校的教师到培训基地以后，能够真正实现在文化知识素养、职业技能、科学研究能力等方面都有所提高。值得注意的是，国家级职业院校师资培训基地的选址，不但要考虑城市的辐射、带动作用，还

要考虑当地高新技术产业和国家级科研院所等实际情况，以避免"培训基地＝学校＋校办工厂"的做法。要做到这一点，就需要国务院或国家教育主管部门下文，予以确认，即给科研院所和高新技术企业下达职教教师职后培训的任务，以使这些单位把教师的职后培训当作本职工作来抓。同时，我们应建立相应的管理机构，统一管理国家级职业院校师资培训基地。

（4）加强对现有"双师双能型"教师的职业能力培训

①立足校本培训。所谓校本培训指的是以教师任职学校为基本培训单位，以提高教师教学能力为主要目标，把培训与教育教学、科研活动紧密结合起来的一种继续教育形式。校本培训可以克服培训内容与教学实际脱节的弊端，着重解决教师在教育教学、专业发展中遇到的问题，能够更快地促进教师专业成长。校本培训可以通过校内教师师徒结对、聘请校外学科理论专家或技术人员等方式进行。始终坚持以人为本的思想，为教师搭建一个终身学习、自我提升的平台，在教师自我素质提高的同时，促进学校的发展。通过教师和学生的各种技能比赛提高岗位技能，通过论文评比、优质课评比以及邀请国内外的短期专家培训等方式锤炼教师的基本功，立足岗位成才。

第一，实施"教师自我培训计划"。学校应要求人人有目标、有计划、有步骤，使教师的知识结构和能力结构有本质的改善。结合"双证书"计划的实施，督促、鼓励、引导教师尤其是青年教师参加认证课程的培训考试。鼓励教师考取、获得职业（执业）资格证书。对担任认证课程的教师进行培训，他们必须取得认证机构要求的培训讲师资格、考评员资格。另外，根据青年教师的专业方向，安排其参加职业资格认证课程的学习、培训，他们考取本专业高水平职业资格证书所需的费用由学校承担，将教师取得高水平职业资格证书作为职称评定和聘任的重要条件，鼓励和督促专业教师向"双师双能型"教师发展。

第二，加强对青年教师的实验、实训能力的培养。新引进的工科各专业青年教师在第一年除完成规定的理论教学任务外，必须到本专业实验实训室熟悉本专业各个实践环节和常用仪器、设备的使用，并由系主任和实验室主任为其确定2—3门实验实训课，并让他们随指导教师一同进行实验实训的准备、指导、考核。

②与企业建立多方联系，创设专业实践平台。学校通过校企合作，把教师送到企事业单位顶岗锻炼，以提高教师的实践经验。学校应将专业教师有计划地送到大中型企业，集中时间进行专业技能培训。青年教师在三年内要求至少有半年到对口企业从事生产实践、技术开发、产品设计等工作，以更新知识结构，增加实践经验。教师在企业工作期间，可视同完成额定教学工作量。学校将青

年教师到企业锻炼作为一项制度，并与学生实习、毕业设计、横向科研课题开发等工作结合起来，长期坚持。

第一，组织"双师双能型"教师去企事业单位锻炼，进行工程实践，掌握生产技能。职业学校为加强"双师双能型"师资队伍建设，除了依靠引进，还要注重培养。学校要把"双师双能型"师资队伍建设纳入学校教育发展总体规划，建立继续教育培训制度，根据教师的年龄、学历、经历制订具体的培训计划，以新知识、新技术、新工艺、新方法为主要内容，组织"双师双能型"教师去企事业单位进行工程实践，以提高"双师双能型"教师的专业技能。一方面，对于理论课教师，在不断提高其理论水平和学历层次的同时，要让他们到生产、管理、建设服务一线或学校实训基地和产、学、研基地工作一段时间，参与实践，并尝试解决某些实际问题，从而提高其动手能力和操作水平。对于实训课教师，在不断提高其动手能力和操作水平的同时，要加强对他们的理论培训，努力提高他们的学历层次和理论水平，使其动手能力和操作水平由原来的经验型转变为科技型。这样专业课教师就可以既承担理论课，又承担实训课，成为"双师双能型"教师。对于一些具有潜力的中青年优秀教师，应该有计划、有步骤地选派他们到国家高职高专师资培训基地或国内外一些知名大学参加培训，进一步提高他们的"双师素质"。另一方面，加强对在职教师的培养和培训，安排专业课教师到企业进行专业实践。专业课教师要积极寻找机会到专业对口的生产单位进行短期或中期的技术实践，参加企业培训以适应市场对职业教育的新需要，学校要提供制度和政策上的支持。学校可选派一部分中青年教师定期到生产、建设、管理、服务一线进行顶岗锻炼和专业实践，通过岗位锻炼和专业实践，教师可以了解自己所从事的专业目前在生产、技术、工艺、设备方面的现状和发展趋势，在教学中他们就能够及时补充反映生产现场的新技术、新工艺。教师也可以带着教学中的一些问题，向有丰富实践经验的工程技术人员请教，在他们的帮助下提高应用新技术的能力。专业课教师可利用所学的专业知识，为企业提供技术服务、科研服务，这样既加强了他们与生产科研部门的联系和合作，也为他们创造了生产实践的机会和条件，能够帮助他们了解市场需求，从而加快教学内容的更新和教学改革的实施。产学研结合能够提高教师的科技开发能力和创新能力，我们应开展技术应用型科学研究，以科研促教学。职业教育教师应始终站在同行业、本专业的最前列，引领本专业技术发展，始终不断地紧跟产业和行业发展，把最新的知识和技术传授给学生。

第二，组织专职教师参加科研，进行生产一线所需要的应用技术研究。通过合作办学，专业课教师能更好地掌握专业技能；与企业合作的过程中，教师必然要了解和掌握技术生产过程，掌握企业劳动组织过程，这样将提高教师的实践能力，使他们逐步成为"双师双能型"教师。专职教师在科研工作中不仅锻炼了自己的工程实践能力，还可将技术成果应用于课堂教学中，丰富教学内容，提高课堂教学效果。由于各学校开展科研工作的程度差异较大，对于科研工作开展较少的职业院校，实施这种方法能够吸收的专职教师的人数不会很多。对于科研工作开展较好的学校，大部分专职教师可以通过这种方法提高自己的双师素质。学校一定要组织好，真正搞好传、帮、带，使专职教师的实践能力尽快提高，早日承担实践教学任务。

第三，专业骨干教师培训。应选送教学能力强、德才兼备的优秀专业教师到外地或相应高校进修学习，提高他们的业务素质和技能。一是到高等院校脱产学习，为了提高本校教师的知识层次和业务水平，学校积极创造条件，送本校教师到国内外综合性大学或师范类高校进行脱产学习；二是利用假期和节假日等业余时间，选派教师到我国重点职教师资培训基地进修，进行补偿性教育。

第四，"以老带新、以优带新"。作为"双师双能型"教师培养模式的一种补充方式，"以老带新、以优带新"有其不可替代的优势，这是学校培养新教师的有效模式。它可以大大缩短新教师的适应期，同时也可促进新、老教师双方对教育教学过程的思考和研究。这种模式尤其对有一定理论教学基本功的教师提高自身专业实践能力，加速成长为"双师双能型"教师具有显著效果。但必须注意的是，技能和资历虽是选"老"选"优"，但能否承担起"师傅"的角色，还应取决于其思想素质、业务素质、人格特征，以保障培养教师的质量和效率。在确定"以优带新"的对子后，要明确"师傅"的责、权、利，这样不仅能加强"师傅"的责任意识和积极性，而且有利于"徒弟"产生良好的从师态度和行为，从而提高"带新"效果，对新、老教师的不断提高都具有积极的作用。教师通过参加认证课程培训、考试和教学，以及去实验室、赴企业锻炼、新老结合等途径，知识能力结构将得到改善，实践能力会明显提高，一支年轻化的"双师双能型"师资队伍将会迅速成长。

（5）完善培训体系，保证继续教育质量

在科学技术迅速发展、教育改革不断深入的今天，"双师双能型"教师的继续教育对提高和保证职业学校教育质量有着举足轻重的作用。要保证培训质量，必须做到：第一，建立完善、科学、规范的"双师双能型"教师培训体系，强调师资培训的专业化、权威性和针对性，使师资培养有章可循；第二，加强校企合作，定期指派专业教师深入企业实习，教师通过参加对口专业实践、产品开发、技术服务以及生产经营工作等，提高自身的专业实践水平，达到开阔视野、更新观念和专业知识的目的；第三，根据教学的实际需要，多角度、多渠道、灵活多样地进行培训。从培训内容看，既包括学科和专业知识培训，又包括教育管理、教育科研、教育评价以及新的教育技术等的培训。学校应将知识培训与技能培训相结合，不断提高专业教师将理论知识应用于实践的能力。

（6）根据学校情况制订本校"双师双能型"教师培训计划和激励措施

学校选拔有培养前途的、学校发展急需的"双师双能型"教师接受培训，并向国家级师资培训基地提供受训教师的学术和业务情况，提出对培训的具体需求，并给受训教师提供必要的培训经费。许多发达国家的教师进修都与晋级、加薪和升职相关，并已形成制度。例如，美国教师进修的特色之一就是"通过进修可以取得高一级的教师资格"。在我国很多地方已开始把教师进修与晋级、升职和加薪联系起来，但尚处于起步阶段。

第四章 高校"双师双能型"师资队伍建设的途径和保障条件

第一节 高校"双师双能型"师资队伍建设的途径

目前,"双师双能型"师资队伍建设还存在着诸多问题,如师资队伍的学历、年龄、来源、职称等结构不合理, "双师双能型"教师的数量较少、实践能力偏低、培养渠道不畅和效果不明显等。为了加速"双师双能型"师资队伍建设,我们必须深入系统地探讨"双师双能型"师资队伍建设的途径和相关问题的处理方法。

职业教育的培养目标决定了教师既要具备扎实的理论基础知识和较高的教学水平,又要具有很强的专业实践能力和丰富的实践经验。专业课教师都应当成为"双师双能型"教师。要提高现有教师的"双师素质"和整体水平,我们必须从以下两个方面着手。

一、提高教师理论水平和教学水平的主要途径

1.提高教师理论水平的主要途径

目前,高等职业院校的教师中,多数为中青年,他们一般学历、实践能力偏低,理论基础也较为薄弱,难以适应高等职业院校建设和发展的需要,教育者必先受教育,教书者必先强己。年轻教师需要抓紧学习,迅速提高自己的理论水平。提高理论水平的途径有很多,有学历进修、课程进修和在职自学等。

专业教师是高等职业院校教师的主体。重视和加强对现有教师的培养力度是高等职业院校师资队伍建设的首要任务,也是学校生存和发展的根本。因此,学校要根据本校的专业建设规划和工作需要,统筹安排,有计划、有目的地对现有教师进行培养,做到学校有规划,教师人人有计划,而且学校与教师协调

一致。在保证完成教学任务的前提下，学校应尽可能多地选送优秀的中青年教师到较高水平的对口高等学校和企业学习，以提高他们的学历和专业技能水平。选送时，注意专业对口，注意培养学科和专业带头人。

很多研究者认为，对职业学校的现有专业课教师进行培训是提高教师理论水平的首要途径。其中，培训包括两种类型，即校本培训和校外培训。

校本培训指的是在教育行政部门和有关业务部门的规划、指导下，以教师任职学校为基本培训单位，以提高教师教育教学能力为主要目标，把培训与教育教学、科研活动紧密结合起来的一种继续教育形式。校本培训的实施方式：①在学校领导及管理人员的协调、组织下，名优教师、专业教师和实训教师结成师徒，名优教师通过传、帮、带、导，尤其是充分利用现代化教学手段，促使其理论水平和实践能力得到迅速提高；②聘请职教师资培训基地的相关专家或生产一线具有丰富经验和一定技术等级的技术人员，利用寒、暑假时间对在职教师进行短期培训；③反思性教学，即教师借助行动研究，不断提高自身素质、明确教学目标以及丰富教学方法，将"学会教学"与"学会学习"有机结合起来，并按照"教育问题—计划—行动—反思"的步骤开展研究，以提高自身教育理论与教育实践的合理性与针对性。同时，立足校内，创造实践条件，造就"双师双能型"教师是培训工作的着眼点，也是当前"双师双能型"师资队伍建设的最根本的途径。而要创造条件，就要加大对实践性教育环节的投入。首先，要建立和完善功能齐全、设备配套、软件丰富的模拟室、实验室，让教师有学习和实践操作的机会，在满足实践教学的同时，教师也能得到提高；其次，建立实习基地，如设计室、实习工厂，使教师既承担理论教学，又承担部分实践性工作，掌握技能；再次，鼓励并组织教师参加课程设计、课程实习、毕业设计等实践性教学环节，在指导学生的同时，教师也可提高自身的能力。

此外，依托社会，采取挂职方式，选择校外培训，也是培养"双师双能型"教师的一个重要的途径。学校根据专业和学科特点，有计划地安排教师到一些企业或科研单位挂职学习，使教师在完成教学任务的同时，提高实践能力和应用能力。教师在挂职期间，要参与一项工程或一个经济循环、一个开发项目、一个课题等，以提高自身的应用知识的能力，并从中获取课堂教学所需的生动素材。除此之外，积极寻觅、挖掘专门人才，引进"双师双能型"教师不失为"双师双能型"师资队伍建设的快捷、有效的途径。因为在企事业单位及各类经济实体中，不乏博学善讲、具有教师素质，同时又有丰富的实践经验和操作能力、善于解决实际问题的专家，他们实际上是理想的"双师双能型"人才。把这部分"双师双能型"人才引进学校，不仅可以满足教学需要，还能为相关专业及课程建设带来生机，也可为同专业的教师培训树立样板。除了挖掘专门人才，引进"双师双能型"教师之外，有些研究者认为可以聘任科研院所、企事业单位的优秀科技工程技术人员、管理行家、技术能手等作为学校的兼职教师。职业学校要实施开放办学，走校企、校厂联合的办学之路，这样不但可以优势互补，增强办学活力，提高效益，而且能够通过校企联合，从生产一线聘请既有实践经验又能胜任教学任务的兼职教师。但是，目前在引进"双师双能型"人才和聘任兼职教师方面存在着一定的困难。这一困难的解决，需要政府、企事业单位和职业学校都处于一种适合各自的地位的有效机制。实际上，培训现有的职教教师也离不开这一机制。

2. 提高教师教学水平的主要途径

高等职业院校的教学活动包括理论教学和实践教学，且实践教学占有较大的比重。实践教学包括实验、实习、综合实践训练、课程设计等。刚参加工作的年轻教师从开始任教到能够站上讲台、指导学生实践，需要一定的时间，要达到较高的教学水平更是不易，他们必须付出艰辛的劳动。教师具有扎实的理论基础和很强的实践能力是提高高等职业院校教学质量的基础，而教师要获得较高的教学水平，就要勤奋敬业、虚心学习、不断积累。

二、提高教师实践能力的主要途径

1. 转变观念是培养"双师双能型"教师取得成效的保证

应用型高等院校的大多数教师都是从学校毕业后直接走上讲台的，他们大多来自普通高校，学科教育的烙印较深，他们中的许多人对参加专业技能培训不感兴趣，甚至有人认为从事实践教学的教师是因为不能胜任理论课教学而为之。因此，学校要对教师加强职业思想的教育和引导，使他们从思想上重视职业技能的培训，并积极主动投身于职业技能培训中。

2. 建立"双师双能型"教师资格认证制度

我们要建立"双师双能型"教师资格认证制度，使"双师双能型"师资队伍建设科学化、规范化。在德国，政府要求职业教育教师资格证报考人员要有一年以上工作经历或在地方院校毕业后取得教育部高级技术员证书，修完四年大学课程后通过国家第一次考试，然后到职业学校实习一年半至两年，再参加国家第二次考试，通过后方可取得职业教育教师资格证书。我国教育行政管理部门应尽快建立"双师双能型"教师资格认证制度，这是"双师双能型"师资队伍建设的核心所在。

虽然国外没有明确的"双师双能型"教师的提法，但所培养的高职教师均具有相应的内涵。目前，美国、德国、澳大利亚、日本、丹麦等发达国家的职业教育教师资格认证体系已经发展得相当成熟。发达国家几乎全部建立了高标准的职业教育教师资格制度。

在澳大利亚，要想成为职业学校的专职教师就必须具备如下条件：首先要具备专业文凭，其次要持有职业教育教师四级资格证书，还得有三至五年的企业工作经历。在职业学校兼职教师方面，也具有相对严格的标准：必须有三年以上的社会工作经历，有相对应的专业技术资格证书和企业一线的生产操作能力。

美国针对职业教育，实施专门的职业教育教师资格证书制度。美国对职业教育教师资格有着严格的规定，对职业教育教师的要求比对一般的中小学教师的要求高很多，美国的职业教育教师类似于我国的"双师双能型"教师。美国的部分地方明文规定，具有大学本科学历、取得学士学位并有相关领域一至两年实际工作经历的优秀者，才能获得职业教育教师资格证。职业教育教师每隔两年半就要参加一次教师资格考核，并需取得任教资格证书。学校对教师的考核非常严格，教学不负责、质量差的就要坚决解除聘约。职业教育教师的社会地位和工资待遇比较高，收入水平仅次于医生。另外，职业院校对兼职教师的聘请也有严格的要求：在学历方面必须是硕士以上，且必须是本行业优秀的技术实践人才。

德国在职教教师资格方面显示出极强的专业性，职教教师的职业形象也相当高。在德国，职业教育教师必须经历系统的专业资格和职业教育理论学习，具有五年以上工作经历及通过国家的专门考试，才能取得合格证书。比如，德国的理论教师，必须先在与自己所学专业对口的企业实习至少一年，深入了解企业的生产、管理、组织的程序和方式，提高实践操作能力，在这个前提下，才能进入大学学习，经过四年的学习，通过第一次国家考试，再到职业学校和教育机构实习两年。可见，这样培养出来的教师既具有至少三年的企业经历，又经过系统的教育学理论学习，有较强的实践能力和理论知识水平。在德国校企合作中，教师必须进企业，这样可以促使教师及时了解企业的最新信息，并将其第一时间反馈到教学一线。要想成为正式的德国职业学校教师，就要通过第二次国家考试，还要具备五年以上工作经历、两年以上培训经历及博士学位等条件。

日本的"职业训练指导员"指的是具有技术专业和教育专业双学士学位的双专业教师，是一种职业资格，就是所谓的"双师双能型"教师。其中培养"职业训练指导员"的机构是职业能力开发大学，分别有长期的四年制课程和短期的六个月课程。长期四年制招收的是高中毕业生，培养具有较强理论基础知识、过硬的专业技术能力和教学能力的教师。短期六个月课程是为了培养具有专业技能和实践经验者的，参加学习的人必须通过国家二级技能考试，有两年以上的实践工作经历或同等技能水平。从事职业教育的教师一般都是专业技术和教育领域的突出者，或在企业、事业单位等的一线工作场所工作十年以上的人员。

综上所述，发达国家的职业教育教师不但需要有比较高的学历，同时还要有一定的企业实践经历，基本上都要拥有三年以上的实际工作经历。可见，在职工作经历、职业实践锻炼已经成为发达国家培养职业教育教师必不可少的条件。

3. 产学研一体化

"双师双能型"师资队伍建设可以采用多种途径。然而，无论是在职教师的校外培训，还是聘请兼职教师或者引进专家能手到职业学校任教，都必须坚持产学研一体化的办学思路。

产学研一体化的办学思路是培养"双师双能型"教师的关键。我们要逐步实现教师从知识型向技术、技能型的转变，努力做到高等职业院校既出人才又出成果，也出产品。学校应鼓励教师积极参加实验室、实训室的建设和新实验、新实训项目的开发，鼓励教师主动到科研设计单位兼职、与企业联合申报科研课题、参加项目设计、从生产实践中为学生寻找综合实践课题。学校要办好教学工厂，形成定型的产品，让更多的教师有机会承担产品的设计和工艺管理等专业技术工作。

建设"双师双能型"师资队伍，必须实现三个转变：教师的能力结构由知识型向技能型转变；教学方式由传统的一支粉笔、一本书向实践教学转变；教学内容由封闭型向开放型转变。而要实现这些转变，就教师而言，学校可以组织他们分期分批到现场顶岗挂职，学习生产技能、管理知识；到科研、设计单位兼职、合作，承担科研课题，参加项目设计。有的研究者从省时高效的角度出发，指出对在职教师的各种培训，包括校内培训和校外培训，都能够在一定程度上提高他们的"双师素质"。但是，这样无法满足多、快、好、省地进行"双师双能型"师资队伍建设的需要。因此，实施产学研一体化能够克服其他途径的弊端，产学研一体化是培养"双师素质"教师的最佳途径。

4. 选择"访问工程师"模式

"访问工程师"模式是培养"双师双能型"教师的突破口。学校每年可以利用暑假等时间，安排教师到专业对口的企业，通过挂职顶岗、合作研发等多种形式强化实践技能，提高双师素质。教师在企业能够接触到先进的专业生产设备、技术和工艺，及时了解专业生产现状和发展趋势，丰富实践经验，增强专业技能。这样教师在教学中就能及时补充反映生产现场的新技术、新工艺，从而提高课堂教学效果。

5. 建立"教师工作室"

建立"教师工作室"是培养"双师双能型"教师的好方法。让有丰富实践经验和专业技能的教师负责一个实验或实训室，我们可以将这样的实验或实训室直接命名为某教师工作室，这样既改善了教师的科研条件，也增强了教师的责任感和自豪感。目前，不少有条件的学校为有丰富实践经验和专业技能的教师配备工作室，教师的专业素养和技能教学水平得到了明显提升，他们所培养的学生也纷纷在国家和省级技能大赛中获奖。

6. 加强师资培训基地建设

教育部从"十五"期间开始实施的有关职业教育的四大工程，其中之一就是师资培训工程。全国不少高等职业院校设立了"双师双能型"教师培训基地，其通过实施国家级骨干教师培训、省级骨干教师培训、省级"四新"培训工程，开展"双师双能型"教师的培训工作，培训的重点是职业教育与理念、实践能力、专业技能和现代教育手段。

7. 拓宽师资引进渠道，扩大兼职教师比例

兼职教师是应用型高等学校师资的重要组成部分，美国社区学院兼职教师占教师总数的三分之二，加拿大社区学院兼职教师达到80%以上。企业里也不乏博学善辩之才，学校要有计划地聘请本地区、本行业的能工巧匠担任兼职教师。

8. 要充分发挥职称评审的导向作用

教育行政部门要根据高等职业院校"双师双能型"教师的特殊性，尽快出台高等职业院校教师职称评审标准，要把技能考核作为高等职业院校教师职称评审的主要指标，适当降低学术要求，真正体现职业教育对"双师双能型"教师的素质要求。

9. 提高"双师双能型"教师的待遇

"双师双能型"教师是理论知识和实践能力都有较高水平的教师群体，承担着较一般教师更为繁重的工作任务。因此，学校应制定针对"双师双能型"教师的奖励政策，使"双师双能型"教师在职称评审、出国培训、工资津贴等方面享有相对优厚的待遇，以保证"双师双能型"师资队伍的稳定。

当然，"双师双能型"师资队伍建设是一项系统工程，并非一朝一夕就能建成。"双师双能型"教师的培养过程比较复杂，因时间、因专业、因人而情况千差万别，有的还涉及政府部门之间的协调，各学校不能套用一种模式，更不能搞"一刀切"，要从本校实际出发、结合地方及区域经济发展情况认真制定切实可行的方案，真正把各项工作落到实处。

第二节　高校"双师双能型"师资队伍建设的保障条件

建立"双师双能型"师资队伍是高校师资队伍建设的特色和创新，是提高高等教育教学质量的关键，加强"双师双能型"师资队伍建设要坚持共性和个性的统一，既要体现一般学校师资队伍的共性，又要突出高校专业师资队伍的个性，即特色。要使"双师双能型"师资队伍建设得到切实加强，不仅需要良好社会环境的支持，也需要良好的校内环境的支持。

一、"双师双能型"师资队伍建设的社会环境保障

（一）提高认识，转变观念，创造良好的外部环境

我国加入 WTO 后，职业教育的任务越来越重，其作用越来越突出，它肩负着为生产、建设、管理、服务等一线培养技术应用型人才的使命。这就要求我们要与时俱进，开拓创新，明确职业教育在整个教育中的性质、地位、作用，转变人们轻视职业教育的思想观念。我们要通过各种媒体，加大宣传力度，把发展职业教育的有关政策真正落到实处。教育主管部门要重视并采取有效措施，全方位宣传大力发展职业教育对国民经济的巨大推动作用，从而引起全社会对职业教育的足够认识，促进政府相关部门和企事业单位关注职业教育发展。只有这样才能为职业教育的健康发展创造良好的外部环境，高校"双师双能型"师资队伍才能快速成长。

（二）建设"双师素质"师资队伍，建立可持续发展的政策保障体系

从政策上入手，各地方主管部门应加大对职业教育的扶持力度，制定有利于职业教育发展的相关政策，从招生政策、拨款政策、投资政策、人事政策等方面对职业教育发展给予大力支持，真正实现职业教育办学制度化。如深化劳动就业制度改革，实施严格的就业准入制度和职业资格证书制度。要打破师资来源以高校毕业生为主的传统观念，国家应出台相应政策，对"双师素质"教师予以特殊支持，鼓励社会上各行各业的优秀人才到高校任教，充实"双师双

能型"师资队伍。高校在引进有实践经验的"双师素质"的技术人员时，在人事上应给予政策支持。地方政府也要将职业教育的发展纳入区域经济和社会发展的总体规划中，在政策措施和资金投入方面给予积极的扶持，并为专业教师提高实践动手能力提供必要的保障条件。

（三）制定教师系列职称评聘标准，发挥职称评聘在师资队伍建设中的导向作用

目前，各应用型高等学校教师职称评审基本上是参照普通高等学校的标准来实施的，从应用型高等学校的培养目标和师资队伍建设的实际来看，这是不科学的，也是不合理的。普通高等学校的教师主要从事文化理论课教学，而应用型高等学校的教师一方面讲授必须够用的理论知识，另一方面主要是进行技能培养，两者如果不区别对待，职称政策与应用型高等学校的培养目标就会发生矛盾，影响教师的积极性与进取心。因此，应用型高等学校的教师职称评审制度的改革势在必行。国家要根据职业教育的特点，尽快出台职业学校教师职称评聘工作标准，制定适合应用型高等学校教师工作特点的教师职称评审办法，要把教师的实践能力和动手能力作为考核重点，职称评聘与待遇要挂钩，以激励教师自我完善、自我提高和自我发展。

（四）产教融合与校企一体化是"双师双能型"师资队伍建设的基础

随着高校办学规格的提升，其师资队伍的构成和来源发生了很大的变化，越来越多学历层次高的青年教师从学校毕业后直接加入师资队伍。他们的知识结构较新，专业理论水平相对较强，但实践技能薄弱，不能很好地胜任教师工作。此外，我国高校与企业的联系不是很紧密，教师在校期间与所属专业对口的行业或企业的联系并不多。尤其是随着企业技术进步、产品更新速度加快，与国际行业接轨并直接参与竞争，企业的知识产权意识明显增强，教师与企业技术人员的交流和互动有限，直接影响教师实践能力的培养和提高。

1. 产教融合与校企一体化"双师双能型"教师培养对策

高校教师由于受到传统教育观念、自身能力等各种因素的制约，创新的教育思想和活力不强。主要表现在，一是对学生采用灌输式教学，衡量教学效果主要看学生对知识的掌握程度，重视基础知识的传授，轻视对学生学习兴趣、思维能力和创新精神的培养。二是按照统一的标准和要求教学，只重视学生的同一性和规范性，忽视学生的多样性，缺少对学生主体性和个性化的充分认识，对学生的新思维和创新能力的培养力度不够，教学内容陈旧，教学方法不够合理。三是由于教师课程负担较重、创新训练不够和参与科研项目较少，高校师资队伍整体的创新能力不强。

高校既要建设一支理论基础轧实、技术应用能力较强的"双师双能型"师资队伍，又要建设一支实践能力强、教学水平高的兼职师资队伍。高校师资队伍建设应该关注以下五个方面。

（1）注重高校自身教师培养机制建设

高校应探索建立适合自身特点的教师培养培训体系，将职前培训、入职培训和职后培训进行有机统一，采取灵活多样的培训形式，为教师各项业务能力的提高提供有利的平台。高校应把教师的职前培训、入职培训和职后培训作为一个连续的、统一的、终身化的过程来看待。职前培训重在基础，入职培训重在适应，职后培训重在提高。我们要在终身学习理念和资源共享原则的指导下，实现不同阶段、不同教师及教育培训机构之间的衔接、整合与重组，建立完善的教师培养培训体系，促进教师在整个职业生涯中不断提高专业化水平。将教师教育作为一个专业、系统、连续的培养培训过程，是探索新时期教师教育改革的一个突破口。

（2）搭建高校师资培养平台

高校要建立师资培训的组织机构和专家队伍。一是以核心课程体系建设为抓手，加大培养专业带头人和骨干教师的力度，努力打造优秀的教学团队。这是提升高校师资自身培养效果和提高教学水平的关键。二是要注重强化实践技能，培养"双师素质"教师。高校应努力提高教师的实践教学能力，制定相应的鼓励政策，完善管理，要求专业教师尤其是青年教师每隔一两年到企业一线挂职实践一段时间，以提高他们的实践能力；鼓励教师参与产学研基地的应用技术研究，培养教师的科研能力；要求并鼓励教师拿到国家劳动部门认可的中、高级技术等级证书，不具备"双师素质"的教师不得承担专业课程的教学工作和指导学生的实践活动。三是要规范兼职教师的管理与队伍建设。高校应建立外聘兼职教师档案，完善兼职教师考核制度，进一步推进兼职教师聘任和管理的制度化、规范化；扩大兼职教师比例，逐步形成实践技能课程主要由具有相应高技能水平的兼职教师讲授的机制，学生在校外实习或顶岗实习的过程中，主要由兼职教师指导。

（3）依托国内名校加强师资队伍的培养

知名高校的优质教学资源对普通高校的师资队伍建设具有十分重要的意义，其可以对普通高校师资队伍建设发挥不可或缺的作用。一是知名高校拥有一批具有较高的理论教学水平和科研开发能力的教授和专家，他们是普通高校专业师资培养的重要力量。二是知名高校具有悠久的办学历史和文化底蕴，有比较成熟的教学管理、学生管理、师资管理经验，学习借鉴知名高校的这些有益经验，是普通高校提高教学管理水平、提升办学能力的一个有效途径。三是知名高校拥有良好的科研机构、科研设施和科研开发能力，这是普通高校开展"院校合作"，提高专业师资队伍的技术研发能力，培养"双师素质"教师的重要保障。另外，知名高校的优秀毕业生也是普通高校师资的重要来源。因此，普通高校在师资培养方面可以建立起与知名高校合作的创新平台，以人才培养、专业建设、科技服务为重点，以项目为基础，努力形成多向参与、优势互补、互惠互利、共同发展的良性运行机制。学校还应努力探索"访问学者"、教师在职攻读硕博学位等进修方式，鼓励中青年教师到知名高校进修学习，以提高中青年教师的技术应用能力和科学研究能力。

（4）加大优秀人才的引进

高校要加大人才引进的力度，吸引高层次人才加盟学校。尤其要围绕专业和团队建设，注重引进高层次领军人才，促进多学科融合交叉，增强师资队伍的整体创新意识。聘请大师级人物对专业建设和人才培养进行指导，必要时可采取"柔性引进人才"机制，坚持"不求所有，但求所用"理念，尽快提高专业带头人和人才梯队建设。同时，要积极引进有行业、企业工作经历的专业人才，加大兼职师资队伍建设力度，聘请各行各业的能工巧匠和专业技术人才担任兼职教师，从而构建一支高质量的双师结构教学团队。

（5）实行开放式师资队伍的培养与交流

我国要建设的是具有中国特色的社会主义市场经济体制。在市场经济体制下，人力资源日益市场化，高校教师的合理流动也就成为一种必然的趋势。高校应紧紧抓住机遇，充分运用市场竞争机制，优化教师资源配置。一是提倡和鼓励教师跨校供职、任课，与企业、科研院所、工程技术单位、管理部门的专门人才双向兼职，建立学校之间、学校与其他单位之间的人才共享机制。本着"不求所有，但求所用"的师资管理新理念，通过有长期、有短期、有特聘、有客座、有兼职等"软引进"形式，实现人才资源的柔性流动。二是利用校企合作平台，与企业建立教师培养机制，加强对产学研的指导，使专业带头人、教学团队和企业结成战略联盟。一方面，每年定期选派青年教师下企业锻炼，鼓励他们参与工程实践和科学研究；另一方面，聘请企业技术专家到学校授课、讲学、交流，以增强教师的工程实践能力。鼓励教师多层次、宽领域、全方位参与国内外的科技合作与交流，增强教师的创新能力。三是选派中青年骨干教师参加国内外学术交流会。高校应为教师提供出国进修、参加国际会议的机会，让教师最大限度地获取前沿学科的知识，学习先进的教育思想、教学方法和技术，更新理念，提高业务能力和科研水平。高校可以邀请国外知名高校的学者讲学、交流，以提高本校教学团队的国际化水平。

2. 学园城联动师资队伍建设的研究与实践

针对目前高校师资队伍建设存在的问题，浙江工贸职业技术学院依托学园城协同育人平台，以机制创新为切入点，在全方位培养教师的专业实践能力及激发教师活力等方面进行了有益的尝试。

（1）创新构建"双岗、双薪、双师"的师资队伍管理机制

该学院依托"三大园区"的教育功能，创新构建了"双岗、双薪、双师"的师资队伍管理机制。具体来讲，就是为培养"双师素质"教师，特别是为提高年轻教师的专业实践能力，发挥学园城联动办学的优势，挖掘各方资源，教师可以有双重岗位、双重收入，真正成为"双师素质"教师。其中，"双师"指既可以是学院的教师，又可以是企业的工程师；"双薪"指既可以有授课的薪酬，又可以有企业项目开发的薪酬；"双岗"指既可以是学院教师岗，又可以是园区企业的工程技术岗。

（2）"双岗、双薪、双师"的师资队伍管理机制的实践探索

在实践中，该学院通过制度创新、管理创新保障了"双师双能型"师资队伍的建设，发挥了学园城联动办学的优势。

① 依托园区企业，教师进行实质性的技能提升。依托学院三大园区的电子信息研究院，以真实项目为载体，让专业教师和学生通过完成真实项目提高技能，这不仅有利于教学模式的创新，而且有利于教师的自我成长。学院的岗位设置有教师岗位、科研岗位以及教师科研岗位，教师可以自愿申请教师科研岗位，教师科研岗位教师需要完成的教学工作量比专业教师的少，需要完成的科研工作量比专职科研人员的少。学院推行学分制、学分替换、课程免修等措施，以确保科研与教学的深度结合。

② 依托地方政府，教师通过挂职锻炼提高综合能力。为了适应专业建设和教学创新需要，改善教师自身单一的知识结构，提高其教育教学水平、专业社会服务水平，我们应发挥高校人才库和智力源的作用。近年来，借助学园城一体化办学的优势，学院共派出 12 名专业教师到对口的政府部门挂职锻炼。

学校虽然是知识的海洋，但同时也是象牙塔。在学校里，教师接触的人与事非常单一，造成教师视野的局限性。通过挂职锻炼，教师走出校门，与社会、行业、企业密切接触，用心感受不一样的人和事，开阔了视野，开拓了知识面。通过挂职锻炼，教师深入社会、行业、企业一线，真正了解社会、行业、企业

需要什么样的人才，从而根据需求优化教学内容，根据技能特点创新教学模式，使课程改革取得实质性成效。

从学校毕业直接到学校教学的教师，普遍存在实践经验不足、案例不丰富、讲解缺乏趣味性、教学缺乏创新等问题。挂职锻炼丰富了教师的人生阅历，丰富了教师的实战经验，丰富了教师的课堂案例。同时，鲜活的案例为课堂创新提供了支持，使课堂充满了活力。

③依托与知名高校合作，带动师资队伍建设。在知名高校、业界专家的带领下，材料工程系的师资队伍建设成效显著：教师参与科研项目20余项，获得经费资助200余万元；开展了3项激光技术的研究开发，获得项目经费和成果转化经费共计47万元；申请专利30余项，实现转让6项，合同额30余万元；教师发表论文50篇以上；该团队被评为温州市重点科技创新团队，获得资助90万元。

④借助国家师资培训项目，提升教师能力。为了加快"双师双能型"师资队伍的建设，切实提高高技能人才培养质量，浙江省教育厅把"访问工程师"计划作为高职高专院校教师素质提升的重点项目，也把该计划作为职业教育教师职称评审的重要依据。访问工程师分A类、B类两种：A类访问工程师为教育部高等学校青年骨干教师国内访问学者，每人每学年资助5000元。B类访问工程师为浙江省高等学校国内访问学者，每人每学年资助一万元，经费由学校从师资队伍建设经费中统筹。

⑤以教育质量工程建设为载体，打造优秀团队。学院鞋类设计与工艺专业是以温州鞋类产业为依托的国家重点专业。该专业的鞋类生产工艺和皮鞋结构设计两门国家精品课程于2013年转型升级为国家精品资源共享课，以重点项目建设为载体，打造了鞋类专业国家级教学团队。鞋类设计专业在国家级重点专业和课程的建设过程中，非常重视师资队伍的建设，先后有五名专业教师赴西班牙、意大利等地学习，有两名教师脱产半年，在康奈集团、东艺鞋业等企业通过访问工程师的方式进行实践锻炼。该专业的教师还与国内知名企业的技术骨干、技术总监等结对开展技术创新和新产品开发。该专业还进行了"业师进课堂"的教学尝试，为该专业教师提供了良好的学习锻炼机会，教师成长和团队建设成效显著。学院在重视教师教学能力不断提升的同时，还重视教师科研能力的提升，根据温州地区鞋业发展的需要，学院与香港科技大学联合成立了温州轻工产品舒适度中心，依托该中心开展了个性化鞋的设计与定制，专业团队水平得到很大提高。

（3）实施教师能力过关考核，全面提升教师综合素质

①过关考核的指导思想。为促进教师的专业成长，全面提高教师的教育教

学质量，学院分类别、分层次开展专任教师教学能力过关考核活动，全面推进教师课堂教学水平的提高。

过关考核的指导思想是，以深化课堂教学改革为重点，以提高全校教师的教育教学能力为宗旨，以教师技能达标过关考核为载体，通过开展"三个一"教学能力过关考核，加快青年教师教学能力的提升，促进全院教师转变教育观念，提高教学技能，凝练职业精神。

②过关考核的具体方案。学院通过为期三年的教师能力达标过关考核，提高广大教师的教育教学能力。参加对象为中级及以下职称的专任教师，同时鼓励中级及以下职称的行政兼课教师参加。

符合以下条件的教师可免本轮达标过关：近三年的六次学期教学工作考核中，获得过三次及以上"一等奖"的教师；近三年获得学院"说课比赛"一等奖、二等奖的教师；近三年，代表学院参加杭钢集团"说课比赛"并获得前六名的教师。

"三个一"达标考核项目的内容：做好一个单元教学设计、上好一堂课、说好一门课，简称"三个一"。

做好一个单元教学设计。按照学院课程单元教学设计模板设计教案，鼓励教师进行个性化的单元教学设计。教师要依据专业培养目标和课程教学大纲的要求，结合课程特点、学生的学习特点和教学实际进行单元教学设计，设计构思要新颖有创意，结构要完整合理。

上好一堂课。教师要构建以职业活动为导向，以能力为目标，以学生为主体，以项目为载体的知识、理论、实践一体化课堂。

说好一门课。教师要将对教学大纲的理解、对教材的把握与运用、教学过程中采取的教学方法以及对学生学习方法的引导等一系列教学元素清楚地叙述和展示出来。

教师教学能力过关需要"三个一"活动的各项内容独立达标，不能互相冲抵，单项当学期未能达标的，可顺延单独考核。三个项目均合格后，将获得"浙江工贸职业技术学院教师教学能力过关合格证"。

学院成立了教学能力过关考核领导小组，主要职责为全面负责过关考核工作、负责组织必要的讲座集中指导、制定组织方案和评价标准、抽查执行情况、组织过关评审、确定过关达标结果等。领导小组办公室设在教务处。成立了教学能力过关考核组织小组，由分院负责人、分院督导等组成。其主要职责是根据学院发展方案开展各项日常组织管理及帮扶指导工作。原则上，课堂教学考核由院督导牵头；单元教学设计由教务处牵头；说课考核由各院（系）负责，并将具体安排报领导小组审核，领导小组安排巡视人员指导说课过程，审定说课成绩。

接受"三个一"考核的教师，在规定期间内的每个学期初（具体时间于学期初通知）提出申请，由所在院系汇总、审核后交教务处，领导小组组织安排，并采取单元教学设计检查、随堂听课、说课比赛、个别访谈、学生座谈等方式进行达标考核，考核时间为申请达标的学期，于期末公布过关名单。

教学技能达标者，将获得学院教师教学能力过关合格证。学院将教师教学技能达标与各类考核、评优挂钩。教学质量考核、专业带头人、优秀教师等综合类荣誉评选，以教学技能达标为前提。获得学院教师教学能力过关合格证的教师，将被优先推荐参加高一级职称评审、定级。各部门教师过关活动的组织及结果将作为部门负责人考核和部门考核的依据之一。

③项目评价。为进一步优化方案、提高实施效果，项目推行一个学期后，学院进行了总结分析。为及时妥善解决过关考核过程中存在的问题，进一步了解该考核的被接受度、活动效度等，学院分阶段进行了调研。考核初期的调研内容侧重于宣传动员，解读考核内容；考核中期的调研内容侧重于了解情况，解决问题；考核后期的调研内容侧重于把握标准尺度，收集改进建议。

参加过关考核的教师认为，这是一项真正触动内心的学习及教育活动，由被动参与到主动投入，再到"不怠慢每一节课"习惯的养成，教师的"从教观"在逐步升华。虽然压力比较大，但收获也很显著。分管过关考核项目的院督导、教务处和各院系组织者认为，虽然工作量大，但看到通过考核帮扶年轻教师快速成长，也是乐此不疲、非常欣慰的。二级院系负责人认为，此项活动后，年轻教师的教学效果明显提高，学院可多组织类似的活动。

二、"双师双能型"师资队伍建设的校内环境保障

1.要把"双师双能型"师资队伍建设放到重要位置，给予高度重视

我们应从学校生存和发展的大局出发，大力宣传"双师双能型"师资队伍建设的重要性和必要性，从而提高广大教师的认识，统一思想。全方位地关心、支持、爱护教师，努力营造尊师重教的校园风气，努力为"双师双能型"教师创造良好的工作、学习、生活和发展环境。

2.要加强"双师双能型"师资队伍的制度建设

一是要把"双师双能型"师资队伍建设纳入学校发展的总体规划，要根据总体规划的要求，制订更为具体的"师资队伍建设规划"，其中必须对"双师

双能型"师资队伍建设提出具体要求。二是进一步提高"双师双能型"教师的地位、待遇,如在选拔培养学科带头人、进修培训、申报职称时给予优先考虑,并把教师的实际工作经历作为聘任、提薪和职务晋升的重要条件之一。三是建立健全各种激励和约束机制,突出特点。学校通过建立"双师双能型"教师评价考核体系,设立"双师双能型"教师津贴等激励机制,充分运用补贴、晋升职称、评先评优、岗位津贴等手段,促使更多教师成为"双师双能型"教师,提高专业教师向"双师双能型"教师发展的自觉性和主动性,使"双师双能型"教师成为学校生存和发展的主力军。

3. 要为"双师双能型"教师的成长和发展提供有力保证

首先,作为专业教师,实践系列技术职称的获得需要有较充足的时间和良好的实践环境,这就要求学校要统筹安排,使学生的实习时间与工程实践的时间相协调,让教师充分利用好学生的实习环节,与工程实践紧密联系,这是专业教师获得实践系列技术职称工作环境的基本途径;其次,学校要克服种种困难,把缺乏实践经验和技能的教师定期送到对应的生产现场,进行专业实习和技能训练,以胜任岗位工作。学校应加强产学研结合,同时鼓励教师在校内多参加实践活动。教师除上好专业课之外,应多寻找校内实践机会,如搜集专业技术信息、参加课程实验室建设等。

4. 制定相关政策

高等职业院校要根据学校发展规模和专业建设的需要,制定吸引"双师双能型"人才的政策,通过公开招聘,引进企事业、科研单位具有丰富实践经验,又有较高学术水平,并能够从事高等职业院校教学工作的中、高级工程技术人员,同时也可聘请能够胜任教学工作的、具有一技之长的、各个行业的能工巧匠作为学校的兼职教师。兼职教师可以给学校带来生产、科研一线的新技术、新工艺及社会对从业人员素质的新要求,能够促进专业教师向"双师双能型"教师转化。在科学技术迅猛发展的今天,建设一支相对稳定的兼职师资队伍,改善高等职业院校的教师结构,以适应人才培养和专业变化的要求,对于高等职业院校来说,是一项必须长期坚持的建设任务。

"双师双能型"师资队伍建设事关高等职业院校的发展全局。要建设好"双师双能型"师资队伍,除学校采取必要的措施外,在学校从企业引进专业技术人员和教师评聘工程技术职称等方面,政府也应该给予大力支持,从而形成校内、校外共同关心高等职业院校发展的良好氛围。

第五章 高校"双师双能型"师资队伍建设内容

第一节 制度建设

一、建立"双师双能型"教师资格准入制度

《国家中长期教育改革和发展规划纲要（2010—2020年）》明确了我国高等教育未来的发展方向和发展目标，强调了"双师双能型"教师在师资队伍建设中的重要作用和地位。为了进一步完善高校"双师双能型"师资队伍建设，政府需尽快出台一系列与"双师双能型"师资培养培训制度相配套的政策，从宏观政策上体现对"双师双能型"师资队伍建设的重视和支持。各级地方政府需根据地方经济水平和教育发展目标，建立健全"双师双能型"师资培养培训制度。各高校要把"双师双能型"师资培养培训工作视为重中之重，不断优化师资队伍结构，提升高校的综合实力和竞争力。

目前，"双师双能型"教师的资格认证制度是缺失的，很多院校在实践中对"双师双能型"教师资格的认证依然停留在"双证书""双职称""双能力"等层面上，这使得"双师双能型"师资队伍建设难以实现完善化和规范化操作。2011年9月，时任教育部师范教育司司长的许涛指出，教育部将组织开展教师资格考试和定期注册试点工作，建立"国标、省考、县聘、校用"的教师准入和管理制度，同时探索建立教师资格考试和定期注册制度。这项制度是《国家中长期教育改革和发展规划纲要（2010—2012年）》提出的关于加强教师队伍建设的重要举措，理应惠及"双师双能型"教师这一群体。建立"双师双能型"教师资格制度，明确"双师双能型"教师任职资格，并进行定期注册考核，努力打破教师资格证书无时限的规定，这样才能让部分达不到教师标准的人员退出教师队伍，保证"双师双能型"师资队伍的达标率。这个制度就像其他行业

的资格准入制度一样，以后要进入教育领域的新教师必须经过全国统考，若要成为"双师双能型"教师，必须取得"双师双能型"教师资格。

（一）建立"双师双能型"教师资格制度的必要性

"双师双能型"教师的重要性决定了"双师双能型"教师资格制度的重要性。高等教育与社会经济发展、生产建设密不可分，担负着为区域经济培养技能型、操作型人才的重要使命，人才培养质量直接关系着国家社会经济发展。随着经济的迅速发展，国家需求高素质、高水平的技能型人才，东南沿海地区和经济发达地区频繁出现"技工荒"，劳动密集型企业缺乏熟练的技术工人，高技能人才的严重短缺已经影响到我国经济的发展。加快培养高素质技能型人才成为高等教育刻不容缓的历史使命。要培养具有较强的实践动手能力和解决实际问题能力的学生，就需要有高水平的教师。只有理论知识而缺乏实践经验、只能讲不能练的教师是很难培养出实践能力强的学生的。近年来，许多高校把主要精力放在了大量招生和新校区的建设上，对高等职业教育的内涵建设注重不够、研究不多、投入不足，其生存和发展潜伏着危机。要解决这个问题，唯有抓紧加快内涵建设、着力提高办学质量，以鲜明的办学特色、过硬的人才培养质量赢得社会的认可和尊重，只有这样才能尽快树立职业教育这个品牌。内涵建设中最为关键的是"双师双能型"教师队伍建设，它直接关系到高校的发展方向和教育教学质量，是高等教育人才培养质量的根本保证，是决定高校能否实现可持续发展的关键因素。建立一支高素质、高水平的"双师双能型"教师队伍，不仅是市场经济对高校的客观需要，也是职业教育办出特色的关键所在。"双师双能型"教师是高等教育教师发展的必经阶段，"双师"素质是高校教师应该具备的基本素质，也是教师为提高自身素质而努力的方向。"双师双能型"师资队伍规模和素质水平影响着高校师资队伍建设的质量，所以，我们必须尽快建立"双师双能型"教师资格制度。

"双师双能型"教师的特殊性要求建立"双师双能型"教师资格制度。尽管人们至今对"双师双能型"教师的标准都没有形成统一的认识，但从其根本性质来看，"双师双能型"教师应具备相应的专业理论知识，同时也要具备实践经验或专业技能，并且具备良好的教师职业道德和较高的教学能力。简而言之，"双师双能型"教师就是既要懂专业理论，也要精通专业技能的职业教育教师。正是"双师双能型"教师的这一性质，使其有别于普通教师。我国教师职业资格证书大致可分为高校教师资格证、中职教师资格证、高级中学教师资格证、初级中学教师资格证、小学教师资格证及幼师资格证。从考试科目和考试形式上不难看出,我国教师职业资格证书更侧重于对教师的教育教学能力和专业理论知识的考核,对双师素质的考核有限,尤其是对"双师双能型"教师专业技能这一模块的考查存在盲点。此外,我国的职业教育分为中等职业教育和高等职业教育,由于历史原因等,中等职业教育和高等职业教育分属不同教育类型,中等职业教育教师需取得中职教师资格证书,高等职业教育教师需取得高校教师资格证书,高等职业院校教师取得的高校教师资格证书与普通高校教师取得的高校教师资格证书无异,然而,高等职业教育教师任职要求和任职资格与普通高校教师任职要求和任职资格存在巨大差异,因此,现行的教师资格制度并不能准确、全面地对"双师双能型"教师进行考查,我国亟待出台专门针对"双师双能型"教师资格认证的职业资格证书制度。

目前,我国高校师资的来源主要有以下三个。一是高校毕业生。高校毕业生虽然专业理论知识比较扎实,但是他们普遍缺乏教育领域的各种知识,以及技术实践领域的知识。二是离退休教师。离退休教师虽然理论知识和专业技能都很丰富,但对于技术发展迅速、科技日新月异的今天而言,他们仍然需要不断学习专业领域的前沿技术。三是企事业单位的专业人才。这类人才专业技能十分娴熟,但是缺乏一定的教育知识和教学技能,如何将专业前沿技能和信息更有效地传达给学生,是此类教师必须解决的问题。这些不利因素都将制约教师专业技术和专业知识的发展,影响"双师双能型"师资队伍的建设。高校教师来源广泛,个体差异十分明显,如何评价教师的职业能力和工作匹配度已经成为困扰"双师双能型"师资队伍建设的重要难题,因此,建立"双师双能型"教师资格制度,有利于统一教师任职标准,优化教师素质结构,提高"双师双能型"教师比例。

(二)"双师双能型"教师资格标准要求

从政策层面讲,在建立"双师双能型"教师资格制度之前,首先要明确"双师双能型"教师的资格标准,换言之,就是要明确什么是"双师双能型"教师。从目前该课题的研究现状看,从定量的角度对"双师双能型"教师资格标准进行创新性研究的几乎没有,学者主要从定性的角度展开研究。有的学者提出,其中一项主要内容是建立"双师双能型"教师资格平台,这个平台应紧扣教师的学历、专业技能水平、实践经验和教学方法的掌握这四个方面。《高等职业院校人才培养工作评估方案》对"双师素质"进行了定义,虽然现在学术界没有达成统一意见,但是我们可以借鉴其核心标准,制定出"双师双能型"教师资格标准的基本价值取向。

1. 强调教师基本素质

"双师双能型"教师首先必须是合格的教育从业者,具备基本的教育、教学能力。一方面,"双师双能型"教师要有传道、授业、解惑的能力和素养,接受正规化的教师岗前培训,学习"教育学""教育心理学""教师职业道德"等课程,考试合格后方可取得教师资格证书。简而言之,"双师双能型"教师必须了解基本的教育规律和高等教育特点,对学生的学习心理和学习习惯有一定的认知,掌握一定的教育教学方法,具有一定的组织协调能力,并且具备相应的心理素质和职业素养。我国现行的教师资格认证体系基本能够满足对教师从业者基本素质的考查,对"双师双能型"教师基本素质的考核可以直接借鉴其教师资格证书系列的考核结果。总之,"双师双能型"教师必须首先具备基本的教师资格。

2. 突出强调工作经验

目前,"双师双能型"师资队伍建设处于规范化初期,我们可以借鉴境外"双师双能型"教师资格认证制度的经验,结合我国实际,由教育行政管理部门建立适合我国教育发展的"双师双能型"教师资格认证制度,这是"双师双能型"师资队伍建设的核心所在。在美国,具备相关专业的工作经验是衡量"双师双能型"教师是否具有相关专业技能的最为直观的标准,可行性和可操作性比较强。"双师双能型"教师必须具备相关专业工作经验,这是成为"双师双能型"教师的首要前提,为"双师双能型"教师专业设定更为明确具体的准入门槛、建立"双师双能型"教师资格制度考核指标提供了参考标准。因此,在构建"双师双能型"教师准入制度时,必须将这个标准体现在"双师双能型"教师资格制度中,严格执行标准,这也是"以能力为本位"的职业教育发展的必然要求。

3. 重视专业知识的积累

不同专业对应不同的岗位群,对专业知识的要求不大相同,但是作为专业知识和技能的传授者和引导者,"双师双能型"教师必须具备本专业的理论知识。国内外专家、学者、教育行政部门等对教师应具备哪些专业知识和能力进行了广泛的讨论和分析,普遍认为"双师双能型"教师所具备的专业理论知识主要包括专业基本知识、专业核心知识和专业前沿知识,此外,还需具备必要的教育理论知识,其综合形成"双师双能型"教师的知识结构。需要特别指出的是,教学科研是当前培养"双师双能型"教师专业知识和技能的重要途径,但也是当前高校科研管理工作比较薄弱的地方。高校应充分调动基层教研组开展教研活动的积极性,引导基层教研组以职业课程理论和教学理论为指导,结合学校专业、教师队伍现状、学生实际等情况，大力开展主题教育、教学、科研活动，以提升教师的专业素养，优化教师的专业知识结构。

（三）建立"双师双能型"教师资格制度的基础

1. 理论基础

"双师双能型"教师职业是一种专门化职业，需要专门的资格制度。建立"双师双能型"教师资格制度是教师专业化制度建设的重要手段。教师是专门从事职业教育教学工作的人员，通过开展各种各样的教育教学活动，培养数以千万计的生产、服务、管理一线的技能型人才，为教育、经济、社会做出巨大贡献。教师要依据学生的实际年龄、学习背景、需求、兴趣等实际情况，选择适合学生的教学方法，根据行业发展的实际要求，不断补充和更新专业理论知识和专业技能，从而实现有效教学。"双师双能型"教师拥有一套专门化的知识体系，这一知识体系由与所教专业相关的知识技能体系和职业教育教学的知识体系组成。"双师双能型"教师作为教师的一种类型，也具有一定的专业自主性。"双师双能型"教师自身的职业属性，使得其有别于其他类型的专业化职业，也有别于其他种类的教师。此外，近代管理学家、社会学家和心理学家从不同角度研究了怎样激励人的问题，并提出了许多激励理论。其中应用较多的主要有马斯洛的需要层次理论、赫茨伯格的双因素理论、弗鲁姆的期望理论和熊川武的全面激励理论。这些激励理论为制定"双师双能型"教师资格制度提供了理论基础。

2. 实践基础

高校已经逐渐意识到"双师双能型"教师与普通职教教师的不同，并且开始实践建立专门的"双师双能型"教师资格制度。如湖南永州职业技术学院制定了一系列有关"双师双能型"师资队伍建设的措施和政策。《永州职业技术学院"双师双能型"教师资格认定办法》把完善教师的知识群和实践能力结构层次、职业及道德素养作为首要目标，在制定标准时，既着重强调教师本身实践能力的构建，也注重教师的职称和从业资格证的获取。《酒泉职业技术学院"双师双能型"教师资格认定及津贴发放办法》规定了"双师双能型"教师的认定标准，在职称和工作经验上做了具体要求。更值得一提的是，"双师双能型"教师资格是有年限的，有效期为 5 年，一旦有效期满，教师要重新申请资格认定。这一点颠覆了传统的教师资格终身制的理念，对激发教师工作热情、调动教师的工作积极性有很大的促进作用。河南职业技术学院出台《"双师双能型"

教师的认定和奖励办法》等一系列文件，建立了"青年教师导师制"，为"双师双能型"教师的培养和成长创造了比较完善的制度环境。学院还采取走出去、请进来的办法，将部分优秀教师送到全国知名高校进修学习、做访问学者，或攻读硕士、博士学位，邀请国内知名教师、专家、学者来院做学术报告，以开阔教师视野，促进教师的专业成长。可见，各职业院校对"双师双能型"教师资格标准的诉求十分强烈，有关教育主管部门应予以重视，尽快建立"双师双能型"教师资格制度。

（四）"双师双能型"教师资格制度与准入制度的关系

"双师双能型"教师资格制度是实施"双师双能型"教师准入制度的前提和基础，"双师双能型"教师准入制度的实施依赖于"双师双能型"教师资格制度的贯彻，两者缺一不可。通过"双师双能型"教师资格认证的申请者只能说是具备了"双师双能型"教师的基本条件，建立教师准入制度是"双师双能型"教师专业化发展的必然要求，有利于优选人才，在众多满足基本条件的申请者中选择最合适的人选，也就是说，在职教师不仅要具备基本素质，更重要的是要符合岗位的需求，人职匹配。要建立"双师双能型"教师准入制度就必须严格执行"双师双能型"教师资格制度，严把教师岗位入口关，在获得"双师双能型"教师资格证书的申请者中择优录取。

（五）引入职业测评机制是"双师双能型"教师准入制度发展的必然要求

1. 实施"双师双能型"教师职业测评的重要性

在教育领域内引入职业测评机制是对"双师双能型"教师准入制度的补充和完善，对引进和聘任"双师双能型"教师有重要的意义和实践价值。

一方面，实行职业测评能够为职业教育选拔"双师双能型"教师提供科学的测评手段和测评结果，可信度较高。不是每个人都能胜任"双师双能型"教师的，"双师双能型"教师是一种专业性极强的职业，对从业人员的素质有特殊的要求。运用科学的职业测评体系可以选择那些适合从事职教教师职业，同时又乐于从事"双师双能型"教师职业的优秀人才，使其为职业教育服务。

另一方面，实行职业测评能够有效地实现职教教师的合理配置。社会发展需要优化人力资源配置，在教育领域内实行职业测评，可以科学地把不适合的"双师双能型"教师分流出去，把适合的人选筛选进来，从而优化高校教师队伍，提高高校的教育教学水平和社会竞争力。最重要的是，实行职业测评有利于"双师双能型"教师的发展。哲学家罗素说："选择职业是人生大事，因为职业决定一个人的未来。"所以说，选择职业，就是选择自己的将来。同时，社会与个人越来越注重人的终身发展，强调人的职业生涯规划。因此，个体与职业的匹配与和谐逐渐成为人们在职业选择时的焦点。能不能成为"双师双能型"教师，不但取决于个体的主观意愿，更取决于个体是否具备成为一名"双师双能型"教师应有的素质，即个体与职业是否匹配。

2."双师双能型"教师的职业测评

（1）职业测评的性质

按测评标准来分，职业测评可分为无目标测评、常模参照性测评与绩效参照性测评。"双师双能型"教师职业测评应采用常模参照性测评，用来评定、鉴别应试者的素质、水平是否达到了"双师双能型"教师职业规定的标准。我国现行的职业资格证书考试属于常模参照性测评。比如，全国统一举行的会计师、律师等许多专业的任职资格考试，都属于此种类型。按测评目的和用途来分，职业测评可分为选拔性测评、开发性测评、诊断性测评和考核性测评等。实施"双师双能型"教师职业测评的目的在于优选教师人才，是对"双师双能型"教师准入制度的补充与完善，是一种典型的选拔性测评。对于人员测评与选拔来说，工作分析的作用是至关重要的。人员测评与选拔的目的是选择合适的人到特定的岗位上去，这就必须满足两个条件：首先，对这个岗位有充分的了解；其次，对这个工作岗位对人的要求有清楚的认识。每个工作岗位都有其特殊的要求，这是任职资格中最主要的指标。在明确工作岗位任职资格和要求后，我们应分析应聘者之间的素质差异，找出与岗位要求一致的测评指标，选取适当方法测评应聘者的这几项重要指标的得分，最后按照测评结果区分应聘者。

（2）职业测评的内容

根据人职匹配理论及教师职业的特点，我们应突出教师职业测评的选拔性。教师职业测评的内容主要包括以下三个方面：职业兴趣测评、人格测评和职业能力测评。

职业兴趣会影响求职者对工作持有的态度和求职者的稳定性。职业心理学的研究表明：通常一个人所发挥出来的才能与一个人的潜在能力相比，犹如冰山一角。如果一个人对他所从事的工作有浓厚的兴趣，他就能够发挥自己全部才能的80%—90%，并且能较长时间保持高效率工作而不觉得疲劳，而当一个人面对缺乏兴趣的工作，他只能发挥其全部才能的20%—30%，且容易感到筋疲力尽。这就要求求职者个体具备较高的职业能力和职业素养，要选择与自身兴趣相匹配的岗位类别，只有这样他们才能更好地发挥个体的职业潜能。简而言之，就是一个人不仅要具备"双师双能型"教师的素质和能力，还要有从事教育工作的强烈而持久的兴趣，愿意教书育人。人格测评侧重于考查个人的心理品质，只有人格类型与职业类型之间相互匹配，才能做到人尽其才、人事相宜。我们要充分利用现代人格测评方法，如16PF人格测试、大五人格测试等，分析应聘者是否具备"双师双能型"教师的任职风格、气质、性格等。职业教育是"以能力为导向"的教育，教师的个人能力在一定程度上影响着教育的发展水平。"双师双能型"教师这一职业对任职者的职业能力要求较高，任职者在具有良好的沟通表达能力、一定的专业基础知识和较高的专业技能的同时，还需要具备一定的教育教学能力。能力测评是了解一个人在职业领域中具有何种能力的有效手段，对应聘者实施职业能力测评可以最大限度地了解他们的职业能力与教师职业的匹配程度。

（3）职业测评的方法

在科学技术迅速发展的今天，专业成熟的职业测评与选拔方法被广泛应用到职业准入制度中，企事业单位日益重视采用科学的预测方法来评估应聘者的基本素质和能力。在"双师双能型"教师职业测评中，我们可以把心理测验、面试、履历档案分析及专业技能测试结合起来，然后通过系统分析，得出结论。心理测验的优点在于经济、方便、客观，运用难度小，可以比较准确地反映应聘者的基本心理特征。面试可与履历档案分析相结合，招聘者在分析应聘者个人档案的基础上，通过与应聘者进行面对面的观察、交谈等双向沟通的方式，了解应聘者的素质特征、能力状况及求职动机等方面的情况。职业测评尤其要重视职业技能的考核，可以采用现场技能"比武"的方式，在众多应聘者中开展公平、公开、公正的技能比赛，由第三方专业机构或专家进行评价和考核，将评价和考核结果作为"双师双能型"教师职业准入的参考依据。

3. 实施职业测评的注意事项

"双师双能型"教师职业测评是人才测评理论在教师职业中的应用，但我们必须清醒地认识到职业测评不是万能的，有其自身的局限性。职业测评结果只是一个参考，不能作为唯一的评判标准，需要与其他选拔人才的方法结合使用，只有这样才能保证其客观性和科学性。在实施"双师双能型"教师职业测评时要注意避免一个误区，即误以为职业测评结果是准确无误的。在当前职业测评确实是一种严谨、客观的考查人的基本素质和能力的方法，但职业测评不是万能的，其有效性和可靠性都是有一定限度的，没有100%准确的测评方法，我们不能单单依靠职业测评的分数来进行人才选拔。每个实施职业测评的用人单位的经营状况和用人要求都不相同，职业测评的针对性并不强，只能为用人单位提供基本的素质和能力测评结果。因此，我们对职业测评的结果要辩证地看待，既要肯定其科学的一面，也要看到测评工具局限的一面，不能片面相信测评结果。职业测评在我国开展的时间不长，在企业中应用十分广泛，高校在选拔教师的过程中，对是否引入职业测评机制需要谨慎，不能片面相信测评结果。

二、完善"双师双能型"师资队伍培养机制

目前，大多数应用型高等院校教师是刚出校园便又进入校园的高校毕业研究生，缺乏具有长期企业一线经验的能手。他们学科教育的烙印较深，没有学习过应用型高等院校的办学理念，没有学习过应用型高等院校的教学方法。因此，加强校内专任教师"双师素质"的培养是建立一支素质优良、结构合理的专任师资队伍的保证。所以从培养机制的角度出发，也就是从人力资源管理部门的工作出发，我们可以从以下四个方面开展培养机制建设。

1. 开展职业教育理念学习

学校应采用请进来、送出去的方式，使教师学习国内先进的应用型高等院校的教育理念，学习它们的教学改革方法，以及课程教学的整体设计和单元设计方法。分批将专业带头人、教学团队负责人、骨干教师送到国外去学习，将国外先进的教育理念与我国高校实际结合，改革专业课程体系和教学方法。

2. 开展顶岗实践、横向技术服务工作

学校应建立教师顶岗实践制度，鼓励教师利用寒暑假参加企业顶岗实践，并将其作为职称评定的必要条件之一，给予岗位补贴。将行业企业的新技术、新工艺与教学、生产紧密结合起来，提高教师技术服务能力和创新能力，开展横向技术服务工作。

3. 加强学校教师和企业人员的交流

按照一个专业校内外配制两个专业带头人的制度，聘请行业企业的专家为校外专业带头人，聘请企业技术骨干担任学校兼职教师。按照一门专业课校内外各配一位教师共同完成的制度，聘请企业技术骨干指导实践性教学环节，校企双方共同建设"双师双能型"师资队伍。

4. 专业教师参与和指导学生顶岗实践、技能竞赛

学生参加校内外实训基地和实习单位的顶岗实践，教师指导学生顶岗实践。

学校引导教师和学生共同参与各类技能竞赛，以提高教师和学生的实践技能，并将竞赛、实习活动设计成实践性教学项目。

三、改革高校教师评审考核机制

结合高校的特点，我们应建立"双师双能型"教师职称评审制度。在职称评审时要考核教师的"教、学、做"一体化的教学能力和教学改革、课程改革成绩，适当降低科学研究成果所占比例，提高应用性论文在职称评审中的比例。在职称评审中侧重对教学改革成果和专业技能成果的考核，注重各级各类教学成果的获得。

第二节　教学团队建设

一、提高人才培养质量，推进"双师双能型"师资队伍建设

促进专业设置与社会需求对接，课程内容与职业标准对接，教学过程与生产过程对接，是职业教育改革的方向以及学校专业建设的核心。

（一）专业设置与产业需求对接

专业设置与产业需求对接要求高校要研究本地区产业结构的发展，专业设置要满足地方经济和社会发展的需要，根据本地区区域经济特点，适时调整专业结构。今后对高校办学质量的评价，将更加注重对专业建设的评价，是否与地方产业很好地融合并办出专业特色，将是衡量专业建设质量高低的重要标准。所以学校之间或者是学校内部专业之间开展竞争的关键就是加强专业团队建设。对于"双师双能型"师资队伍建设，专业带头人在其中起到核心作用，首先要引导并考核"双师双能型"教师的实习培训，主要工作包括以下四个。第一，专业带头人要熟悉地方产业情况，特别是要了解本地支柱产业，根据专业所属行业企业需求制订人才培养方案，摒弃传统的人才培养方案的制订模式，改革人才培养方案。第二，专业带头人要积极深入行业企业。专业带头人通过深入行业企业，能够熟悉对本专业人才的需求情况，了解企业所需专业岗位情况，从而根据岗位需求设置课程。专业带头人应该在与专业相关的行业企业锻炼一年以上，对专业所需岗位非常熟悉，并通过实践更好地对专业培养方案进行完善。第三，专业带头人每年要深入企业，了解企业变化，修订培养计划，完善培养方案，调整课程设置。学校应推进校企合作，开展专业建设，让企业参与

研究和制订培养目标、培养计划，如采用"订单式"培养、校企共建实训基地、校企合作开展专业特色建设等合作模式，以满足企业需求为前提，以胜任岗位需要为目标，切实推进职业教育与行业企业对接。第四，以专业带头人为核心开展教学资源库建设和应用。教学资源库分为专业级、课程级和素材级三个层次，有职业资格认证、职业技能大赛、校企合作服务和就业信息服务四个功能模块。教学资源库要涵盖教学计划、演示录像、任务工单、教学录像、考核习题等在内的课程"学习包"和企业"案例包"。专业教学资源库能有效促进高校教学工作的全面开展，有效促进"双师双能型"师资团队建设，有效促进精品课程建设，有效促进慕课等信息化课程建设。

（二）课程内容与职业标准对接

教学过程实现课程内容对接职业标准，是开展"双师双能型"师资队伍建设的有效措施，这其中包含以下三点内容。

第一，"双师双能型"教师要熟悉职业标准。职业标准是岗位工作规范，是对该岗位工作人员技术水平和技术规范的要求。职业标准，主要由人力资源和社会保障部组织制订或是由行业企业内部制订。"双师双能型"教师必须了解和熟悉行业企业岗位职业标准。熟悉岗位职业标准，首先是学习相关岗位的职业标准，其次是深入行业企业生产技术岗位，通过实践了解岗位职业标准。第二，"双师双能型"教师要有意识地运用职业标准。高等教育注重理论联系实际，教师在熟悉职业岗位标准之外，更重要的是要在教学过程中实践、运用职业标准，将课程内容与职业标准整合对接。"双师双能型"教师引入职业标准到课程的过程，就是整合课程内容，开展课程整体设计和单元设计的过程，也是将实际岗位引入课堂，"教、学、做"一体化的过程。第三，"双师双能型"教师要善于利用职业标准。国家制定的岗位标准和行业企业内部制定的岗位标准是高校教师进行课程整合开发的依据。在实际教学中，教师要实践职业标准，根据职业标准整合课程内容，按照职业标准对职业能力的要求进行项目化教学设计。

（三）教学过程与生产过程对接

实现教学过程与生产过程的对接，就是要将理论教学与实际生产操作结合起来，形成应用真实产品加工或真实岗位实践促进教学的培养模式，实现教学与生产无缝对接。要想真正实现教学过程与生产过程的对接，首先，专业教师就要具备"双师素质"。应用型高等院校应既是职业院校也是企业生产车间，应用型高等院校的教师应既能开展教学又能指导生产实践,学生应既能进行简单操作又能进行生产实践;教室应既是教室又是车间,成果应既是作业又是产品。要实现教学过程与生产过程对接,就要建设校内生产性实训基地,这就要求教师熟悉生产过程,按照生产要求进行教学,同时要求校企合作建设校内外实训基地,教师在基地进行实践,以了解生产过程,校内专职教师与校外兼职教师一起完成教学过程。其次,"双师双能型"教师应该能够运用模拟仿真软件开展教学。高校应该充分利用信息技术、仿真技术进行模拟生产实践的教学,使学生在模拟生产实践中体验真实生产,这样学校就可以低成本高效率地开展教学工作,实现学校教学环境与就业岗位生产实践的无缝对接。

"双师双能型"师资队伍正是这样一个集理论知识和行业企业实践经验于一身的高素质群体,他们为培养社会经济发展所需要的高素质劳动者和技术技能型人才贡献力量。

二、创新教学考核,鼓励"双师双能型"师资队伍成长

深化教学改革是保证人才培养的关键,其中改革考核方式是深化教学改革的重要环节。创新教学考核,鼓励"双师双能型"教师成长的目的是使学生在掌握基本理论知识和技能的基础上,增强职业素养和专业技能,提高他们对实际问题的分析和解决能力,使其成为技术技能型人才。首先是对学生的考核。高校要改变一次性考试定成绩的做法,采用多种形式,特别是要考核学生的实践能力,并加强对学生的平时学习效果的考核,综合评判学生的学习效果。其次是对"双师双能型"教师的考核。学校教务部门应该制定相关考核制度,引导、鼓励、规范"双师双能型"教师教学考核,通过以下评价方式开展"双师双能型"教师考核。第一,学生评教。学生是授课的对象,他们对"双师双能型"教师的教学水平感触直接,学生按照高校教师教学效果评价标准进行评教。学生评教是"双师双能型"教师考核的基础。第二,专业骨干教师评教。专业骨干教师按照事先制定的评价标准分阶段进行教学效果评价,"双师双能型"教师的实践教学能力突出,而本专业骨干教师的实践能力一般较强,对"双师双能型"教师教学理念的理解更加全面,故专业骨干教师评教是"双师双能型"教师评价的主体。第三,由职教专家、行业专家、企业专家以及学院督导组成评价小组,对"双师双能型"教师的教学效果进行评价。要求小组成员不少于5人,此评价小组能客观评价"双师双能型"教师的教学效果,更能客观地提出合理化建议。

三、实施激励机制，推进"双师双能型"师资团队建设

（1）学校应按照编制标准做好定编、定员、定岗工作，严格进行过程管理，明确岗位要求，开展岗位监督工作。建立健全高校管理人才、专业带头人、教学团队负责人和骨干教师的选拔任用机制，积极创造有利于人才脱颖而出的良好环境。

（2）生活、工作条件、教学安排激励。学校要按"双师双能型"教师发展需要营造工作学习环境，将办公室与实训室、实训车间融合在一起，为"双师双能型"教师配置用于"教、学、做"一体化的软件和信息化技术装置，以及科研、实训、生产所需要的设备工具等。鼓励"双师双能型"教师讲授职业能力核心课程，发挥"双师双能型"教师在课程改革、教学改革中的示范作用，增强他们的成就感和归属感。

（3）鼓励教师实施"教、学、做"一体化相关项目；鼓励"双师双能型"教师进行慕课、微课、教学资源库等的建设；鼓励教师指导学生参加技能竞赛活动，通过竞赛带动教学。在项目立项和经费上，学校予以支持。

第三节　职业道德建设

一、高素质"双师双能型"师资队伍建设的目标

教师是人类文明的传承者，推动教育事业又快又好发展，培养高质量人才，教师是关键。教师的专业素养和职业道德修养直接关系到教育工作状况和青少年的健康成长，关系到国家的前途和民族的未来。因此，建设高素质"双师双能型"师资队伍，既是贯彻落实科教兴国和人才强国战略的重要举措，也是加强和改进师德建设的内在要求。

要建设高素质"双师双能型"师资队伍，首先要明确建设的目标要求。《国家中长期教育改革和发展规划纲要（2010—2020年）》提出，我们要努力造就一支师德高尚、业务精湛、结构合理的高素质专业化教师队伍。明确这一目标要求，是建设高素质"双师双能型"师资队伍的前提和基础。

（一）师德高尚

师德高尚指教师具备高水平的思想道德素质和良好的职业行为规范。建设高素质专业化教师队伍是教育事业发展最重要的基础性工作，而加强和改进师德建设则是建设高素质专业化教师队伍的重中之重，师德水平的高低决定着建

设高素质专业化教师队伍的成效和中国特色社会主义事业的建设者和接班人的质量。为此，建设高素质专业化的教师队伍需要加强教师的师德修养，真正使每一位教师做到师德高尚。高尚的师德具体体现在以下三个方面。

1. 树立坚定的职业理想和信念

所谓理想信念，就是人们对未来的向往和追求，是一个人的世界观和政治立场在奋斗目标中的集中体现，是人生价值取向的最高准则。有什么样的信念就有什么样的理想，理想信念一旦形成，就会成为支配人们行动的持久精神动力。崇高的教师职业理想和信念，是人民教师的人生价值追求、政治立场和政治主张以奋斗目标为表征的超越自我的高度自觉意识，是指导教师行为的核心观念。教师树立崇高的职业理想和信念，不仅有了指引其人生方向的明灯，更有了终身从教的精神支柱和追求不朽事业的动力源泉。因此，人民教师师德高尚的首要表现就是要有坚定的职业理想和信念，自觉增强献身党的教育事业的责任感、使命感和幸福感，努力成为有宽广胸襟、昂扬向上、放眼世界的优秀教师。

2. 爱岗敬业，关爱学生

教育学家顾明远先生认为"爱岗敬业，关爱学生是教师职业道德的集中体现"。所谓爱岗，就是教师要热爱自己的工作岗位；所谓敬业，就是忠诚于人民的教育事业。作为一名教师，首先要热爱教育事业，再就是要不断钻研教育教学业务，提高业务能力和水平，提高教学质量。所谓关爱学生，就是教师要用满腔的热情对待每一个学生。爱岗敬业与关爱学生是密不可分的，它们统一于培养人才的过程中。师德高尚，充分体现在教师爱岗敬业、关爱学生上。爱岗敬业，需要教师努力肩负起人民教师的神圣使命和光荣职责，甘于奉献，乐于付出，做爱岗敬业的模范；关爱学生，需要教师关心每一个学生的成长和进步，用真情、真心、真诚教育和影响学生，努力成为学生的良师益友，成为学生健康成长的指导者和引路人。

3. 严谨笃学，开拓创新

严谨笃学，就是要树立严谨的治学态度，培育优良的学风。教师为人师表，要不断学习，努力钻研，不断提高自身的教育教学能力和业务水平。严谨笃学是师德高尚的又一表现，它能充分体现对教师"学为人师，行为世范"的本质要求。严谨笃学不仅要求教师要钻研学科理论知识，也要求教师要研究学生，尤其是在当今科技和社会飞速发展的背景下，在学生的思想、心理和行为求新、求奇、求变的情况下，教师更需要去了解学生、理解学生、分析学生，努力把握学生的成长规律和心理需求，真正做到因材施教。教师还要开拓创新，坚持终身学习，勇于发现教学实践中的新问题，提出新见解和新思路，创造新经验。只有这样，教师才能成为学生高尚情操和健全人格的榜样。

师德高尚，是加强高素质专业化教师队伍建设的首要目标，要真正做到师德高尚，教师需要坚持不懈地提高自身修养，包括不断地学习党的方针政策，自觉增强职业道德意识、锤炼道德意志，通过教育与自我教育相结合，不断提高思想道德修养。我们应努力增强教师的责任感和使命感，包括关爱学生、严谨笃学、开拓创新、淡泊名利、自尊自律，使教师能够用人格魅力和学识魅力教育和感染学生，真正成为学生健康成长的指导者和引路人。

（二）业务精湛

业务精湛是建设高素质专业化教师队伍的又一目标要求，也是加强和改进教师师德建设的内在规定。我们只有认真把握业务精湛的内涵和现实意义，才能进一步明确师德建设的内容。

1. 业务精湛的内涵和现实意义

从根本上说，教师主要有教书和育人两项任务。教书包括教学和科研，育人主要指加强对学生的思想道德教育和管理。要做到业务精湛，教师就需要具备丰富的专业知识、较高的教育教学和管理技能。具体来说，主要包括以下四点。①丰富的专业知识。教师要能熟练地运用本学科和相关专业的理论知识，并促进自身理论知识的更新和发展。②高超的教学能力。教师在教学活动中，要能较为熟练地运用相关专业的知识与经验，促进学生学习，达成教学目标。教学能力包括教学设计能力、课堂教学组织能力和指导课外活动能力以及教学反思能力。③较强的教育能力。教师要能熟练地运用思想政治、伦理学、教育学和心理学等理论，对学生进行思想品德、心理和行为的正确引导和教育，促进学生的德智体美劳全面发展。④较强的教育教学研究能力。教师要能熟练地运用本专业知识及教育学、心理学原理，进行教育教学研究。

教师的业务精湛具有重要的现实意义。它既是时代和科技发展的必然要求，也是创新型国家培养人才的需要。它不仅关系到我国教育事业的发展和人才的培养质量，还关系到我国在激烈的国际竞争中所处的国际地位。因此，加强建设高素质专业化的教师队伍，关键要有教师精湛的业务水平作保障。

2. 努力提高教师队伍的业务素质

建设一支高素质专业化的教师队伍，要想教师业务精湛，就要不断完善教师培训体系，做好培训规划，通过研修培训、学术交流、项目合作等方式，培养一批教育教学骨干、"双师双能型"教师、学术带头人和学校管理领军人物。提高教师队伍的业务素质，具体要做到以下四点。①提高教师队伍的整体素质，促进其业务能力不断提高。②制定完善的教师培训制度。③加强对管理人员的培训，促进管理人员教育教学理念的更新，提高其管理能力。④加强教师教育改革，创新师范院校人才培养模式，强化师范生实践实习环节，提高师范生师德修养，加强师范生教育教学能力的训练，从而不断提高教师的专业能力和水平。只有这样，才能不断提高我国教师队伍的整体素质，从而提高我国教育的质量。

（三）结构合理

结构合理是建设高素质专业化教师队伍的又一目标要求，也是加强和改进教师师德建设的重要内容。认真把握结构合理的内涵和现实意义，才能进一步强化师德建设。

1.结构合理的内涵和现实意义

结构合理指教师队伍的年龄、性别、学历、职称、数量等要素构成合理，教师队伍整体结构合理。当前，建设结构合理的教师队伍，需要着重加强年龄结构、数量结构、学历结构和职称结构的建设和优化，促进其不断合理发展。如果没有合理的年龄和数量结构，就会出现教育后继乏人的情况，这会严重影响我国教育事业的可持续发展；如果缺乏合理的学历结构和职称结构，就不能造就一大批"双师双能型"教师和学术骨干，这也会严重地影响我国教育发展的质量和水平。所以，结构合理是建设高素质专业化教师队伍的必然要求，具体表现在以下三个方面。

第一，合理的年龄和数量结构。年龄和数量结构是否合理，关系到教师队伍能否稳定和教育事业能否可持续发展。教师队伍在年龄结构的老、中、青三个层次上的数量分布要合理，这既是教师人才的发展要求，也是教育事业的发展要求。各学科教师队伍的人员构成中既要有教学经验丰富的老专家，又要有年富力强、教学热情高的中年教师，还应该有思维活跃、精力充沛的青年教师。这样三个年龄段的教师可以在教学科研活动中发挥各自的优势和作用，并形成教育合力，形成传、帮、带的良好态势。

第二，合理的学历结构。通常来说，教师的学历代表其接受教育的程度和具备专业知识的深度，可以反映教师的理论和实践水平。教师队伍整体的学历水平也直接影响着教学科研的质量和效果。因此，建设高素质专业化的教师队伍，必须优化教师队伍的学历结构。根据《国家中长期教育改革和发展规划纲要（2010—2020年）》中的"优化学科专业、类型、层次结构，促进多学科交叉和融合"的目标，学校可通过学历教育和继续教育的方式，促进教师队伍学历结构的优化，包括高校教师要求具备博士研究生学历，学前教育、九年义务教育教师要求具备本科学历，力争使具备研究生学历的高中教师的比例大大提高。学历结构的优化可进一步提高教师队伍的整体素质和能力，进而提升师德修养的水平。

第三，合理的职称结构。合理的职称结构反映了高素质专业化教师队伍的业务水平，也是保持高素质专业化教师队伍稳定的一个关键因素。职称是与教师的收入待遇、人生价值紧密相连的，合理的职称结构有利于调动教师的积极性，保持教师队伍的活力。要做到职称结构合理，就需要通过科学的考核和评聘机制，使高、中、低级职称的配比合理，评聘有序。

2. 积极促进教师队伍结构合理

为了促进高素质专业化教师队伍的结构合理，需要做到以下三点。①增加高素质教师人员的数量。②高校加大教育硕士和教育博士的培养力度。随着我国高等教育事业的发展和创新型国家建设对高素质人才需求的增加，从事高等教育的教师需要具有硕士学位或博士学位。这就需要高校进一步改革研究生培养机制和方案，满足高等教育对教师的学历和学位要求，促进"双师双能型"教师队伍学历结构的合理发展。③改革职称评聘制度，保障高素质专业化教师队伍职称结构合理发展。高校应加强学校岗位管理，创新聘用方式，规范用人行为，完善激励机制，激发教师积极性和创造性。要实现这些目标，我们就要在实践中大胆探索，不断创新，促进教师队伍职称结构合理，激发"双师双能型"教师队伍的活力。

综上所述，我们应明确建设高素质专业化教师队伍的目标要求，把握好师德高尚、业务精湛和结构合理三者的关系，它们是密切联系、缺一不可的。师德高尚是建设高素质专业化教师队伍的灵魂和前提，业务精湛是建设高素质专业化教师队伍的核心和关键，结构合理是建设高素质专业化教师队伍的基础和保障。只有师德高尚，才能促进教师业务素质的提升；只有结构合理，才能进一步提升教师队伍的整体业务素质；只有业务精湛，才能促进教师队伍建设的高素质化和专业化发展。明确这三者的关系，有助于建设高素质专业化教师队伍目标的实现。

二、加强"双师双能型"教师的职业道德教育

教师的职业道德是教师的灵魂，富有魅力的教师职业道德对学生的影响是

潜移默化的，可使学生受益终身。教师的职业道德建设是一项系统工程，涉及诸多方面，加强教师的职业道德教育是师德建设的基础。

（一）树立"双师双能型"教师职业道德教育新理念

理念是对某一事物的观点、看法、信念，没有正确的理念就不可能有正确的方法。理念的形成受客观环境的影响。当前世界正处在大发展、大变革、大调整时期。世界多极化、经济全球化深入发展，世界经济格局发生新变化，综合国力竞争和各种力量较量更趋激烈，在世界范围内生产力、生产方式、生活方式、经济社会发展格局正在发生深刻变化。这些变化使得人们的价值观念和价值取向多元化，传统道德理念受到不同程度的冲击和质疑。

传统教师教育注重对教师进行专业知识教育，忽视对教师进行德育教育，这影响教师对职业道德规范重要性的认知。例如，一些教师只重视自己的科研，忽视对学生的教育。一些教师甚至在学术方面弄虚作假，给学生的思想和专业发展带来不良影响，严重违背了作为一名教师应有的职业道德操守。因此教师职业道德建设必须树立师德教育新理念，以理论、新的观点为指导，系统、全面地考察影响师德教育的各种因素。

1.师德教育要以理论为指导

"没有革命的理论，就不会有革命的运动"，理论是在实践过程中总结抽象出来的规律，对实践有重要指导意义。树立以理论为指导的理念，对师德教育实践有重要指导意义。树立以马克思主义基本原理以及中国化的马克思主义理论为指导的理念，能够保证师德教育的方向正确。

（1）树立以马克思主义基本原理为指导的理念。马克思主义基本原理包括马克思主义哲学、马克思主义政治经济学、科学社会主义三大部分，涉及经济、政治、文化等各个方面，是经过实践证明的真理。树立以马克思主义基本原理为指导的理念，就是要在师德教育中自觉坚持用实践的观点、辩证的观点、社会矛盾的观点等马克思主义世界观和方法论来分析、解决教育过程中遇到的问题。

（2）树立以中国化的马克思主义理论为指导的理念。马克思主义中国化是中国共产党在中国社会革命、建设和改革过程中把马克思主义基本原理与中国具体实际相结合的结晶。树立以中国化的马克思主义理论为指导的理念，就是树立以毛泽东思想、邓小平理论、"三个代表"重要思想、科学发展观、习近平新时代中国特色社会主义思想为指导的理念，自觉贯彻党的路线方针，使教师牢固树立建设中国特色社会主义的共同理想，树立正确的世界观、人生观、价值观。同时我们应把社会主义、爱国主义、集体主义作为师德教育的核心内容，教育广大教师树立正确的物质观、利益观，努力实现国家利益、集体利益和个人利益的统一；用自觉的育人精神引导教师，让教师明白教书育人是一个需要不断创新、不断思考的过程，是一种极为复杂、极具挑战而又艰辛的劳动；教育教师树立良好的职业精神，培养优良的品质，为社会主义事业培养优秀人才。

2. 师德教育要把握一定规律

规律是客观事物在发展变化过程中的本质联系，是客观存在，不以人的意志为转移的。规律贯穿事物发展变化的整个过程，人类只能认识规律、把握规律，利用规律来指导实践活动、改造世界。师德教育活动也有特定规律，这些规律贯穿整个师德教育活动的始终。师德教育规律是师德教育内部各因素与政治经济文化等外部环境之间固有的内在联系。各种因素相互影响，错综复杂。如果没有自觉把握规律的理念，就难以从这些错综复杂的关系中找出提高师德教育质量的突破口。树立把握师德教育规律的理念，就是要在师德教育过程中发挥教师的主观能动性，关注各个因素的特点、相互关系以及变化，总结、认识规律并利用规律指导教学，提高师德教育的实效性。我们必须把握教师内在的道德修养和社会对教师应该具备的道德修养的要求之间的矛盾。在师德教育的过程中，应把社会对教师的师德要求传递给教师，使社会要求的道德标准内化为教师自身对师德的认知，并进一步外化为教师在教育活动中的行为习惯，这是一个循环的过程。我们应充分认识和把握这一规律，在师德教育的过程中，反复不断地践行，注意社会要求的师德规范和教师自身的道德水平之间的差异，制订适当的阶段目标和最终目标，以提高教师的积极性。

3. 师德教育要树立新的目的理念

我们必须改变师德教育价值取向中功利性和工具性的倾向，树立新的师德教育目的理念。师德教育不仅具有传统意义上的政治价值和文化传递价值，而且具有经济价值。我们应改变对固有师德教育价值的认知，并对师德教育的经济价值予以充分的重视和肯定，高度重视师德教育的个体价值。德育理论曾提出个体发展和个体享用性功能的命题，我们可以把这些概念应用到师德教育中。师德教育新的目的就是促进教师个体思想品德和智能的发展。教师的思想品德和智能的发展，不仅是教育工作的需要，更是教师自身发展的需要，是工具和目的的统一。

师德教育不仅为了提高教育效果，使教师更好地履行职责，还要使教师的道德境界有所提升，促使教师对教书的价值定位从谋生的手段转化为实现个人价值。在教书成为谋生手段的状态下,教师教学仅仅是为了养家糊口,上课成为例行公事的重复劳动,毫无激情、信念可言,教师根本无法体验教师职业所带来的快乐和幸福。师德教育新理念的树立,就是为了促进教师从生存状态转化为发展状态,这就要求师德教育必须加强对教师职业信念的培养,教师的职业信念是教师摆脱纯粹物质功利的诱惑、漂浮无限的惶惑,使平凡的工作得以升华、变得更有意义的关键所在。教师一旦形成坚定的信念,就会将教师这一职业看作自我发展、自我展现的平台,此时教书将成为其生命的重要组成部分。

树立师德教育新理念,既是师德教育发展的内在规律和逻辑使然,也是在我国教育发展所面临的挑战和机遇并存的状态下,对师德教育提出的新要求,更是在科学发展观指导下,对"以人为本"在师德教育中的更好诠释。

(二)改进"双师双能型"教师职业道德教育方法

要加强"双师双能型"教师职业道德教育,就需要改进师德教育方法。毛泽东同志曾把方法比作过河所需要的船和桥。没有船和桥,过河就是一句空话。不解决方法问题,任务就无从着手。科学有效的方法对于提高师德教育的成效有着至关重要的作用。随着教师教育外部环境和内部环境的变化,曾经行之有效的方法不能完全适应新的形势需要,这就要求我们必须根据师德教育发展的实际状况,适时地创新,探究最科学、最有效的师德教育方法。只有这样,师德教育才能健康、有序地开展。改进师德教育方法,应做到以下三个结合。

1."德育"与"法治"相结合

"德育"是在教师教育过程中,使教师通过对职业道德规范的学习提高教师的道德觉悟。"法治"是用法律法规对教师的言行举止进行强制约束和规范。我们应把教师教育的"德育"和"法治"相结合,净化教师的内心,规范教学的外部环境。在师德教育方法改进的问题上,一方面通过教师的德行,实现教师的自我发展、自我创新,最终促成师德教育方法的新突破;另一方面需要加强相关法律法规的制定和完善,以法律的形式确保师德教育方法的顺利、有序推进。

"德育"和"法治"两种方法的运用手段和具体内容都不相同。德育依靠软约束力,通过教育提高教师的职业道德修养。而法治是用强制手段约束教师的日常行为。法律是在社会公共道德的基础上制定出来的,但是有的法律条款允许的行为与社会公共道德不相符。我们应把法律法规渗透到日常的职业道德教育、管理中,用道德提高思想素质,用法律规范行为方式。在违背职业道的思想出现，抵御不良思想的影响时，运用德育的方法。在违背职业道德的行为发生时，则用法律的手段进行约束，实现两种方法的互补。

2. 理论灌输与实践教育相结合

理论只有被人掌握，变成指导行为的武器时才会发挥巨大的作用。列宁曾经说过："工人阶级本来也不可能有社会民主主义的意识，这种意识只能从外面灌输进去。"灌输理论是列宁针对如何传播无产阶级革命理论提出来的一套行之有效的教育理论，指导教育者有组织、有计划地以适当的方式方法，把先进的理论、思想、知识灌输给受教育者。要全面提高教师的思想道德素质必须加强道德理论的灌输，把教师职业道德规范理论灌输给教师，系统地进行师德教育，进而使道德规范内化为教师固有的思维品质。理论灌输有利于提高教师对科学理论的认识吸收。

师德教育坚持理论灌输，就是要把我国传统文化中优秀的教师道德品质，如明礼诚信、敬业爱生、诲人不倦等，以及党和国家出台的教师道德教育的相关法律法规，如《中小学教师职业道德规范》《高等学校教师职业道德规范》《中华人民共和国教育法》《中华人民共和国义务教育法》《中华人民共和国教师法》等灌输给教师，有计划、有目的地组织教师学习、听讲座等。

实践锻炼法是有目的、有组织地引导人们进行改造客观世界的活动，以达到改造主观世界的方法。人们在实践活动的过程中能够提高认识。马克思曾经说过："全部社会生活在本质上是实践的。凡是把理论引向神秘主义的神秘东西，都能在人的实践中以及对实践的理解中得到合理的解释。"把学习到的理论知识运用到社会实践活动中，指导实践活动并且接受实践的检验，理论也会得到巩固和提高。

理论灌输只能提高教师对职业道德的认知，进行师德教育的目的是提高教师的认识进而使职业道德规范成为教师在教学过程中的行为习惯，使教师自觉遵守这些道德规范。理论灌输法和实践教育法之间的优点能够有效互补，在师德教育实践中，把这两种方法有效整合，可实现知行统一。行为习惯是在不断反复实践的过程中形成的，我们应在理论灌输的同时组织社会实践活动，使学习到的理论知识贯穿于整个活动过程中，从而提高实践活动的有效性。例如，可围绕一定的主题让教师更多地参与社会调查、社会实践，把对个人发展的关注和追求升华到为社会主义教育事业做贡献的高度；使教师把学到的理论在教学实践中外化为行为习惯，巩固道德规范；要求教师在实践活动结束之后及时总结和讨论，进一步深化对理论的认知。

3. 榜样教育与自我教育相结合

榜样教育是以先进典型的高尚情操、模范行为、优秀事迹等来影响受教育者的方法。中国传统文化中非常重视榜样的力量,《论语·里仁》里有"见贤思齐焉,见不贤而内自省也。"中华人民共和国成立以来,涌现出很多优秀的榜样,雷锋、孔繁森、李素丽等无私奉献、助人为乐、全心全意为人民服务的精神,至今仍发挥着巨大的榜样带头作用。榜样深化了人们对特定思想品德的认知,使人们更容易受感染和激励。榜样教育能够提升教师对职业道德教育的认知和践行效果。

自我教育法指受教育者积极主动地进行自我认识、自我控制、自我监督,坚持正确的思想、行为,深刻认识错误的思想、行为并改正,从而形成优良的思想品德的方法。师德教育利用自我教育的方法,可以提高教师践行职业道德规范的积极性和主动性。自我教育法包括个体自我教育和集体自我教育。个体自我教育的受教育者同时也是教育者。集体自我教育是在集体范围之内相互帮助、相互教育。

榜样教育和自我教育相结合,就是运用榜样的力量,把先进的典型作为自我教育的参照,激励和感染受教育者自觉进行调节、约束。以榜样作为标准,激励教师对自身言行举止进行自我监督。教师通过对典型事迹的学习,写总结、心得、报告等达到提高自身道德修养的目的。榜样教育和自我教育相结合,要注意两点,一是树立的榜样要客观真实,有目的性。二是自我教育的目标、主体要明确,不能放任自流,整个师德教育过程要围绕特定的道德规范主题和所要实现的目标进行。

(三)形成"双师双能型"教师职业道德教育合力

"双师双能型"教师职业道德教育需要各方同心协力、互相协调,进而形成师德教育的合力。影响并推动师德教育发展的因素主要有学校、教育主管部门、教师、外在的法律规范等,只有上述各方在最优化的态势下最大限度地发挥各自的功能,形成齐抓共管的强大合力,才能推动师德教育不断向前发展。

1. 采取师德教育措施

(1)制订方案,狠抓落实,积极开展师德教育。要想提高教师的素质,校领导必须将师德教育放在首要的位置,成立以书记、校长为主要负责人的师德教育领导小组,制订本单位的师德教育工作方案,明确师德教育的目的、内容和具体要求。如定时召开师生座谈会,及时发现、总结师德教育存在的问题;结合师德教育方面存在的问题选择教育内容;让教师主动对自己在师德方面存在的不足进行总结，制订提高自身师德水平的计划；将师德评价纳入教师的年度考核中，树立师德榜样。

（2）严格要求教师做到为人师表、教书育人。教书育人是教师的本职工作，正所谓"师者，人之楷模也"，教师对学生的榜样作用是任何外力都不能取代的。教师既教学生科学文化知识，更重要的是教学生做人、做事的道理。为此，学校必须严格要求教职员工，把为人师表作为衡量教师的重要标准。学校可以制定相应的规章制度来确保教师为人师表，如制定符合本校实际的教师行为规范、班主任工作制度、德育工作评定制度等。

（3）发动教职员工认真学习，努力提高师德水平。师德教育是一项全面、长期贯彻党的教育路线、方针的有效措施。我们要掌握教师对师德教育本身的认识程度和师德教育存在的问题，结合实际，有针对性地开展师德教育。如以大会动员的方式，向广大教师宣传师德教育的价值；树立典型，举办骨干培训班，进而依靠骨干来推动师德教育的发展；举行师德教育交流会，共同发现师德教育存在的问题，互相启发，互相帮助；组建师德教育宣传小组，通过对师德教育的积极案例和消极案例进行对比报道，让广大教职员工有则改之、无则加勉。

2. 发挥教师主体作用

教育是心灵与心灵的沟通，灵魂与灵魂的交融，人格与人格的对话。教师应该成为传道、授业、解惑者，成为具有教育智慧的学者，成为人格修养的楷模。如果说教师是太阳下最光辉的职业，其光辉之处就在于教师可以照亮一代又一代新人，从而提高全民族的素质和推动社会的发展进步。教师不仅要注重教书，更要注重育人；不仅要注重言传，更要注重身教。我们必须重视教师的职业理想和职业道德教育，增强广大教师教书育人的责任感和使命感。广大教师要自觉加强师德修养，应"学为人师，行为世范"。教师自身在师德教育的过程中扮演主体角色，师德教育只有在成为教师自我职业道德提升、自我发展的自觉追求时，才能够获得不断发展的内在动力。教师在整个教育活动中占有极其重要的地位，尤其体现在教师对学生成长与发展的影响，教师的一言一行必然潜移默化地影响着学生的言行举止，特别是在学生的世界观、人生观、价值观形成的重要时期，教师的表现往往成为学生观察问题、思考问题的主要参照标准。教师的师德水平直接关系到学生的健康发展，最终影响整个教育事业的发展。因此，教师必须提升自身的师德水平，真正成为师德教育发展合力中的重要方面。

3.运用法律规范调节

师德教育的开展必须有相应的法律规范来调节，只有这样师德教育才会有理有据地发展，相关的强制性规范包括《中华人民共和国义务教育法》《中华人民共和国教师法》等。《国家中长期教育改革和发展规划纲要（2010—2020年）》的第二十章进一步强调依法治教，通过立法推动教育的发展。它指出："按照全面实施依法治国基本方略的要求，加快教育法制建设进程，完善中国特色社会主义教育法律法规。根据经济社会发展和教育改革的需要，修订教育法、职业教育法、高等教育法、学位条例、教师法、民办教育促进法，制定有关考试、学校、终身学习、学前教育、家庭教育等法律。加强教育行政法规建设。各地根据当地实际，制定促进本地区教育发展的地方性法规和规章。"由此可见，法律在整个教育事业发展过程中发挥着举足轻重的作用，师德教育如果脱离法律的约束或调节，就会举步维艰，形成师德教育合力，离不开法律规范的调节。

三、注重"双师双能型"教师职业道德修养

"双师双能型"教师职业道德建设，需要注重教师职业道德修养。教师职业道德修养的提升既是教师自身道德人格不断完善的需要，更是做好教育工作的需要。一个合格的教师不仅需要掌握一定的专业知识，而且必须具有较高的职业道德修养，应不断提高对教师道德的认识，规范自身的行为，以培养崇高的道德情操和良好的道德品质。

（一）树立"双师双能型"教师职业理想

教师要加强职业道德修养，首要的是树立教师职业理想。职业理想是一定的社会生产方式及职业地位、职业声望在人们头脑中的反映。教师职业理想指教师在正确的世界观、人生观和价值观的指导下，对其在教育事业上获得成就的追求和向往。坚定的理想信念是提高师德修养的内在动力，教师只有树立坚定、正确、崇高的理想和信念，才会有正确的职业发展方向和人生追求。教师应树立崇高而远大的理想，并将理想融入实实在在的教学工作中，使理想的动力作用充分发挥。《国家中长期教育改革和发展规划纲要（2010—2020年）》明确指出："加强教师职业理想和职业道德教育，增强广大教师教书育人的责任感和使命感。教师要关爱学生，严谨笃学，淡泊名利，自尊自律，以人格魅力和学识魅力教育感染学生，做学生健康成长的指导者和引路人。"教师的职

业理想受所处社会的社会理想、教育本身的理想以及教师个人的生活理想等多方面的影响。要树立正确的职业理想，就要充分考虑这些影响因素。

1. 树立崇高的教育理想

立志是事业成功的起点，只有树立崇高的志向，才能收获成功的喜悦。教育理想是教师根据社会要求以及自身客观条件确立的对教育事业发展的美好追求和奋斗目标。教师对教育理想的不懈追求，是成就教育事业的强大力量源泉。教师对职业理想的追求要通过教师的职业活动来实现，这就表现为既具有时代特征又具有个性特征的教育理想。教师只有树立忠诚于人民的教育事业、牺牲自我、服务大我的精神，勤奋工作，辛勤耕耘，才能在教育事业中有所作为，在社会主义文化建设事业中建功立业。也只有那些树立崇高教育理想和远大抱负的教师，才能真正享受事业成功所带来的喜悦。

2. 以党和国家的理想为导向

任何职业理想都受所处的社会理想的影响和制约，当代人民教师树立职业理想，必须以党和国家的理想为导向。党的最高理想是实现共产主义，实现人的全面自由发展。改革开放后确定了三步走的发展计划，第一步、第二步已经实现，第三步是在21世纪中叶基本实现社会主义现代化。每一位教师都应积极奉献于共产主义事业，奉献于社会主义现代化建设事业，奉献于为广大人民谋福利的光荣事业，正如马克思在《青年在选择职业时的考虑》一文中写道的："为大多数人带来幸福的人是最幸福的人。"

3. 强化教师生活理想的基础性作用

生活理想是任何职业理想的基础，无论从事何种职业的人，他们都向往美好幸福的生活，并不断为这一目标奋斗着。生活理想是一个人的世界观、人生观、价值观在日常生活中的体现，一个没有充实、积极向上的生活理想的人，很难有崇高的职业理想。教师作为普通的个人，也是现实生活中的一员，不但要有崇高远大的社会理想和职业理想，还需要有健康、积极、极富情趣的生活理想，这样教师在从事自己职业的过程中才会获得幸福生活所带来的无限力量。同样，有什么样的职业理想，就会有什么样的生活理想，职业理想也决定着个体追求怎样的物质生活、精神生活和家庭生活。新时期的优秀教师既应具有远大的社会理想和富有创新、充满激情的教育理想，还应有热爱家庭、关爱孩子、夫妻和睦的高质量的生活理想。

（1）教师必须具有无私奉献的精神

教育过程本身就是一种师生共进、生命涌动的感人历程。教师职业的高尚之处在于并不能用人的寿命来衡量其生命的价值，教师的生命价值在于使自己的所学在千千万万个学生的生命中得以继承和延续。作为教师，就应有一分热放一分光，用自己的汗水、青春热情，甚至是生命，来浇灌祖国的花苗，为社会主义伟大事业培养建设者和接班人。

（2）教师的生命价值是教师个人价值和社会价值的统一

个人价值就是个人通过实践活动，对自身发展、需要的满足。社会价值指个人对于社会的回报、奉献，更多地体现在个人对社会的责任层面上。对教师职业来说，也是如此。教师通过自己的努力，获得社会的肯定，社会相应地给教师一定的物质和精神满足，这又为教师奉献于教育事业提供了一定的物质基础和精神动力，同时也是教师个人价值的实现过程。

树立崇高的职业理想是提高教师职业道德修养的重要一环，只有在远大理想的指引下，教师才能沿正确的方向迈进，才能走得更稳更远。

（二）培养"双师双能型"教师职业道德情感

培养教师职业道德情感是加强教师职业道德修养的重要一环。教师职业道德情感是教师依据教师职业道德标准，对教育教学中的道德关系和自己或他人的道德行为等所产生的爱憎好恶等心理体验。培养教师职业道德情感，一方面是形成和增强同所获得的道德认知相一致的道德情感，另一方面是改变那种与应有道德认知相抵触的道德情感。教师职业道德情感是教育实践的产物，是在长期的教育活动中逐步形成的。这种情感一旦形成，便成为教师兢兢业业、诲人不倦地工作的内在动力，会促使教师以满腔的热情投身于伟大的教育事业中，并为之奋斗终生。

1. 培养对教育事业的热爱感

教师对事业和学生的爱是平凡的，也是高贵的，是在日常教育实践的点点滴滴中体现出来的，但又不乏伟大之处。作为一名教师，必须培养对事业和学生的热爱之情。

教师对教育事业的热爱，更多是通过爱学生来体现的；教师对学生的爱，又是对祖国和教育事业热爱的表现。教师爱学生，绝不是对学生的溺爱和迁就，热爱学生固然体现在生活方面，但教师对学生更要严慈相济，培养他们闪光的思想和品格，引导他们努力成为祖国的栋梁之材。教师热爱学生，也不应仅仅将注意力集中在学生的学习成绩上，还需关心他们的道德和身体发展，让他们成为德智体美劳全面发展的人才。爱是教育最有力的手段。教师热爱学生，学生体会到这种温暖之情，必然受到鼓舞，从而增强上进心。

2. 增强教育工作的责任感

教师以教书育人为自己的天职，必须具有极强的责任感。以公正无私的态度对待和评价每一个学生，不偏心、不偏袒，不以性别、容貌、出身、民族等作为评价学生的标准，对每一个学生都一视同仁、公平对待，这就是教师公正感的体现。公正，就是尊重与严格要求相结合，教育上的公正，意味着教师要有足够的精神力量去关心每一个学生。教师的公正不是抽象的，它同严格要求学生、尊重学生是密不可分的，教师的公正度是衡量其职业道德水平高低的重要标尺，更是每一个教师必须具有的职业道德情感。

教师的责任感指教师对社会、他人应承担的义务和应尽的责任的一种内心体验。教师的责任感更表现在"慎独"的层面上，教育本身作为培养学生认识、思考等诸方面能力的一种自觉性劳动，大多数情况下是在没有外力的监督下进行的，从具体的授课程序到教学过程中所付出劳动的数量、质量等方面，都缺乏监督的具体外力，这一切都依赖于教师的责任感。教师的责任感中最核心的内容是对教育事业的热爱，把教师作为一种神圣的职业看待。教师的责任感是一种高尚的职业道德情感，也是教师从事教书育人这份职业的内在动力，教师的责任感不仅体现在教书上，还体现在对学生的培育上。

3. 提升教书育人的幸福感

教师的幸福感是通过看到自己所培养的学生成长成才，为祖国、为人民做出巨大贡献而体验到的。教师是把祖国的昨天、今天和明天连接起来的一座桥梁，他们为学生铺设了一条通往成功的光明大道，为此他们辛勤地耕耘，虽然青春年华悄悄地离他们而去，但他们仍然义无反顾、无怨无悔地坚持下去，这既是教师的伟大之处，也是教师幸福感所给予教师的强大动力的真实写照。教师这个职业是艰辛的，更是充满快乐和幸福的，一个献身于人民教育事业的教师，会得到其他任何职业无法享受到的乐趣和愉悦。因此，必须注重教师幸福感的提升。

（三）践行"双师双能型"教师职业道德规范

教师职业道德是教育行业的职业道德要求，以各种道德行为准则、职业道德规范来约束、指导教师的道德行为选择，从而使教师能够更好地调整教育实践过程中存在的各种道德关系。教师自觉地践行教师职业道德规范，是加强教师职业道德修养的重要方面。

1. 践行教师职业道德的重要意义

践行教师职业道德对教师自我价值的实现、学生道德素质的形成、发展以及国民整体素质的提高都有重要意义。

人的自我价值来源于对社会创造价值的大小，教师的价值体现在为国家和社会培养德才兼备的人才的过程中。践行教师职业道德能激发教师的潜能，使教师克服利己主义、避重就轻等消极情绪，自觉约束自己的不良行为，树立正确的职业态度和职业理想，履行自己的职业职责，全身心地投入教育事业中，完成职业使命和目标，实现自我价值。

教师的言行对学生道德素质的形成有较大的影响，教师在与学生接触、交流时，起着榜样和示范的作用。一个学校能不能为无产阶级培养合格的人才，能否培养德智体全面发展、有社会主义觉悟、有文化的劳动者，关键在于教师。教师职业道德的践行状况直接影响学风、校风建设和教育教学质量。具有高尚道德情操的教师的言谈举止、业余爱好，都对学生具有潜移默化的影响，促进学生形成正确的世界观、人生观、价值观。

社会主义现代化建设、国民整体素质的提高都依赖教育的发展。培养同现代化要求相适应的数以亿计的高素质劳动者和数以千万计的专门人才，发挥我国人力资源优势，关系到 21 世纪社会主义事业的全局。践行教师职业道德关系到整个教师队伍素质的提高，影响素质教育的全面实施和下一代人才的培养质量。

2. 践行教师职业道德的具体要求

教师要为人师表、率先垂范。教育家叶圣陶先生对古今教育史以及当代教育的特征进行分析总结后，指出教育工作者的全部工作就是为人师表、以身作则。师者，人之表也。教不严，师之惰。教师在举手投足之间影响着受教育者。教师必须注重自己的言行举止，身体力行，以身作则，力求成为一名业务精湛、道德高尚、受学生爱戴和尊敬，并极具号召力和影响力的合格教师。

教师要爱岗敬业、热爱学生。"人类灵魂的工程师"这个神圣的称号，体现的是一种责任、一种使命。教师应该将自己奉献于教育事业，志存高远，心系天下，甘为人梯，热爱自己的职业，并从职业中获得无穷的乐趣。教师要不断提高自己的道德修养，自觉约束自己的不良行为，真正做到"内正其身，外正其容"。教师应自觉地把自己的职业理想和教育思想同热爱学生结合起来。热爱学生是教师的天职，更是处理好师生关系的关键。

　　教师要勤奋好学、终身学习。勤奋好学、严谨治学是做好教育工作的重要条件。经济全球化视域下，科学技术突飞猛进，新的知识、新的思想、新的理念层出不穷。这就要求教师必须勤奋好学、终身学习，自觉更新教育理念、完善知识结构，潜心钻研，不断提高自身的业务水平。教师要想成为学生获得知识和发展的源泉，自身就应该不断学习，树立终身学习的理念，与时俱进，精益求精，努力达到新的境界。

　　教师要奉献社会、服务人民。社会主义的性质决定了我国的教育事业必须是服务于全体人民的，人民教师必须具有奉献社会、服务人民的基本的道德水准。教师应对自己所从事的职业劳动的社会价值有充分的、高度的认识，并能够在教育劳动中，产生出积极的、健康的情感。

　　教师要紧紧围绕社会主义核心价值体系。教师职业道德与其他行业道德有很大的区别，教师劳动的对象是人及其思想，其有着主观能动性。教师要培养与社会主义现代化建设相适应的新人，思想道德就要适应新的时代发展，以社会主义新风尚为标准。社会主义核心价值体系是构建社会主义和谐社会提出的新要求。社会主义核心价值体系是社会主义意识形态的本质体现，我们要巩固马克思主义的指导地位，坚持不懈地用马克思主义中国化的最新成果武装全党、教育人民，用中国特色社会主义共同理想凝聚力量，用以爱国主义为核心的民族精神和以改革创新为核心的时代精神鼓舞斗志，用社会主义荣辱观引领风尚。

　　践行教师职业道德，要处理好传统师德要求与新师德、国外优秀师德成分与国内师德两大关系。我们要继承和发展中国古代传统师德中的优秀成分，借鉴世界各国的先进做法，深入总结中华人民共和国成立以来特别是改革开放以来我国教育取得的成就和经验。在教师职业道德践行中我们应总结出具有中国特色的师德体系，促进教育事业发展。

第六章 高校"双师双能型"师资队伍建设的长效机制

第一节 "双师双能型"师资队伍建设激励机制

激励的作用在于根据人们的不同需求，提供满足需求的可能条件，诱导人们为满足自身欲望而付出努力，从而实现自己和他人"双赢"的目的。因此，在培养出一支素质优良，结构合理的"双师双能型"师资队伍后，如何有效而积极地采取激励措施，充分调动他们的工作积极性和主动性，吸引并留住人才，是高校在"双师双能型"师资队伍建设中面临的又一重大而现实的问题。建立健全"双师双能型"师资队伍培养的激励机制，必须以现代激励理论为基础，充分考虑"双师双能型"教师的内、外部需求，借助多重激励手段激发、引导、保持和规范教师的行为，以期有效地实现学校及其个体的目标。

一、激励机制是"双师双能型"师资队伍建设的重要保障

何谓激励？激励是激发鼓励的意思，是利用某种外部诱因调动人的积极性和创造性，使人有一股内在的动力向所期望的目标前进的心理过程。高校教师，尤其是高等职业院校的教师，他们劳动的性质和为人师表的自我意识，使得他们特别注重自我价值，注重个人的声誉和在组织中的地位，希望获得别人的尊重，期望自己的工作受到上级和同事的肯定。鉴于以上缘由，为了更好地进行"双师双能型"师资队伍建设，调动教师内在的潜力去实现既定的目标，就需要通过激励手段激发和调动教师的积极性。

激励在管理学中主要指激发人的动机，也可以说是调动积极性的过程。激励机制就是在组织系统中，激励主体与激励客体之间通过激励因素相互作用的方式。在学校管理中，激励具有十分重要的作用。高校要建立起能促进"双师

双能型"教师成长的激励机制。教育效率在很大程度上取决于教师工作的主动性和积极性，所以在教师管理中高校必须建立符合职业教育办学规律的多元化的、充分满足教师合理需要的激励机制，将教师由管理的客体、被管的对象，变为分内工作控制的主体，促使其学校主体地位的回归，激发教师的工作热情，使其积极主动地工作。

　　针对职业院校优秀师资流失严重的现象，学校在通过校本培养的途径培养"双师双能型"教师的同时，也应建立促进"双师双能型"教师成长的切实可行的激励措施，留住所培养的优秀人才。学校要建立调动职业院校教师积极性的激励机制，充分运用激励效应调动教师的积极性。学校应当想方设法去了解"双师双能型"教师的需要，通过不断改善办学条件和深化学校内部改革，建立吸引人才、培养人才、稳定人才的良性机制。学校要多渠道筹集师资培训经费，为教师创造良好的工作环境和生活条件，提高教师的社会地位和经济待遇，调动教师的积极性，充分发挥他们的主观能动性，使他们高效优质地工作。学校可对获得"双师双能型"教师资格的教师给予享受学术休假、出国培训、进修、项目开发补贴、提高课时津贴标准、职称评聘优先等优惠待遇，让被评为学院学科、专业带头人的"双师双能型"教师享有充分的教学改革权，让他们积极参与学校管理。学校通过突出"双师双能型"教师的优势地位，激励广大教师以具有"双师素质"为荣，激发教师的工作热情，使其积极主动地工作。

二、"双师双能型"师资队伍建设激励机制的内容

　　建立高素质的师资队伍，必须对"带头人"——"双师双能型"教师在待遇、政策等方面给予适当的倾斜，以提高他们的积极性。这就要求高校在上级教育主管部门核定的教师职务结构比例内，科学合理地设置教师职务岗位，加强聘任和聘后管理，积极推进教师聘任制；通过评聘结合的方式，淡化身份管理，强化岗位管理，逐步实现教师职务由身份管理向岗位管理的转变；采取措施，进一步提高"双师双能型"教师的地位和待遇；进一步完善教师津贴制度，制定向"双师双能型"教师倾斜的政策；充分发挥广大教师，特别是"双师双能型"教师参与学校民主管理和民主监督的作用。

　　1. 提高"双师双能型"教师的收入

　　高校必须在教学津贴、岗位津贴和奖励津贴的发放上向"双师双能型"教师倾斜。另外，对那些能力强、贡献大的"双师双能型"教师，要制定专门的津贴标准和奖励标准，不能搞平均主义，要给"双师双能型"教师开小灶，加

大奖励力度。这样做有两个好处：一方面，可以形成一种激励机制，使学校其他教师在教学工作中向"双师双能型"教师看齐，提高他们的积极性和主动性，从而加快高校师资队伍建设的步伐；另一方面，对"双师双能型"教师而言，有一种无形的压力，使"双师双能型"教师具有使命感和紧迫感。在我国现今的高校中，"双师双能型"教师的待遇并没有明显高于非"双师双能型"教师。

当然，要提高"双师双能型"教师的收入，国家必须出台相应的政策和措施予以保障，制定切实可行的、符合职业教育教学原则的教师分配制度，要对"双师双能型"教师的收入进行明确、具体的规定，如基本工资、教学津贴等。只有这样，才能使高校在具体的工作中做到有法可依、有法必依，减少学校管理人员和教师之间以及一般教师和"双师双能型"教师之间的矛盾。

2. 提高"双师双能型"教师在学校的地位

教师聘任制在全国范围内已经全面展开，高校要认真落实教师聘任制度，彻底打破教师职业的"身份制"和职务聘任的"终身制"，实行真正意义上的"评聘分开"制度，将"身份管理"变成"岗位管理"，将"终身聘任"变成"竞争上岗"。在这种观念的指导下，高校可以通过实行低职高聘和高职低聘的办法，提高"双师双能型"教师在学校的地位，使他们感到前途一片光明，有压力也有动力，努力提高业务水平。对于年轻教师来说，这种政策更能使他们受益，因为他们虽然具有高学历，但由于工作时间不长，没有取得相应的职称。值得注意的是，实行低职高聘必须考虑教师的工作岗位、素质等因素，要真正使那些工作在教学一线，具有较高能力，在专业课教学中能挑起大梁的人受惠。

现行的教师聘任制没有对"双师双能型"教师进行特别的说明，也没有对他们进行特别的照顾。针对这种情况，一方面学校可以增加相应的条款，使"双师双能型"教师具有聘任优先权，在评先、评优方面要适当向"双师双能型"教师倾斜。例如，在评选学科带头人和优秀骨干教师时，可以将是不是"双师双能型"教师或是否具备"双师素质"作为一个基本条件，从而给教师一种无形的压力，这有利于在师资队伍中形成比学赶帮的氛围，提高"双师双能型"教师及其他教师的整体素质。另一方面，学校可实行教师职称和专业技术职称双职称制。

3. 进行公平、适当的强化激励考核

激励机制要保证实施过程公开、民主。高校在依据"双师双能型"师资队伍建设情况进行激励考核时，要根据专业情况、人才培养目标做到因地制宜，不能一刀切，既要考虑程序的公平，又要考虑程度的适当。只有充分考虑教师在"双师"能力形成和实践过程中的各种影响因素，激励才能真正起作用。

"公平"不等于平均。公平考核并不是要对物质利益进行新的平均分配，它主要指的是考核标准的公平性，即教师对于自身"双师"能力的培养，不能因职称、资历的不同而有不同的标准。因此不论青年教师还是老教师，在"双师"能力培养的竞争中实际上都是处于同一个起跑线上的。对于因"双师"能力引发的物质激励也不能因旧有职称不同而采取不同的评判态度。在"双师双能型"师资队伍建设过程中，对教师双师资格、双师教学成效的评价应该一视同仁。

"适当"指的是要根据不同的教师群体制订不同的"双师双能型"师资队伍激励目标，适当考虑教师专业情况和行业、职业的差异。例如，对于以工科为主的应用型本科院校，在激励机制中就要加大对专业教师带领学生在企业一线的顶岗实习成效的考核力度；对于一些不具备技师认定标准的专业，在激励考核中就不能用统一的技师职业资格标准要求；而对于职业资格认证体系完善但实践机会不易获得的专业，就不能一味地将企业实践经历作为激励考核的要素。

总之，不论何种激励方式，单一使用都不足以解决"双师双能型"师资队伍发展所面临的问题，只有结合具体的发展情况，将多种激励方式结合起来，有针对性地使用，形成科学的"双师"结构师资队伍激励机制，才有利于在高校建设环境中形成以"双师素质"养成为核心目标的师资队伍建设主导意识；才有利于更大程度地激发教师的潜能，使其积极地实践"教训合一""工学交替"等具有职业教育特色的教学模式；才有利于营造高校内部的良性竞争环境，在教师中间通过引导性的竞争激发教师的进取精神和协作精神，使院校从师资队伍内部不断获得推动"双师双能型"师资队伍建设的巨大动力，实现院校师资队伍建设的预期目标。

4. 在其他方面给予关心和支持

在其他方面给予一定的照顾，能够使"双师双能型"教师在心理上得到慰藉，只有为他们解除后顾之忧，他们才能安心工作。

（1）在福利待遇上优待

完善的福利系统对吸引和留住"双师双能型"教师非常重要，它是学校人力资源管理特色的一个重要标志，也是保障教师工作稳定的要求。学校对"双师双能型"教师可以进行分层分类福利激励，分层是将"双师双能型"教师划分为不同的层次，如将"双师双能型"教师细分为中级、高级两个层次；分类则是按照来源、专业、特色划分类别。根据教师教学经历和所持证书情况，将"双师双能型"教师划分为双师经历教师、双师资格教师和双师等级教师三大类，针对不同层次不同类别"双师双能型"教师的特点给予有效的菜单式福利，学校完全可以参考某些企业的做法，列出一些福利项目，如子女就业安排，住房及办公条件改善，基本养老保险、医疗保险、失业保险等社会保险的缴纳等，并规定不同等级的福利总值，让不同层次和类别的教师自由选择，各取所需。这种方式区别于传统的、整齐划一的福利计划，具有很强的灵活性，对"双师双能型"教师的激励将更有效。

（2）在工作上提供便利

"双师双能型"教师作为高校教师的中坚力量，他们的工作范围宽泛，工作内容复杂，业绩在很大程度上取决于他们对知识的创造、传播和应用所做的贡献。因此，学校的工作规划、绩效评估、工作的职责范围、业务流程都要进行相应的调整，给予"双师双能型"教师更大的工作自主性和宽松的工作环境，使他们有一种被信任感和成就感。工作本身对教师的内在激励是激励的重点，工作的自主权包括相对充分的授权以及更加弹性的工作方式和工作时间。相对充分的授权意味着在专业范围内给予教师极大的自主权；更加弹性的工作方式和工作时间，即各高校可在科研经费的投入等方面对"双师双能型"教师实行政策上的倾斜，各系、教研室要优先安排他们参与科研项目的开发，主持或参与主持本专业范围内的实验项目、实验装置的开发，负责相关仪器、设备的维修、保养或解决较为复杂的技术问题，指导年轻教师进行工程实践能力培养。"双师双能型"教师可选择集中授课、分段授课、专题讲座、多人分阶段合作授课等授课方式，学校应灵活安排他们的授课时间，使"双师双能型"教师能够从企事业单位获得兼职的机会。

（3）创造良好的文化环境

高校应积极搭建适合"双师双能型"教师个人成长的舞台，建设一种自主与协作并存的校园文化，以提高教师的活力和学校的凝聚力。学校不仅应为教师提供一个舒适的硬环境，还应为教师努力营造一个良好的软环境，并以此作为学校引才、留才的最重要的手段。在知识经济的时代，知识型员工更看重软环境，拥有知人善任的杰出领导、和谐进取的组织文化、融洽高效的合作团队、弹性工作制度的组织将更受知识型员工的青睐，这样的环境也更能激发员工的创新欲望和工作热情。政府主管部门在制定有关政策时可借鉴国外的"双师双能型"教师的激励经验。一般来讲，国外从事职业教育的"双师双能型"教师在社会福利、工资待遇及社会地位等方面都要高于普通学校的教师，甚至有些国家的职业院校的"双师双能型"教师待遇高于国家公务员、大学教授。因此，国外的职业院校，"双师双能型"师资队伍稳定，有很强的吸引力、凝聚力、向心力。

三、"双师双能型"师资队伍建设激励机制的配套建设

1. 结合"需要层次理论"实施激励

美国心理学家马斯洛的需要层次理论是影响最大、应用最广的一种激励理论。他认为人类的需要是有等级层次的，从低级的需要逐级向最高级的需要发展，并且认为当某一级的需要获得满足之后，这种需要便中止了激励作用，另一种更高层次的需要开始取代其产生激励作用。在《人类动机理论》一书中，他把人的需求分为生理需求、安全需求、社会需求、尊重需求和自我实现需求五类。

①生理需求。生理需求主要包括对食物、水、住所等的需要，是人类最低级别的需求，人们在转向较高层次的需求前总是要先满足此类需求。这类需求表现在工作中，就是对基本报酬和收入的需求。

②安全需求。安全需求主要包括生活稳定及保护自己免受身体和情感伤害的需要。与生理需求一样，人在这类需求没有实现时，最关心的就是此类需求。这类需求表现在工作中就是要求工作安全而稳定，有各种福利待遇，即对医疗保险、失业保险、退休福利等的需求。

③社会需求。社会需求主要包括友谊、爱情、归属及接纳方面的需要。当生理需求和安全需求得到满足后，社会需求就会占据主导地位，进而产生激励作用。这类需求与前两类需求不同，属于高级层次需求，这类需求如果得不到满足，就会影响人工作的激情。这类需求在工作中的表现主要是寻找和建立和谐的人际关系。

④尊重需求。内部尊重要素包括自尊、自主和成就感；外部尊重因素包括地位、认可和关注等。尊重需求主要是希望别人能够按照实际形象来接受他们，认可他们的工作能力。这类需求表现在工作中主要是对成就、名声、地位和晋升机会的需求。当这类需求得到满足时，人们就会因为自身价值被认可而充满自信，如果这类需求得不到满足，人们就会十分沮丧。

⑤自我实现需求。成长与发展、发挥自身潜能，实现理想的需要，是追求个人能力极限的内驱力。要满足此类需求，个体应该在某个时刻已部分满足其他部分的需求。当然想要自我实现的人也有可能过分关注这种最高层次的需求

的满足，以至于自觉或不自觉地放弃满足较低层次的需求。这类需求表现在工作中就是要求领导者能够给个体提供一个施展才华的机会和平台，让其感觉自身工作的价值和意义。

根据马斯洛的观点，这五种个人需求是逐层上升的，当一种需求得到满足后，更高一层的需求就会占据主导地位。从激励的角度来看，虽然并没有哪一种需求能够得到完全的满足，但是只要其得到某种程度的满足，个体就会转向对其他方面需求的追求。因此，在对"双师双能型"教师进行激励的过程中，必须根据"双师双能型"教师所处的需求层次，设计具体的激励措施。"双师双能型"教师的五层次需求激励体系主要包括五个激励体系，如图 6-1 所示。

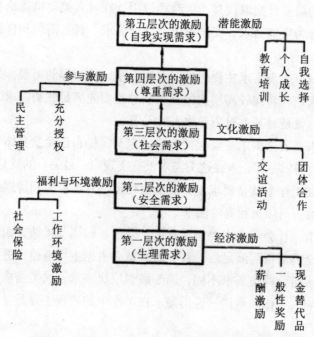

图 6-1　"双师双能型"教师的五层次需求激励体系

第一层次的激励是以满足"双师双能型"教师的基本生活需要为中心的激励手段，以薪酬激励为主，辅以一般性奖励和现金替代品。薪酬是高校教师的主要收入来源，在某种程度上代表着人才的市场价值和社会价值，不仅能满足教师的物质需要，还能满足他们的自身成就感。因此，薪酬对教师的行为有着潜在的影响，在很大程度上影响着"双师双能型"教师的潜能的发挥。目前高校的薪酬模式主要有以职称、职位为中心的薪酬模式，以业绩为中心的薪酬模式和以能力为中心的薪酬模式三种形式。以职称、职位为中心的薪酬模式突出保障功能，但最不公平；以能力为中心的薪酬模式的覆盖面有限；以业绩为中心的薪酬模式能给教师公平获取报酬的机会，但其制度不甚健全。因此，为了留住优秀人才，防止优秀师资的流失，稳定"双师双能型"师资队伍，高校必须在平等、公平的基础上实施全面而合理的、具有激励性的薪酬模式，适当降低以职称、职位为中心的薪酬模式的比重，保持以能力为中心的薪酬模式的比重，加大以业绩为中心的薪酬模式的比重。高校要遵循按劳分配与按生产要素分配相结合的分配原则，重绩效、重贡献，适当拉开薪酬差距，推行高弹性的薪酬模式，逐渐建立起形式多样、自主灵活的分配机制。除了基本的薪酬激励外，高校还应注意用一般性奖励和现金替代品来激发"双师双能型"教师的工作积极性。由于高校的一般性奖励和现金替代品（食物，如水果）多在年中或年终发放，且人人有份，虽然个体之间会有稍许差异，但其在性质上基本成了工资的另一种形式，因此，这两种激励仍属于第一层次的激励。

第二层次的激励是以满足"双师双能型"教师的身心健康与安全需要为中心的激励手段。由于教师工作环境的相对稳定性和安全性，这一层次的激励主要以福利和环境激励为主。从广义上讲，福利可算作薪酬的一部分。但是在实际工作中，福利已经延伸到非物质的领域，可以满足人们更高层次的需求。可以说，薪酬是对劳动者的短期报偿，福利则是对劳动者的长期而可靠的承诺。高校教师的福利待遇一般主要表现在养老保险、失业保险、医疗保险、工伤保险和生育保险五项社会保险及其他一些生活补贴上。福利有时似乎是一种看不见、摸不着的东西，常常使享受者不清楚具体得到了什么，这在一定程度上削弱了它的激励作用。因此，高校在引进"双师双能型"教师人才时，应向其说清福利的内容和价值。同时，不可忽视的是，福利的质量对"双师双能型"教师激励也有较大影响。在国外，从事职业教育的"双师双能型"教师在社会福利、工资待遇及社会地位等方面都高于普通学校的教师，甚至在有些国家的高校中"双师双能型"教师的待遇是高于国家公务员、大学教授的。因此，在设计福利激励时，应按需为其提供较非"双师双能型"教师更具吸引力的福利待遇。学校可根据"双师双能型"教师的年龄、职称、类型采取个性化福利激励，以便针对不同年龄、不同层次、不同类别的"双师双能型"教师的需要，进行有效激励，充分发挥福利激励的长效作用。

工作环境激励主要指的是高校要为"双师双能型"教师创造一个舒适的办公环境，营造一种适宜的工作氛围。舒适的办公环境和轻松适宜的工作氛围可以带给人一种情绪上的愉悦，是影响教师工作效率的又一重要因素。高校应着力改善"双师双能型"教师的办公环境,并通过与"双师双能型"教师的沟通、交流等方法积极为其构建轻松舒适的工作环境。

第三层次的激励是以满足"双师双能型"教师的社会需求为主的文化激励手段。学校要通过各种交谊活动和团队合作来满足"双师双能型"教师对和谐人际关系和团队归属的需要。健康、协作、有竞争力的校园文化可以使教师感觉到学校发展的潜在力量,由此可增强"双师双能型"教师对自身工作的认同感和归属感,提高"双师双能型"教师的活力,增强学校的凝聚力。高校应该经常组织各种活动,为"双师双能型"教师提供各种交流学习的机会,从而增强教师间的协作精神和集体意识。

第四层次的激励是以满足"双师双能型"教师的尊重需求为主的参与激励手段。依据人本主义管理思想,对教师的激励,应该充分遵循重视教师、发展教师、依靠教师的原则。充分地肯定"双师双能型"教师的价值,满足"双师双能型"教师对尊重的需求,就是要确立"双师双能型"教师在教育中的主体地位,赋予他们相应的声誉、地位,充分保障其知情权、参与权和民主管理权,让他们觉得自己是学校的主人,从而激发他们更大的工作热情。

第五层次的激励是以满足"双师双能型"教师自我实现需求为主的潜能激励手段。高校要给"双师双能型"教师提供充足的自我发展机会与空间,通过教育培训、自主选择等各种方式创造条件,促进"双师双能型"教师的成长,并将"双师双能型"教师个人的成长与学校的发展结合起来,以增强他们的自我实现感。

2. 运用"期望理论"实施目标激励

目标激励就是将国家、学校的整体目标与个人目标相结合,将远期目标与近期目标相结合,促使高校的教师在工作中将自己的教育管理行为与学校的目标和个人的目标、整体利益和个人利益紧密联系起来,从而产生激励作用。

(1)科学设置目标,实行目标管理机制

高校的管理者应根据学校教师、学生的实际及学校办学条件和水平的实际,提出既具挑战性,又能通过努力达到的岗位工作目标。目标的价值越大,实现的可能性就越大,吸引力就越大。如果目标的价值虽然很大,但难度过大,教师往往会觉得高不可攀,失去信心。同样,如果设置的目标太低,教师又很难产生取得成就的满足感。因此,高校在设定激励目标时,要注意切实可行,既要考虑目标的价值,又要充分估计实现的可能性。在管理中,要构建目标管理机制,对各工作岗位均明确岗位要求、职责及考核办法。

（2）注重目标设置的参与性，努力提高教师的认同感

让教师参与目标的制订，一方面可以使目标更具体、更合理；另一方面也可以加深教师对目标的理解，令其产生较强的认同感和责任感，从而在执行目标任务的过程中充分发挥自身的积极性和创造性。同时，让教师参与目标制订，能大大增强教师的主人翁意识，促进教师把工作作为个人事业发展、成就渴望和学校发展的有机结合，从而激发其献身精神，使其为目标的实现而奋斗。

（3）运用公平理论营造良好的心理环境，实现公平竞争

将公平理论应用于高校教师的管理中，要求高校的管理者为全体教师营造出一个公平和谐的工作环境和心理环境。首先，建立健全公平激励机制。高校应建立使人才脱颖而出的激励机制，最大限度地调动各类人才的积极性，充分发挥他们的创造热情、智力潜能和奉献精神，对高校的改革与发展至关重要。因此，高校的管理者在处理工作任务的分配、总结评比、工资调整、奖励和晋升等实际问题时，应做到公平合理，增强职称评定等方面的公开性和透明度。其次，正确引导，弱化消极影响。不公平感是一种主观体验，当教师有不公平感时，高校管理者要注意及时对其进行教育和心理疏导，防止他们产生消极对立情绪。高校应加强思想教育，教育教师正确处理个人与集体、个人与他人之间的关系，提倡无私奉献精神。最后，领导要体贴关心教师，要努力创造一个友好和谐的氛围。良好的人际关系、平等的竞争环境、相互信任的干群关系可以弱化不公平感，保持教师的积极性。最后，正确运用奖惩手段，实行强化激励。奖惩是强化的一种重要手段，它作为一种外部刺激可以极大地影响个体的职业道德观和竞争意识。在教师管理中，必须坚持以正强化为主，实行奖惩结合。在建立健全人事考核制度、评比制度和奖励制度的基础上，对认真负责、工作成果突出的优秀教师给予必要的奖励，并在职称评定、职务提升等方面给予特别的考虑；要总结和宣传优秀教师的典型事迹，为广大教师提供积极工作、努力进取的参照和范例，从而激励教师效仿榜样、奋发向上。

同时，惩罚也是一项完善的绩效考核制度的重要组成部分，与奖励共同构成激励的内容，适当采用惩罚的手段，削弱或改变可能或已经出现的不良行为。在公正、公平、公开的基础上，学校要大力宣传并严格执行各类规章制度，对犯有错误、耽误工作和败坏声誉的教师予以适当的惩罚。在使用惩罚手段时，既要严格又要适度，做到严中有情，一方面让当事人吸取教训；另一方面又让其他人受到教育，引以为戒。要注意把握时效性和准确性，奖励对象要具有榜样的示范性，在奖励的形式和内容上要有创新，以努力提高奖励的效率，达到良好的强化效果。

第二节　"双师双能型"师资队伍建设教学改革机制

一、改革培养计划

高校应坚持按照高等学校的教育培养模式，积极开展培养计划的修订工作。培养计划是一个专业发展的指导思想。今后高校的竞争将更多落实在专业的竞争上，高校应围绕着技术技能型人才培养的要求制定绩效综合评价方案，并引导各二级学院提升专业建设水平，推进培养方案的完善。根据各专业特点，在培养方案的制定过程中，高校应改革课程体系，合理设置课程类型，加强实践性课程的小班化教学，根据岗位对人才培养的要求，不断优化职业能力基础课程、职业能力核心课程、职业能力拓展课程，对课程进行整合，同时对课程教学进行优化。高校应根据岗位迁移能力对课程设置的要求，使课程衔接更加合理，围绕职业核心能力，将一些课程进行整合，对课程内容进行优化，延长学生实践活动的时间，按照项目化教学要求引导学生学习。高校每年都要对培养计划进行修订，修订过程集思广益，自下而上逐步推进，专业教师要通过企业顶岗实践熟悉岗位情况。

二、改变人才培养理念

（一）牢固树立产教融合人才培养理念

目前，我国大多数地方高校都存在对产教融合理念认识不到位和不重视的现象。即使地方高等院校响应国家号召，开始走产教融合一体化的道路，但还是存在高等院校在教学模式和方法上严重依赖于教师的情况。产教融合对教学的要求是将传统的教学要求和技术能力提高到相同的水平层面上来，而不是过于依赖某一方面的成效。

各地区高等院校应该积极地开展与企业互动合作的项目，促进传统的教学方式向开放式教学方式的转变，使产教融合的理念贯穿于整个教学过程。学校的教学管理部门可依托当地市场经济的发展，开辟出更多的"培训基地"和"岗位实习机会"。

（二）转变教师育人观念与教学观念

地方高等院校在培养学生的过程中，一定要积极转变教师的教学育人观，为学校的发展开辟出一条更科学、更高效的道路。高校教师教学观的转变能够真正影响学生的发展，因为，在产教融合的理念下，教学内容的选择和教学等工作都需要教师来完成。在产教融合的理念下，教师教学观念的转变是提高教学质量和培养新型人才的关键。地方高等院校的教师主要应该从以下两方面开展教学工作。

首先，教师应积极地深入地方企业和行业中去，只有这样才能摸索出用人单位对高校学生需求的特点。教师应根据这些需求的特点，将其直接转化为课堂教学内容，以提高高校学生适应社会和适应企业的能力为目标，培养学生运用相应的理论知识解决实际问题的能力。教师要做到有针对性地规划教学内容，培养出有竞争力、适应企业的专业型人才。

其次，教师在教学过程中，必须有意识地把理论和实践紧密结合起来。虽然国家一直强调高等院校的教学内容应该做到"必须使用"和"足够使用"，但是，这并不是说教师可以将教学内容大大减少，而是要精准计划，配套教学。教师应当根据当地企业的需要，以适应学生就业发展趋势的理论为导向，改变教学理念，将相关学科的重要知识整合并简化。

（三）目标定位方面要树立培养复合性实用型人才的理念

高等院校教育发展的核心是人才的培养，它也是高等院校竞争力的具体表现。目前，应用型高等院校是以培养出适应市场的专业技术型人才为目标的，但是这样的方式过于专业化，近似于就业教育。根据我国各地方产业的需求，不少企业需要的人才不是单一型的人才，而是复合型的人才。因此，高校更应该着眼于学生综合素质的培养，以把学生培养成发展型人才为目标。全方位发展的发展型人才，不仅仅需要掌握专业技能，还需要有其他学科的基础知识、对事物认知的能力和自我更新的能力。从当今的社会需求来看，高校人才的培养一般都是面向生产、服务和管理一线的，这就要求高校的人才培养必须从多方位、多角度出发。此外，当今的社会是一个快速发展和变化的社会，企业的需求是多变的。

（四）树立以顺应地方产业发展为主导的理念

地方高等院校培养出的人才主要还是服务于地方产业，而地方产业的发展又能带动高等院校的发展。这样的递进关系，在一定程度上讲，两者相互依存，共同发展。因此，地方高等院校的人才培养目标需要审时度势，适应地方产业的发展，这样地方高等院校和地方产业才能共同发展。

地方产业的科学发展推动着高等院校的科学发展，地方产业的经济运转需求，引导着高等院校对人才培养模式的选择。如果地方产业发展迅速，它所需要的人才一般是高质量、高水平和高技术型的，地方产业的技术需求引领着高等院校对人才培养的要求。地方产业快速发展，可以推动高等院校快速发展，高等院校的发展应该顺应地方产业的发展趋势。

三、创新人才培养方法

（一）构建实践创新机制

在产教融合的背景下，高等院校在培养人才的方式方法上需要创新。

第一，地方政府需要制定相关的实施细则。在产教融合培养模式里面，政府起到带头和支撑的作用，当地政府要根据当地区域经济发展的特点、企业发展的程度和产教融合的发展程度来制定符合当地经济特色的实施细则。政府制定的这些实施细则，主要是从大的方面做一个指导，帮助企业和高等院校完成对口连接，政府要合理规划校企合作的规模，还要积极带动和帮助学生在校企合作的模式中获得更大的发展。在采用政府指导，校企合作这样的模式时，要遵循高等院校和企业之间资源共享、定向培训的原则，政府出资补贴高等院校和企业，高校每年甚至每个学期都可以做定向委培学生的项目，让学生在学习理论知识的同时多参与政府、企业和学校的项目，从而提升学生的能力素养。

第二，成立专人专门负责办公室。产教融合是一个较新且还没有得到完善的培养模式，现阶段的目标就是要完善产教融合这一培养模式，其中最重要的一点是管理层的构建。在政府的指导下，高等院校和企业互相配合，达成一致目标。政府必须加强区域内院校之间的合作交流，承担起提高高等院校教育发展的任务。在这样复杂多样的组合形势下，我们有必要成立专门的组织机构，如校企合作办公室，由办公室专人专项负责高等院校与企业之间的事项安排。

第三，加强公共实践基地建设。学校可以考虑建立学生实践基地，根据学生的实践能力对其进行相应的锻炼，学生在就业培训上表现突出者，学校可推荐就业。各地级市学生实践中心，及时把各大企业的实习岗位信息通知给学校。学校应该与企业签订实习生推荐协议，保障学生在实习中的安全，为学生安排好实习期间的各项工作，为在实习中表现优异的学生颁发证书，获得证书的学生在未来就业的时候，可优先推荐就业。学生在校外实践基地（也就是对口企业）中实习时，应该做好相应的记录工作，完成实践记录表，并在实践结束时上交给学校。学校和企业应该共同制定学生实习目标要求，构建一个合理的实践体系框架。学校建立学生实践基地时要充分考虑学生的实际情况，要以培养高质量、高素质的学生为目标。

第四，建立学生实践指导中心。为贯彻落实学生的实践政策，做好学生实践工作，学校要建立学生实践指导中心。学生实践指导中心最重要的任务就是负责学生实训基地的检查和评估、负责组织学生开展实践岗位交流活动、负责实践岗位信息汇总、负责实时信息的发布、负责培训实践证书的发放。

第五，由各市政府牵头建立实践基地。政府牵头建立实践基地的途径：企业单位或相关校企主管部门向各市学生实践指导中心申报，然后各高校向各市学生实践指导中心推荐与本校合作的优秀的实践单位，最后由各市学生实践指导中心进行选择。实践基地需具备以下条件：合法化、规模化、能提供一定数量的学生实践岗位、具有充足的技能训练场所和良好的实践条件。要从内部对实践基地进行管理，严格要求基地的工作人员，做好相应的安保和医疗工作，为学生创造良好的实践环境。

（二）健全政府保障机制

健全的政府保障机制，可以保证地方高等院校和企业稳定有效地进行人才的共同培养。为确保产教融合背景下创新人才培养活动的顺利进行，笔者建议从建立良好的制度保障体系、建设相关的监督管理制度、加大教育经费的投入三个方面入手。

1. 建立良好的制度保障体系

要建立良好的制度保障体系，政府应该从以下两个方面开展工作。

首先，政府及有关部门应该从高等院校的办学条件和地方经济发展的实际出发，借鉴国外先进的产教融合模式，研究出适合我国各地区人才培养的具体的相关规则，使产教融合一体化和实用技能人才的培养工作可以进一步开展。

其次，政府应积极引导高校与企业进行良好的互动合作，做好福利的分配、知识产权的共享、职称的鉴定等方面的工作。

2. 建设相关的监督管理制度

在学校和企业培养人才的过程中，政府应当建立相应的监督管理制度。为了让高等院校和企业在公平、平等、合法、有效的环境下共同培养人才，政府部门的监管是非常有必要的。政府部门在监督管理制度的建设方面，应该从以下两方面着手。

第一，政府应该在学校和企业合作的过程中采取行政手段，建立各地地方行业协会、教育协会、校企合作联盟协会等。由政府部门搭建产教融合、校企合作培养人才的平台，并由教育部门、高等院校和企业三方组成委员会，进行育人指导。

第二，为了防止各地高等院校在校企合作人才培养过程中出现方向上的错误，政府部门应该为学校和企业建立咨询和指导机构，提供及时的帮助。

3. 加大教育经费的投入

政府在教育经费上的投入力度很大程度上会影响高校人才培养工作的顺利进行。我国地方政府有必要认识到校企合作的重要性，相关部门可以从以下四个方面着手。

第一，各级地方政府应该加大对高校的财政支持力度，增加对高校的财政投入比例，让高校有足够的经费进行产教融合、校企合作，从而提高人才培养的质量。

第二，各级地方政府可以从扶贫经费中提取一部分，用于支持偏远地区高校的发展。从某种角度来说，偏远地区高校培养学生在一定程度上是进行教育扶贫。

第三，各级地方政府应该给予校企合作一定的政策优惠及财政扶持。对那些产教融合、校企合作育人做得好的高校和企业给予相应的奖励，如税收优惠、贴息补助等，以此来肯定它们在人才培养中所做的努力和取得的成果。

第四，政府部门可以通过建立专项资金资助、政府购买、银行贷款免息、向社会筹集资金等方式为高校提供教学经费。

四、加强实践教学

高校在教学上仍然存在过分重视理论知识的学习，而轻视实践操作能力培养的情况。受"知识本位"思想的影响，有些高校沿用传统的教育模式，只强调全面系统的理论知识的学习，将理论知识传授作为课程的核心，忽视了对学生的应用能力、创新能力的培养。在课程设置上，高校应设计好教学中实践课程和理论课程的比例，将理论教学与实践教学结合起来，让学生在学习完理论课程后立即投入实践。这样做能使学生更好地吸收运用知识，提高学生的动手能力。在知识传授上，高校应强调知识的应用，避免照本宣科，应以职业岗位需要为根本，强调知识的应用性。

高校应充分利用校内资源，鼓励教师积极参加校内实训基地建设，定期参加技术培训和实践锻炼活动。通过建立"双师双能型"教师工作室、技能大师工作室等，改善"双师双能型"教师的工作环境，为"双师双能型"教师提供更多技术创新条件。

高等职业教育主要培养技术应用型人才。而教师是实践教学的组织者和指导者。师资队伍建设是搞好实践教学的重要保证。因此，高等院校应当加强教师实践教学能力的培养。高等院校应对专业教师定期进行职业技能培训，提高其教学能力，并定期进行考核，鼓励教师考取专业职业资格证书，促使其把课堂教学与通过职业技能培训所获取的知识结合起来；鼓励教师与企业合作，进行项目开发等活动，让教师深入企业一线锻炼，以积累更多的实践经验，并把在企业中学到的技能应用到实践教学中；创建"双师双能型"教师的激励机制，把"双师双能型"教师评价与奖金、职称联系起来，引导教师主动地进行自我提升，将成为"双师双能型"教师作为个人的发展目标，从而加快"双师双能型"师资队伍的建设。

第三节　"双师双能型"师资队伍建设科研激励机制

高校的科研特点在于其实践性和应用性，以及坚持以学生为科研实践主体。通过对高校科研激励机制的现状及存在的问题进行研究，我们可以得到完善科研激励机制的相应启示：将管理心理学中的各种激励理论与高校实际情况相结合，建立一套符合高校实际情况的全面的长效激励机制，是提高教师科研水平的关键。

一、完善高校特色的科研激励动力系统

如今高校的竞争已经日趋激烈，部分高校为了生存和发展，为了不断提升自身的核心竞争能力，通常会期望最大限度地激励教师，充分挖掘其内在潜力，使他们自觉自愿地为实现学校发展目标而奋斗。根据经典的内容型激励理论，人通常是为了满足某些需求而开展相应的一切活动的，也就是说需求是人的一切行为的出发点。因此，掌握被激励者的需求是实施有效激励的关键，从被激励者的需求出发，识别和选择恰当的激励因素，有助于实现科研激励效果，促进科研活动与教研活动良性循环。

（一）规范激励机制

规范的制度可以简化管理工作，也能保障制度的连贯性，不会因为人事变动而发生变化，更能方便被管理者更好地理解领会组织的管理理念。针对高校目前存在的问题，学校管理者应该从绩效管理、教师职业生涯管理、薪酬福利等方面综合考虑，建立规范合理的激励机制。

（二）增强精神激励

依据需要层次理论，我们可知人的需求可分为不同层次，人在每个阶段会

存在多个方面的需求，但其中总会有一种需求占据主导地位。对于高校的教师来说，他们在精神上的需求通常会占据主导地位，因而扩大精神激励涉及范围，加大精神激励力度，使得精神激励成为能起到主导作用的形式，是最有效的激励方法。比较是进行精神激励的基础和前提，只有在比较的基础上才能分出优劣与高低。在比较的同时以多种多样的方式进行自我评价，已经成为精神激励的主流方法，费孝通先生曾形象地将"自我评价"表述为"我看人看我"。

（三）鼓励横向研究

"技能人才"的培养模式和"校企结合"的办学模式决定了高校应该更加侧重于鼓励教师积极进行横向课题研究，高校和企业应按照"渠道不乱、统筹安排、各负其责、形成合力"的原则，对教师进行科研激励。

科研管理的量化和开放是全面激励机制建立的基础。顾名思义，量化管理就是以量的形式进行过程管理，在科研管理过程中，用量化的数据对科研工作进行表述，这样可以较为直观地反映各部门的科研工作情况。

传播面广、传播速度快、信息量大是现代网络显著的特点，学校在科研管理过程中，可以运用一定的网络技术和专用软件把科研管理文件、资料等相关数据在内部校园网上予以公开，这就形成了公开化的科研管理模式。虽然量化管理可以解决可比性的问题，但要使其结果充分起到精神激励的作用，就必须以最便捷的方式公布公开量化的结果，在人人皆知的情况下，激励对象心中会产一个"自我评价"的心理过程，在这个过程之后，激励对象会获得精神上的满足，也会由此产生压力和动力，这样量化结果才能真正发挥激励作用。

二、健全高校特色的科研激励运行系统

通过对激励客体所涉及的激励因素的调研，激励主体建立与此相适应的激励机制，并以一定的激励手段运行激励机制。对于高校来说，激励客体就是教师，激励主体就是学校，激励运行系统是整个激励机制的核心部分。建立激励机制，实施激励政策，首先要有目的性，也就是说，要先明确组织目标，再建立激励机制；其次要有合理性，赏罚得当，也就是说，激励政策要得到激励主体和客体双方的认同；最后要有可操作性，政策出台后，执行要跟得上，如果不能有效执行，就无激励效果可言。

学校可通过制定一系列的科研管理规章制度来实现对教师科研工作的激励，这一系列的科研管理规章制度主要包括科研奖励办法、科研业绩考核管理办法、项目管理办法、经费管理办法、专利管理办法、学术著作资助管理办法、

学科建设管理办法、学术活动管理办法、科研机构管理办法等。这些科研管理规章制度中，科研奖励办法与科研业绩考核管理办法因其涉及范围有一定的广度和深度而对教师的激励作用尤为显著。与职称评审所导致的科研成果的"脉冲现象"相比，以科研量化管理为基本手段的科研业绩考核管理办法与科研奖励办法在时间上具有相对的长效性。对教师来说，科研奖励与科研业绩考核不仅直接与物质报酬挂钩，也会关系到个人声誉。因此，相对于项目管理办法、经费管理办法等受众面相对较小的科研管理政策，学校在制定科研业绩考核管理办法和科研奖励办法时，应更加注重科学性、公平性和合理性。尤其是对科研业绩考核标准的制订，既不能要求太高，也不能要求过低，要恰到好处。

三、建立高校特色科研激励评价系统

对企业来说，要评价员工激励的效果，最主要的应该是检测产品在数量和质量上是否有提高和改进。对高校来说，要了解教师是否真正受到了激励以及是否提高了科研工作的积极性，一般就是看教师的科研产出情况。这种科研产出包括获得的科研项目、发表的学术论文、获得的专利、出版的专著等。学校科研管理部门通过对这些科研产出数据的采集比较，以获得关于科研激励效果的评价信息。但问题在于，科研产出在数量上是容易获得比较数据的，而科研产出在质量上的评价却存在一定难度。而且科研产出有时候不仅仅取决于教师科研的积极性和努力程度，它还会受到一些其他因素的影响，如教师的科研能力、学术整体环境等。因此对高校科研激励有效性的评价除了应该对科研产出数据进行分析外，还应该对教师本身做调研，在注重教师科研行为结果的同时不忽视教师科研行动的过程，了解和掌握教师在科研工作中的行为态度，这样才能对激励的效果进行正确的分析和评价。

任何一项管理政策的有效实施都与其完善的监督评价体系分不开，科研激励同样需要建立行之有效的评价监督制度。高校的科研主管部门应主动地去调研科研激励制度实施情况，实时准确地掌握科研激励制度在实施过程中遇到的问题。不仅要通过一系列量化的统计方法，对科研激励效果进行数量上的反映，还要通过有效的监督检查渠道建立和完善信息反馈系统。比如，定期采集有关科研数据，对其进行分析与加工，与教师开展经常性的交流和沟通，了解他们对科研政策的看法，在获得定性与定量的数据信息的基础上，对科研政策的实施效果进行评价，并将评价的结果及时反馈给有关部门，各有关部门根据所反馈的信息，及时对相关政策进行修订和调整。

四、建立高校特色的科研激励环境系统

任何一个激励机制的运行都要受其所处环境因素的制约，环境因素是一个背景条件，各个高校的背景条件不同，其激励机制的实施也就不可能完全相同。一般来说，环境因素可分为外部环境因素与内部环境因素。外部环境因素主要包括宏观层面的政治因素、经济因素、社会文化因素。内部环境因素主要指的是微观层面的组织内部激励环境。这里所说的激励环境，主要聚焦在微观层面的高校内部的激励环境，即地方高校科研激励机制系统运转的内部激励环境，涉及硬件环境和软件环境。硬件环境主要指为科研人员提供的办公设备、实验仪器、图书资料等；软件环境主要包括学校科研活动的组织管理、学校人际关系、学校科研工作氛围等。

教师要开展科研工作，必然离不开学校提供的办公设备，如计算机、打印机等基本设备。对需要进行实验分析的理工类科学研究来说，实验仪器是极为重要的，先进的实验仪器对创新性科研成果的产生具有举足轻重的作用；而对于人文社科类的科学研究来说，丰富的图书资料则显得尤为重要。目前部分高校在硬件设施的配备上还不是很到位，为教师在科研工作方面提供的工作条件还不能很好地满足教师的需求。此外，在科研服务意识、管理水平、学术氛围营造等软件环境建设方面也还有所欠缺，这在一定程度上会对教师开展科研工作的积极性产生不利影响。

高校应进一步优化学校科研激励环境，加强校企合作，简化管理程序，注重人性化服务，通过改进科研管理手段，采用信息化管理方式，来推动科研管理的科学化发展，提高科研管理的工作效率；大力开展国内外学术交流活动，给教师提供更多的信息共享与学术交流的机会，尤其对于青年教师，要尽可能多地为他们提供进修、培训的机会，以扩大他们的学科视野；加大对优秀科研项目、科研成果的宣传介绍力度，积极推进学科团队的整合与建设，创造出浓厚的学术氛围。地方高校要立足地方、服务地方，必然离不开地方政府的大力支持与协助，因此与地方政府进行积极有效的沟通，增进相互之间的了解，有助于高校更好地开展科研工作，可为教师、学校、政府三方共赢创造更多更好的机会。

参考文献

［1］ 董崇泽，孟文俊，王永安，等. 应用型本科高校"双师型"教师队伍建设途径探索［J］. 山西能源学院学报，2020，33（6）：24-25.

［2］ 秦梦尧. 深化评价改革　建设高质量"双师型"教师队伍［J］. 天津职业院校联合学报，2020，22（12）：94-97.

［3］ 刘兆波. "产教融合"背景下高职院校服装专业教师队伍建设研究［J］. 纺织报告，2020，39（12）：117-118.

［4］ 顾甲. 校企合作背景下高职院校"双师四能"型教师队伍的建设策略［J］. 常州信息职业技术学院学报，2020，19（6）：75-79.

［5］ 王宇波. 北京市职业院校"双师型"教师队伍建设的效能探析［J］. 北京经济管理职业学院学报，2020，35（4）：28-36.

［6］ 丘文婷. 高职课程改革背景下"双师型"师资队伍建设策略研究［J］. 山东商业职业技术学院学报，2020，20（6）：29-32.

［7］ 王春光. 六化合一的"双师型"教师队伍建设［J］. 济南职业学院学报，2020（6）：1-2.

［8］ 时会省，朱文军. 产教深度融合的高职院校"双师型"教师队伍建设探究［J］. 教育教学论坛，2020（50）：354-356.

［9］ 马云燕. 地方应用型本科院校产教融合与"双师型"教师队伍建设［J］. 科技资讯，2020，18（34）：149-150.

［10］ 戴艳，李晴，牛杰. "双高"背景下的"双师型"教师内涵及培养［J］. 科技视界，2020（32）：106-107.

［11］ 李涛，孙艺璇. 专业化发展背景下高职院校"双师型"教师队伍建设的困境与出路［J］. 职业技术教育，2020，41（31）：41-47.

［12］ 沈新建. 应用型本科院校"双师型"教师队伍建设的构想与实践［J］. 昭通学院学报，2020，42（5）：114-118.

［13］ 朱雁. "双高计划"战略发展视域下高职教师队伍建设研究［J］. 国际公关，2020（12）：252-253.

［14］ 刘剑梅. 教育现代化背景下高职院校教师队伍建设研究［J］. 辽宁师专学报（社会科学版），2020（5）：118-119.

［15］ 龙辉明，徐刚强. 产教融合背景下高素质"双师型"教师队伍建设探析［J］. 大视野，2020（5）：19-23.

［16］邹学亮. 高校"双师型"体育教师队伍建设研究［J］. 体育科技，2020，41（5）：145-146.

［17］赵婉. 应用科技大学建设背景下环境设计专业"双师型"教师队伍建设研究［J］. 产业创新研究，2020（18）：146-147.

［18］聂健，周逸姗. 民办高职院校"双师型"师资队伍建设研究［J］. 现代交际，2020（16）：150-151.

［19］樊新波，王桂红，罗杨. 产教融合背景下高职院校双师双能型教师培养路径研究［J］. 广东职业技术教育与研究，2020（4）：44-46.

［20］栾乃欣. 深化产教融合 建设"双师型"教师队伍［J］. 工会博览，2020（21）：22.

［21］米默. 新建本科院校双师型教师队伍建设的探索研究［J］. 现代商贸工业，2020，41（21）：82-84.

［22］郭清瑛，粘安庆. 政策导向下高职院校"双师型"教师队伍建设［J］. 太原城市职业技术学院学报，2020（6）：94-96.

［23］徐莺. "双高计划"背景下"双师型"教师队伍建设路径研究［J］. 宁波职业技术学院学报，2020，24（3）：6-9.

［24］程永华. 应用型本科院校"双师双能型"教师队伍建设研究［J］. 平顶山学院学报，2020，35（3）：102-106.

［25］黄胜，陈飞虎. 转型高校"双师型"教师队伍建设困境与突破路径［J］. 继续教育研究，2020（4）：55-58.

［26］孙明哲. 高职院校"双师型"师资队伍建设创新研究［J］. 产业与科技论坛，2020，19（11）：253-254.

［27］曹振宏，吕宏伟，王晓丽. 高职院校"双师型"教师队伍建设研究［J］. 教育教学论坛，2020（22）：36-37.

［28］陈国宏. 应用型本科院校物流管理专业"双师双能型"教师队伍建设路径研究［J］. 创新创业理论研究与实践，2020，3（10）：87-88.

［29］陈超良. 应用型本科院校"双师型"教师队伍建设的思考［J］. 计算机产品与流通，2020（7）：148.

［30］李青. 新时代高职院校"双师型"教师队伍建设研究分析［J］. 陕西教育：高教，2020（5）：64-65.

［31］王莉，杨俊伟，刘鹏，等. 高职院校"双师型"教师队伍培养的现状及问题分析［J］. 中外企业家，2020（16）：175.

［32］刘宵静. 高职院校"双师型"教师队伍建设途径探析［J］. 新西部，2020（12）：122.